谨以此书

纪念我的母亲、父亲，以及我的老师高居翰教授、宿白先生和马世长老师

**彩图 1** 藏经洞。原为高僧统洪訾影堂 / 壁画和雕塑 / 敦煌莫高窟第 17 窟 / 862 / 雕塑高约 117.08 厘米 / 敦煌研究院

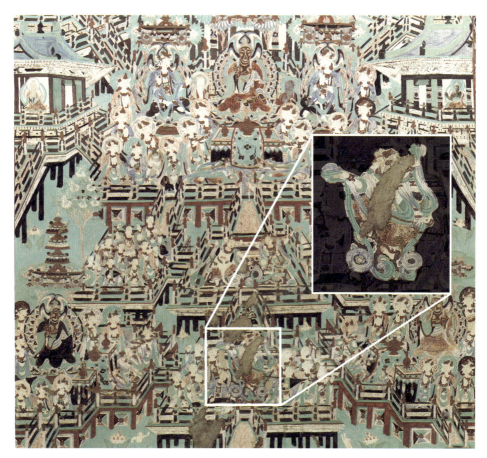

**彩图 2** 阿弥陀净土变：伎乐的细节，部分损坏（泥底可见）/壁画/敦煌莫高窟第 146 窟，南壁，右（西）起第二幅构图，中央部分/约 920—940/壁画 4.92 米 × 9.25 米；局部约 1.86 米 × 2.24 米/敦煌研究院

**彩图 3** 弥勒经变：局部/壁画/敦煌莫高窟第 196 窟，北壁，东角/893—894/壁画 4.9 米×10.23 米；局部约 2.51 米×1.25 米/敦煌研究院

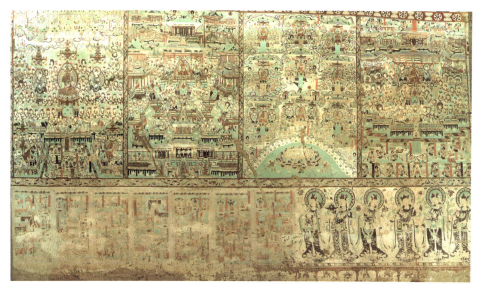

**彩图 4a** 左（西）至右。天请问经变、药师经变、华严经变、思益梵天所问经变。构图由花纹边饰区隔/壁画/敦煌莫高窟第 146 窟，北壁/全壁 5.21 米 × 9.28 米/敦煌研究院

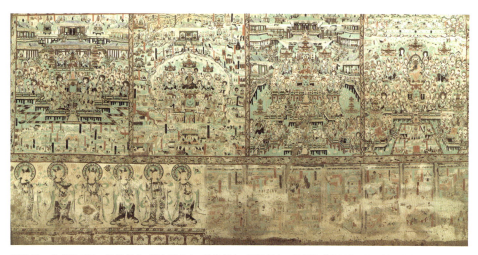

**彩图 4b** 右（西）至左。弥勒经变、西方净土变、法华经变、报恩经变。构图由花纹边饰区隔/敦煌莫高窟第 146 窟，南壁/全壁 4.92 米 × 9.25 米/敦煌研究院

**彩图 5**　金光明经变：全貌及局部／壁画／敦煌莫高窟第 196 窟，南壁，局部，东南角／约
893—894／大图约 2.65 × 2.56 米；局部约 87.6 厘米 × 90.9 厘米／敦煌研究院

**彩图 6** 莫高窟第 146 窟绕道西南角。西壁上的阴影来自右边的雕塑 / 敦煌研究院

**彩图 7** 劳度叉斗圣变：劳度叉局部／壁画／敦煌莫高窟第 196 窟，西壁，构图右侧／局部约 106.1 厘米 × 67.1 厘米／敦煌研究院

彩图 8　劳度叉斗圣变：劳度叉局部／壁画／敦煌莫高窟第 146 窟，西壁，构图右侧／局部约 1.91 米 × 1.08 米／敦煌研究院

彩图 9　劳度叉斗圣变（去除雕塑和背景）/ 壁画 / 敦煌莫高窟第 196 窟，西壁，构图 3.66 米 × 9.41 米 / 敦煌研究院

彩图 10　劳度叉斗圣变（去除雕塑）/壁画/敦煌莫高窟第 146 窟，西壁 / 构图 2.90 米 × 8.31 米 / 敦煌研究院

彩图 11 药师经变：木构建筑的细节／壁画／敦煌莫高窟第 146 窟，北壁，西北角／壁画 5.21 米 × 9.28 米；局部约 95.2 厘米 × 222.5 厘米／敦煌研究院

彩图 12　巴基斯坦罕萨山谷（前犍陀罗地区北部）巴尔提特古堡的住宅区 / 9 世纪 / 作者提供

**彩图 13** 局部：藻井／壁画／敦煌莫高窟第 320 窟／8 世纪初至中叶／58.0～60.0 厘米×60.0 厘米／文物出版社

彩图 14　刺孔粉本 /P.4517.2/墨色纸本，有刺孔 /9 或 10 世纪 /24.0 厘米 × 14.8 厘米 /法国国家图
书馆藏

**彩图 15** 劳度叉斗圣变：外道清洁准备剃度的细节／可见底稿／壁画／敦煌莫高窟第 55 窟，西壁，左（北）侧／962／
3.47 厘米 × 10.64 厘米／敦煌研究院

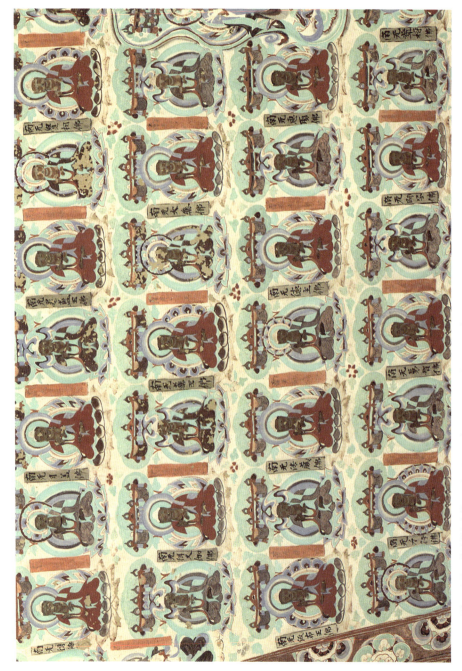

彩图 16 千佛图，局部／敦煌莫高窟第 146 窟／窟顶上坡 4.08～5.22 米；窟顶下坡：3.70～4.28 米／敦煌研究院

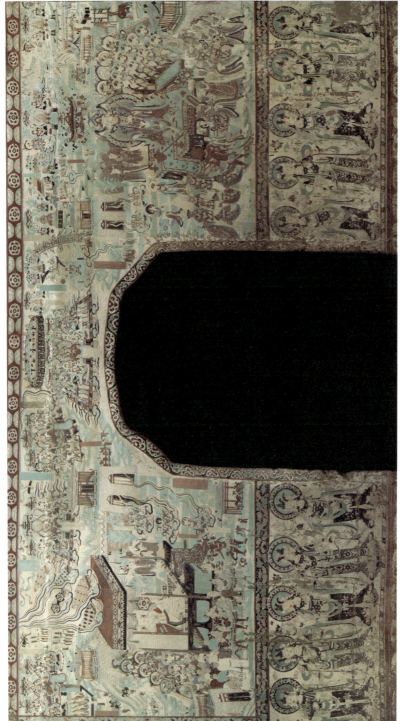

彩图 17　维摩诘经变图局部／壁画／敦煌莫高窟第 146 窟东壁／5.09 米 × 8.51 米／敦煌研究院

**彩图 18**
僧人或地藏菩萨 / MG.17658 / 绢本设色 /
729 / 整幅尺寸 63.6 厘米 × 28.6 厘米 /
法国国家博物馆联合会 – 纽约艺术资源

**彩图 19** 观世音菩萨/S.14/绢本设色/910/77.0 厘米 × 48.9 厘米/大英博物馆

彩图 20a　手持摩尼宝的菩萨像幡/S.136/
绢本设色/9世纪末/71.0厘米×17.5厘米/
大英博物馆

彩图 20b　手持香炉的菩萨像幡/S.125/绢本
设色/9世纪末/68.2厘米×19厘米/大英博
物馆

彩图 21　金刚力士/S.132/绢本设
色/8世纪/79.5厘米×25.5厘
米/大英博物馆

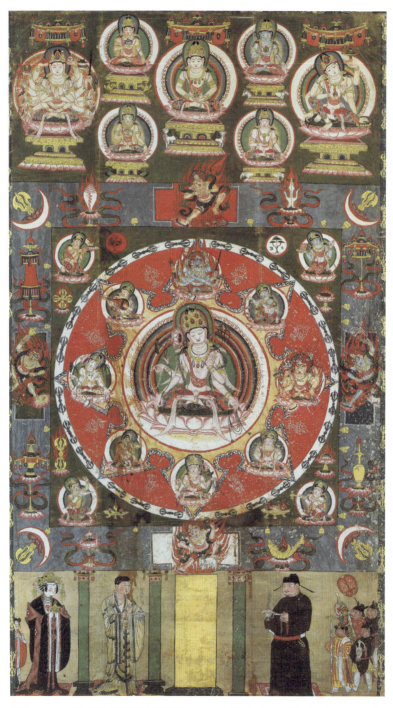

**彩图 22** 五方佛曼荼罗下方的观音曼荼罗/EO.3579/绢本设色/10世纪（五代—北宋早期/115.0厘米×65厘米/法国国家博物馆联合会−纽约艺术资源

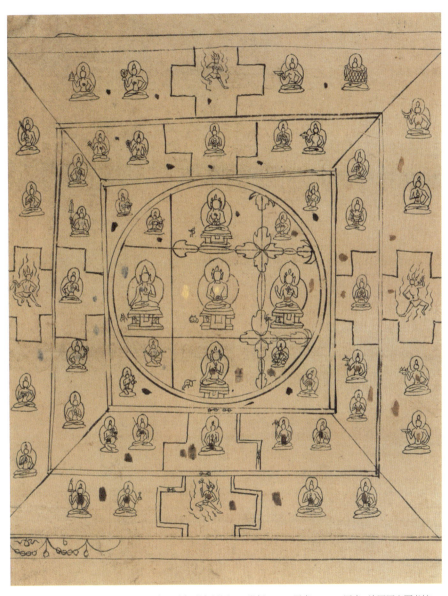

彩图 23　金刚曼荼罗 /P.4518.33 /墨色纸本加彩色标记 /10 世纪 /43.6 厘米 × 30.5 厘米 /法国国家图书馆

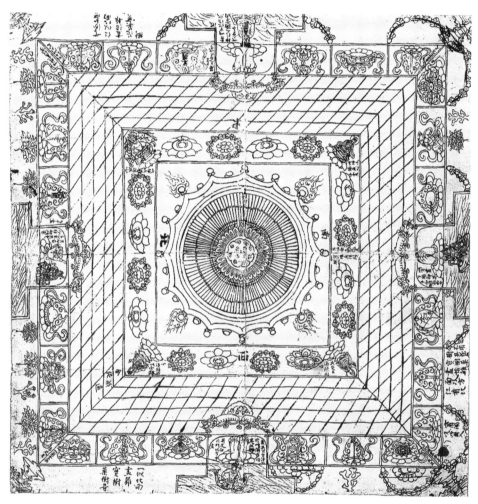

彩图 24　莲花曼荼罗 / 方位标记安置 S.172 / 墨色纸本 / 10 世纪 / 58.5 厘米 × 57.5 厘米 / 大英博物馆

**彩图 25** 斗法：劳度叉和外道／
壁画／敦煌莫高窟第 196 窟，西
南壁右侧／893－894／整壁尺寸
5.13 米 × 9.41 米，局部尺寸约
2.91 米 × 2.39 米／敦煌研究院

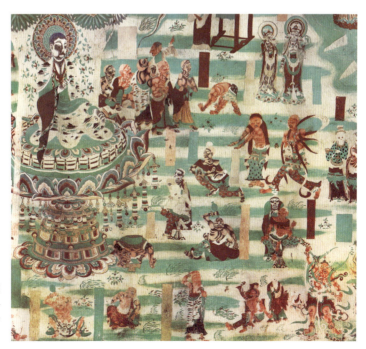

**彩图 26** 斗法：外道向舍利弗顶礼，
皈依佛教／局部／壁画／敦煌莫高窟
第 196 窟，西壁左侧（西南）／893－
894／局部尺寸约 2.61 米 × 2.89 米／
敦煌研究院

彩图 27 a　斗法：外道在帐篷绳子上保持平衡／壁画／敦煌莫高窟第 196 窟，西壁左侧（西北）／墙壁尺寸 5.13 米 × 9.41 米，局部尺寸约 63.6 厘米 × 49.7 厘米／敦煌研究院

彩图 27 b　斗法：外道手举锤子为劳度叉帐篷加固／壁画／敦煌莫高窟第 196 窟，西壁右侧（西北）／墙壁尺寸 5.13 米 × 9.41 米，局部尺寸约 77.7 厘米 × 55.1 厘米／敦煌研究院

**彩图 27c** 斗法：二外道叠罗汉式为帐篷加固／壁画／敦煌莫高窟第 196 窟，西壁右侧（西北）／墙壁尺寸 5.30 米×9.41 米，局部尺寸约 116.8 厘米×62.6 厘米／敦煌研究院

**彩图 27d** 斗法：外道准备攀登梯子／局部／壁画／敦煌莫高窟第 196 窟，右侧（西北）／墙壁尺寸 5.13 米×9.41 米，局部尺寸约 1.29 米×1.00 米／敦煌研究院

**彩图 27e** 斗法：被大风吹倒的外道，局部／壁画／敦煌莫高窟第 146 窟，西壁左侧（东北）／墙壁尺寸 5.01 米×8.31 米；局部尺寸约 62.0 厘米×79.2 厘米／敦煌研究院

**彩图 28** 斗法：外道皈依佛教局部，分三个步骤：奔跑、面向观者做手势和跪拜／壁画／敦煌莫高窟第 196 窟，西壁，西南段壁画／壁面尺寸 5.13 米 × 9.41 米；局部尺寸约 82.5 厘米 × 117.3 厘米／敦煌研究院

**彩图 29 a** 姿势夸张的被降服的外道／壁画（彩图 26 局部）／局部尺寸约 39.9 厘米 × 54.3 厘米／敦煌研究院

**彩图 29 b** 姿势夸张的被降服的外道：饮净水，为剃发做准备／壁画（彩图 26 局部）／局部尺寸约 53.6 厘米 × 52.3 厘米／敦煌研究院

**彩图 29 c** 姿势夸张的被降服的外道：准备剃发的外道从胯下偷窥观者／壁画（彩图 26 局部）／局部尺寸约 46.4 厘米 × 62.1 厘米／敦煌研究院

彩图 30 斗法：外道向后弯腰，局部／壁画／敦煌莫高窟第 196 窟，西壁右侧（西北）／壁面尺寸 5.13 米 × 9.41 米；局部尺寸约 72.7 厘米 × 50.3 厘米／敦煌研究院

彩图31a 剃发准备：外道躺在地上大笑/壁画（彩图26局部）/局部尺寸约44.3厘米×45.9厘米/敦煌研究院

彩图31b 皈依准备：外道刷牙/壁画（彩图26局部）/局部尺寸约41.1厘米×37.8厘米/敦煌研究院

彩图31c 皈依准备：更换僧袍后的外道正在净面/壁画（彩图26局部）/局部尺寸约63.1厘米×30.2厘米/敦煌研究院

彩图32 斗法：外道畏惧火焰，局部/壁画/敦煌莫高窟第196窟，西壁右侧（西北）/壁面尺寸5.13米×9.41米；局部尺寸约103.2厘米×72.7厘米/敦煌研究院

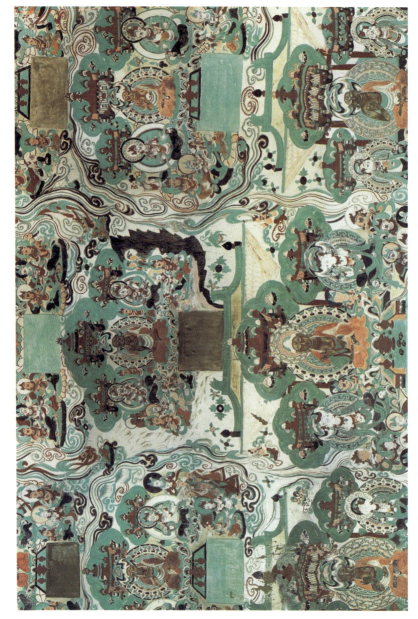

彩图 **33** 华严经·十地品／佛、菩萨及天人像局部细节／壁画／敦煌莫高窟第 196 窟、北壁、西北角／整壁尺寸 5.13 米 × 10.2 米；局部尺寸 1.57 米 × 2.20 米／敦煌研究院

敦煌画稿

中国古代的绘画与粉本

[美] 胡素馨（Sarah E. Fraser）/ 著

张书彬、王道杰、杨筱 / 译

# Performing the Visual
## The Practice of Buddhist Wall Painting in China and Central Asia, 618–960

北京大学出版社
PEKING UNIVERSITY PRESS

图书在版编目（CIP）数据

敦煌画稿：中国古代的绘画与粉本 /（美）胡素馨 著；张书彬，王道杰，杨筱译 . -- 北京：
北京大学出版社，2024.12. --（培文·艺术史）. -- ISBN 978-7-301-35551-0

I. K879.414

中国国家版本馆 CIP 数据核字第 2024PM1595 号

| | |
|---|---|
| 书　　　　名 | 敦煌画稿：中国古代的绘画与粉本 |
| | DUNHUANG HUAGAO: ZHONGGUO GUDAI DE HUIHUA YU FENBEN |
| 著作责任者 | [ 美 ] 胡素馨（Sarah E. Fraser）著　张书彬　王道杰　杨筱 译 |
| 责 任 编 辑 | 李书雅 |
| 标 准 书 号 | ISBN 978 - 7 - 301 - 35551 - 0 |
| 出 版 发 行 | 北京大学出版社 |
| 地　　　址 | 北京市海淀区成府路 205 号　100871 |
| 网　　　址 | http://www.pup.cn　新浪微博：@ 北京大学出版社　@ 阅读培文 |
| 电 子 邮 箱 | 编辑部 pkupw@ pup.cn　总编室 zpup@ pup.cn |
| 电　　　话 | 邮购部 010 - 62752015　发行部 010 - 62750672　编辑部 010 - 62750112 |
| 印 刷 者 | 天津联城印刷有限公司 |
| 经 销 者 | 新华书店 |
| | 710 毫米 × 1000 毫米　16 开本　20.25 印张　彩插 2 印张　302 千字 |
| | 2024 年 12 月第 1 版　2024 年 12 月第 1 次印刷 |
| 定　　　价 | 128.00 元 |

# 目录

# 中文版序

　　2018年六七月间，我应邀在气候宜人、风景秀丽的海德堡讲学，邀请我来的海德堡大学中国艺术史讲席教授胡素馨（Sarah E. Fraser）女史，让我给她即将出版的中文版著作《敦煌画稿：中国古代的绘画与粉本》一书写篇序，我欣然接受，因为我对这本书的内容和生成史都还是比较熟悉的。

　　胡素馨从1987年开始在加州大学伯克利分校攻读博士学位，师从高居翰（James Cahill）教授治中国美术史，特别是佛教美术。她1992年来到北京大学，随宿白、马世长两位先生学习佛教考古。我正好从香港访学回来，当时正在北京的樊锦诗老师帮她找到我，她说要跟我一起读敦煌写本中的入破历和造窟发愿文之类的文书。这些文书有的是快速的记录，有的是草写的稿本，不是那么容易阅读和理解，于是我与她一起，花了不少的时间，把这些与敦煌石窟修造和壁画绘制有关的史料解读出来。这其中的有些材料，成为她后来的博士论文中有关"佛教艺术的经营：报酬与组织"的基础。她在1993年回国之前，还在敦煌逗留了几个月，把英法所存藏经洞出土的各类绘画草稿、白描粉本同莫高窟、榆林窟的壁画加以对勘。我知道她在这方面颇有心得，曾约她写了一篇《敦煌的粉本和壁画之间的关系》，发表于我主编的《唐研究》第三卷（1997年12月出版）。

1996年，胡素馨任教于美国芝加哥西北大学艺术史学系。同年，耶鲁大学的韩森（Valerie Hansen）教授召集组织路斯基金会（Luce Foundation）研究项目："重聚高昌宝藏"（Reuniting Turfan's Scattered Treasures），我在中国帮忙协调组织，胡素馨也参加了这个项目，我们又得以一起考察高昌、交河、伯孜克里克、吐峪沟等遗址，也有机会在耶鲁大学、纽约大都会艺术博物馆等地开会、访问、交流。这个项目的成果之一，即她用英文写的论文《吐鲁番地区考古发现的再认识》（A Reconsideration of Archaeological Finds from the Turfan Region），由我编入《敦煌吐鲁番研究》第四卷"吐鲁番研究"（1999年12月出版）。她的这项研究，最后也融入目前我们看到的这本书中。

1998年耶鲁的项目结束后，翌年胡素馨申请到一个亨利·路斯基金会的项目，题为"唐宋的寺院财富与世俗供养"（"Merit, Opulence and the Buddhist Network of Wealth"），我作为中方主要的合作者，又一起到北京房山、敦煌莫高窟、四川各地中小石窟去考察，记得当时参加者还有太史文（Stephen Teiser）、郝春文、柯嘉豪（John Kieschnick）、韦闻笛（Wendi L. Adamek）、张先堂等，特别是走访四川石窟，一路畅谈。2001年6月，她和我一起在北京大学主办了"唐宋的佛教与社会——寺院财富与世俗供养"国际学术研讨会，由她主编的会议论文集《佛教物质文化：寺院财富与世俗供养国际学术研讨会论文集》，2003年12月由上海书画出版社出版，我写了后记，说明项目的缘起和成绩。

与此同时，在胡素馨的大力推动和精心设计下，由安德鲁·梅隆基金会（The Andrew W. Mellon Foundation）和敦煌研究院合作，开始进行"梅隆国际敦煌数字化图像档案"项目。记得在项目开始之前，胡素馨陪同梅隆基金会的主席从敦煌飞来北京，介绍他们有关用三维技术，拍摄互交式360度全景图像的想法。在1999年至2000年梅隆基金会敦煌数字化项目进行期间，我也曾几次到敦煌，在拍摄某个洞窟时加以解说，最难得的是带着摄影师的镜头，一边讲，一边走进藏经洞。

胡素馨主持的这两个项目，既是她对整个佛教艺术史、敦煌石窟研究的贡献，也是她本人有关敦煌壁画创作过程研究的继续深入。因为她对许多敦煌洞窟的壁画内容十分熟悉，才能够审视出由画稿所绘制的壁画其实是一个画坊程序化制作的结果，因此有大量的重复画面，具体图像也有很多相似之处。这些观察结果，已经写入她的《敦煌画稿：中国古代的绘画与粉本》（*Performing the Visual: The Practice of Buddhist Wall Painting in China and Central Asia, 618–960*）一书中，该书2004年由斯坦福大学出版社出版。在这本书中，除了上面提到的两个方面外，她还讨论了敦煌粉本与白画两种画稿的影响问题，以及绘制绢本画幡和纸本仪轨图的不同画稿，阐明画家如何根据讲唱文学作品，用极具表现力的方式，图绘出演出的场景，最后从绘画理论著作的角度，来讨论作为审美对象的画稿，指出画稿的价值在于过程的表现，代表了艺术的创造力。

胡素馨此书，不论在内容上，还是在方法上，都给人耳目一新的感觉。从杂乱无章的各类画稿和寺院账目，理出晚唐五代宋初时期敦煌石窟制作、壁画绘制的清晰脉络，并且从整个中国绘画理论和实践的角度，给予这些画稿一个恰当的评价。

《敦煌画稿：中国古代的绘画与粉本》这部著作，在艺术史、敦煌学等几个方面都做出了贡献，出版以后，好评如潮，欧美艺术史和东方学的重要刊物，都有书评发表。近年来中国的读者群，非常喜欢国外艺术史门类的图书，虽然我早就听说这本书已经翻译成中文，但胡素馨教授一向谨严，一直没有让它出版。最近，王廉明博士带领海德堡大学艺术史专业的博硕士生，又对译稿做了深度加工，精益求精，现已基本完稿，即将付梓。这对汉语学术圈来讲，无疑是个好消息。今应胡素馨教授之约，略述此书的学术历程，以及作者与中国学术界的联系与交流，希望为中文读者提供一些背景情况，是为序。

荣新江

2018年7月12日　海德堡

# 中文版自序

　　这项得到美国图书馆协会认可的获奖研究，有一个较长的生成史，我需要感谢很多人。首先，我要感谢我的老师们；遗憾的是，在1996年9月25日于加州大学伯克利分校完成论文《唐代中国的艺术家实践（8—10世纪）》之后的这段时间里，其间有几位老师已经去世了，也就是高居翰教授和宿白教授。因此，我借北京大学出版社出版我2003年论著中译本这一期待已久的机会，来纪念他们对我学术研究的贡献。

　　本书内容与2003年斯坦福大学出版社版本相同。在1996年完成论文后，我对文本进行了调整，增加了第一章；在这一章中，我着重研究敦煌寺院经济及相关赞助的状况，使画家与施主之间的关系清晰可见，以期更多的读者可以更容易理解本书内容。另一个重要的变化是图片。敦煌壁画的大型合成图像反映了敦煌研究院与芝加哥西北大学之间的广泛合作，我于1996年至2012年担任该校教师。梅隆基金会曾慷慨资助本项目，提供了数字人文的宏伟愿景。

　　敦煌和芝加哥西北大学的合作，使我以归义军时期（约851—1036）16个洞窟为基础展开的对模仿、复制以及壁画实践的宏观讨论变得清晰可见。艺术家的草图是我研究这段非凡时期的切入点。这些资料在很大程度上展现了敦煌的归义军时期；我的研究显示，这些时间未明的图画是在这段艺术创造力丰富的时期制作的。感谢斯坦福大学出版社，他们支持了本书的第一次和第二次出版。

本书集中论证艺术家实践的认知过程。这个认知过程中的许多方面至关重要，是物品制作的内在因素，但往往是看不见的、难以接近的。敦煌藏经洞中幸存的草图使评估认知——反思思考的过程，以及探索艺术创作的历程——成为可能。这是因为在艺术实践的最早阶段制作的图画，是墙上绘画成品的索引。它们也阐明了除了壁画之外，绢本绘画是如何构建的。这些与艺术家相关的资料，包括草图、仪轨图和账簿，是社会活动的记录，正如藏经洞中的官方文书揭示了寺院生活与政治生活中的相关活动。也就是说，这些材料提供了艺术家、赞助人和生产之间互动的背景。

因此，这些草图提供的不仅仅是视觉上的细节，它们连接了生产过程的两端，阐明了成品有意抹去的生产过程。如果没有这些从唐五代开始的近一千年时间里原封不动的草图符号，我们没有办法接触到这些细节。这些大约完成于1006年的珍贵艺术家资料在1900年6月被发现。

在这项研究中，我从具体的角度和更抽象的层面来讨论绘画制作的"方式"。第二至五章论述画稿的特定类型与它们在生产过程中的作用。第六章探讨唐代作家对壁画家的看法和书写。张彦远等将"自然"提升到创作的最高境界，他们从道教和书法中汲取理论，解释壁画制作在上色前的底稿阶段。还讨论典型的壁画家吴道子以及9世纪艺术创作的接受情况。

在艺术史著作中，唐代作者将自己定位为壁画完成的见证者。敦煌文献也提供了其他艺术创作行为和表演行为的线索。除画稿外，藏经洞中还有洞窟壁画题榜的草稿。此外，幸存下来的还有敦煌地区的寺庙里讲经僧人的讲经稿。这些佛教故事的论辩模仿了本研究的重点，"劳度叉斗圣变"中的僧人辩论。异教徒劳度叉与代表佛教的舍利弗，就各自思想的利弊进行探讨。他们交锋的重点是各自的神力，而不是雄辩的言辞。

这将我们带回到这些艺术家文件的历史属性问题。在第五章，以及其他许多关键部分，我集中讨论"劳度叉斗圣变"的画稿。我们可能希望确定：这些草图是艺术家为新壁画绘制的吗？或者它们是现有壁画的画稿，"碰巧"在藏经洞中被发现？我发现，一些理论对回答这些问题非常有用，包括米歇尔·德·塞托（Michel de Certeau）《日常生活实践》（*The Practice of Everyday Life*，1980）以及更早的皮埃尔·布尔迪厄（Pierre Bourdieu）的《实践理论概要》（*Outline of a Theory of Practice*，1972）。德·塞托的社会学方法以策略和战术为重点，引导我们思考文件本身在其发现状态下的功能。嵌入其物质组织中的残余"记忆"的本质是什么？它们是事后制作的，还是为了迎接新的项目而制作的？种种迹象表明，这些8世纪至11世纪的敦煌艺人资料是私人笔记，没有预料到会广泛地公开传播。

将这些独一无二的材料与沈心友（1638—1701）委托制作的17世纪《芥子园画谱》对比，对解答我们的问题很有帮助。后者旨在为不同技能水平的观众提供指导，这种后来的粉本是由前人的草稿衍生出来的，具有教学的功能，它类似于一本烹饪书，是为了广泛传播而制作的；它是为希望制作同样产品的人而写下的指南。相比之下，大多数敦煌草图是单一的、独一无二的画稿或草稿。因此，敦煌草图并不是一本"食谱"，而是在工作室内有限流传的个人笔记。我在书中讨论了如何辨别画稿风格、功能和受众的差异。其中一种是真正的粉本：直接在图案的轮廓线上打孔的设计。一般来说，红粉被用来制作重复的图案（如千佛图），以产生统一性。由于用粉来创造图案的轮廓，所以早期的名字叫粉本。

早年在加州大学伯克利分校接受的训练教会了我如何仔细观察艺术、创作者和赞助人；我有幸与该领域的一些知名学者一起学习。我必须提到我从导师们那里学到的东西。我的博士生导师高居翰非常注重观察各个时期中国画的基本原理，认为关注一个对象的实质，它的起源和意义就会显现出来。琼安娜·威廉姆斯教授（Professor Joanna Williams）是南亚（印度）和中亚艺术的专家，她强调艺术家在工作室实践中的理论问题，尤其是宗教雕塑方面佛教和印度教的语境。

威廉姆斯对未完成的艺术作品的兴趣，与本书强调敦煌艺术创作的各个阶段尤为相关。1988年与伯克利建筑与环境设计学院的戴尔·厄普顿教授（Professor Dell Upton）在她的民间艺术研讨课上的讨论，让我认识到认知人类学方法的价值。厄普顿用这些方法来分析物质文化清单；深入简单的物品清单或会计文件中，让我们能够重建这些清单所提示的早已消失的空间环境中展开的活动。敦煌藏经洞再一次没有让人失望；在这项研究中，我挖掘了寺庙的财务账目，重现了艺术家、施主和寺院之间的社会和经济关系。在研究意大利早期现代艺术的迈克尔·巴克森德尔（Michael Baxandall）教授的课程中，他的创新重点在于识别艺术家的技能、赞助人与艺术家的互动以及行会等级制度，这对于设想唐到五代的艺术景观是非常宝贵的训练。

三项重要的资助使我得以在伯克利以外的地方展开研究：1990年至1994年，我曾在敦煌资料和学者所在的日本、中国以及欧洲各地进行研究。伯克利的中国古典文学和佛教教授司马虚（Prof. Michel Strickmann）向我介绍了饶宗颐（1917—2018）的法文出版物《敦煌白画》（*Peintures monochromes de Dunhuang*，巴黎：法国远东学院，1978），其中有李克曼（Pierre Ryckmans，1935—2014）和保罗·戴密微（Paul Demiéville，

1894—1979）的贡献。这引领着我走向了敦煌画稿和工坊这一尚待深入的课题。1990年至1991年，作为神户大学的高级博士生，百桥明穗教授（Prof. Donohashi Akio）指导我查阅了京都奈良地区的中国早期佛教艺术收藏，加深了我对中世纪东亚佛教传统中图像抄的理解。神户的图书馆也让我有机会接触到日本学术界关于白画和白描的大量文献。加州大学伯克利分校的日本艺术史教授玛莉贝丝·格雷比尔（Prof. Maribeth Graybill）为联系神户大学提供了便利，并对寺庙实地考察提出建议，包括醍醐寺、正仓院、东大寺、法隆寺等。安娜·塞德尔博士（Dr. Anna Seidel）和法国远东学院佛教和道教研究团队（The Ecole Francaise d'Extreme-Orient Équipe）热心地提供了他们关于中世纪宗教实践和仪轨图的宝贵专业知识。这一年研究活动的开展有赖于美国政府外国语言和区域研究基金（FLAS）的支持，并得到了加州大学校长奖学金的补充。

1992年至1993年，我作为博士生在北京大学考古系学习，在马世长教授和宿白教授的指导下，度过了一年的时间，这是一个不可多得的机会，可以仔细研究欧洲的敦煌藏品与敦煌壁画之间的联系。这得益于北大和敦煌研究院的慷慨支持，他们为我提供了进入石窟的机会。我的北大老师做了非常友善的介绍，使我有可能住在敦煌研究院。作为宿白的学生，樊锦诗在研究院接待了我几个月。在这段时间里，我完成了必要的艰苦工作，对我研究核心的16个关键洞窟进行了调查和测量。本书附录中的洞窟示意图反映了这一综合性工作。在这一年里，我还结识了北大的一位青年学者荣新江教授，他阐释了敦煌的文化和政治历史。故宫博物院的专家对我的研究也给予了大力支持，包括余辉、杨新、单国强、董正贺等。

在工作室里观察在世艺术家的创作是伯克利强调的方法。在北大那一年，幸运又一次站在了我这边。根据耶鲁大学班宗华（Richard Barnhart）教授的建议，我多次前往佛教版画和绘画工作室活跃的塔尔寺。我发现青海寺院在"文化大革命"后出现了蓬勃的重建热潮。装饰寺庙建筑的画师帮助回答了关于古代绘画实践的性质问题；在某些情况下，画师使用了类似的工具。我运用民族考古学的框架（罗杰·克里布 [ Roger Cribb ]，《游牧考古学》，剑桥大学出版社，1991）调查和分析了现今佛教作坊的实践，以重建中世纪的技术（依靠地理和技术接近性的严格标准）。这有助于解决有关洞窟和幡画制作的关键问题。

敦煌画稿是现存最完好的明代之前的艺术家资料之一。然而，要研究世界上最好的前现代画稿藏品，最大的挑战在于，由于20世纪初的殖民考察，它们分散在全球各地。我非常有幸在1992年至1993年获得了重要的资助，调查了所有主要的敦煌藏品，包括在中国、英国、法国、日本、俄罗斯和美国的资料，并得到了美国学术团体理事会（ACLS）（欧洲藏品中的中国资料研究资助）、蒋经国基金会、美国国家科学基金会和中国政府共同赞助的CSCC奖学金的支持。

我对敦煌资料的亲自研究使我接触到了以下藏品，它们的负责人和工作人员支持了我的工作：法国国家图书馆和巴黎吉美博物馆，英国伦敦大英博物馆和大英图书馆。日本东京大学、神户大学、京都大学图书馆和京都意大利中心（日本イタリア京都会馆），该中心是在富安敦博士（Dr. Antonio Forte，1940—2004）指导下建立的一个以唐代为中心的图书馆。我也在中国进行了研究：北京中国国家图书馆、北京大学图书馆和甘肃敦煌研究院图书馆。此外，我考察了俄罗斯的资料，包括艾尔米塔什博物馆和圣彼得堡的俄罗斯科学院。以下策展人和图书馆员为我组织了相关作品的特别展示，使我的工作得以顺利展开：法国国家图书馆的郭恩女士（Madame Monique Cohen）和蒙曦博士（Dr. Nathalie Monnet）；吉美博物馆馆长雅克·吉耶斯博士（Dr. Jacques Giès）；法国远东学院的戴仁（Jean-Pierre Drège）；大英图书馆的吴芳思博士（Dr. Frances Wood）和魏泓（Susan Whitfield）；俄罗斯科学院东方研究所的孟列夫博士（Dr. Lev Menshikov）。

在敦煌研究院期间，樊锦诗慷慨地送给我一套完整的《敦煌研究》杂志。为了报答敦煌研究院的慷慨，1997年论文完成后，我将一套完整的彩印本送给樊院长，供研究院图书馆使用。在此之前，我得到机会以较短的篇幅分享我的研究成果，比如1994年敦煌研究院召开国际会议时，我在敦煌讲演了一篇论文。毫无疑问，我的论著启发了民族出版社2005年及中央编译出版社2007年出版的《敦煌画稿研究》。我于2003年出版的著作得到了广泛的认可，我对此非常感恩。2004年，该书有14篇书评，并被美国图书馆协会评为优秀学术图书。我希望，这一次对我1996年到2003年间展开课题的完整的中文译本找到新的读者群。

论文中出现的两个关于佛教艺术的重大项目由亨利·路斯基金会和安德鲁·梅隆基金会赞助。1999年，路斯基金会资助了一个学者团队到甘肃和四川进行研究，协办单位是敦煌研究院和芝加哥西北大学。田野调查结束后，我们在北京大学召开了国际学术研讨会，并出版了论文集《佛教物质文化：寺院财富与世俗供养国际学术研讨会论文集》（上海：上海书画出版社，2003）。路斯基金会还为梅隆基金会资助的42个敦煌石窟的大型数字化项目提供了种子资金，该项目改变了我们观看敦煌壁画的方式。我指导了这些项目。我在1996年至2012年任教于芝加哥西北大学，该校也为项目提供了支持。

这个数字项目的目的是无障碍地观看壁画的全貌和进行洞窟的空间体验。我非常感谢敦煌研究院和梅隆基金会让我能够将这个重要数字项目的图片收录到原著 *Performing the Visual*（2004）以及这个中文译本中。我的敦煌研究还在继续，现在正在进行一项长篇研究，探讨在20世纪战争期间张大千和青海藏族画家是如何通过艺术合作的视角来研究这个遗址。同时，这本论著的翻译值得特别关注；大约有27个人在五年的时间里为它的出版提供了帮助。

我们非常感谢两位提供全文翻译的学者：浙江省教育宣传中心的王道杰女士（第一至四章）和她的丈夫中国美术学院佛教美术史学者张书彬博士（第五至六章）。他们的基础性工作产生了一个清晰的文本，为下一阶段的工作提供了可能。2016年春季学期，在我校东亚艺术史研究所助教王廉明博士的指导下，组建了一个由志愿者、研究生组成的翻译团队；在这一学期的集中研讨课中，他们仔细剖析了英文原文中概念和方法论术语的含义，并确定了中文的最佳对应用语。

海德堡团队按章节分工合作。中文版自序和导论：王廉明、杨筱；第一章：杨筱、王廉明、郭秋孜、叶荔；第二章：孙欣、侯然、赵阳；第三章：孙艺书、肖砾彤、Helga Krutzler；第四章：杨筱、于雪、裘文卓、Clara Tang，Jurgita Rainyte；第五章：周牧雨、樊晓冰、李秀棠；第六章：王廉明、吴涛、王涌鑫。需要特别指出几个人的贡献：北京大学历史系荣新江教授对专业术语进行了用心核对。杨筱，最近刚完成她关于四川北部唐代佛教石窟的论文，她进一步完善了文本，包括2017年到2018年的校对，她的专业知识极大地提高了翻译的质量。叶荔和王华与东亚艺术史研究所媒体资源部负责人Susann Henker合作，在2018年到2019年对需要的照片进行了整理、重新包装和重新拍摄。叶荔和王华也负责附录和图表的翻译。

此外，中国社会科学院政治学研究所陈宇慧博士系统地审阅了整个文本，为确保一致性，她与故宫博物院梁勇博士一起进行了编辑修改。将一本书翻译成另一种语言，确实需要一批有责任心、有热情的爱书人士共同努力。我衷心感谢大家的工作。我对任何剩余的错误负责。

胡素馨

海德堡大学　中国艺术史讲席教授、东亚艺术史研究所所长

2020年8月8日

导 论 —— 画稿：历史、主题及风格问题

本书的主题是唐代画稿。书中研究中古时期绘画创作，核心材料主要是罕见的一系列未公开绘画和画稿，它们出自中国最大的佛教遗址——敦煌莫高窟。这座石窟寺群位于中国西部多民族聚居的甘肃省境内，南临青海省（历史上曾归属吐蕃），西靠新疆维吾尔自治区。这些粉本存于一批不为人知的文书中，其中记录了"丝绸之路"上西域诸国的各个民族。本书主要关注画稿与河西石窟群中的这些壁画之间的关系。讨论艺术创作和粉本的关系，也有助于厘清9世纪中国画家和理论家提出的关于认知和创造性等基本问题。彼时画论家的首要关切，是什么构成了艺术——它究竟蕴于创作过程，还是体现在完成作品中？唐代画论家评鉴作品时，最推崇起笔时顺应本心。唐及此后历代的收藏家却很少论及甚至完全不提画稿。相反，收藏家们重视创作过程，而鉴赏家则关心作品源流。画稿从未因被视为创作的证物而受到重视或收藏，画论和传记文献中对此都鲜有着墨。但起稿除外。受道教和佛教禅宗思想的影响，有种观点认为起稿时画家融贯画法，即兴挥毫写意，借以无限趋近自然。9世纪的画论家以神话、巫术、传说以及原始科学来解释绘画创作，将起稿与画稿、艺术实践分离开来，上升至美学讨论的对象。评论家所形容的创作与作坊方面的遗证大不相同，本书的最后一部分将就此进行讨论。

为了解决这些更宏观的问题，本书开篇要首先确定作坊画工的身份，然后呈现画稿创作。画工根据墙面的质地和外观，需要调整筹备工序。画稿体现了画工在绘制时的认知过程，尤其在处理空间环境复杂的寺院壁画时。在专业体系里，除了画工一门外，还有其他艺匠和从业人员，如经生、塑匠、描线人以及说书人等，大家都隶属各种行会或作坊。本书中"画稿"（sketch）和"起稿"（sketching）指的是绘画初期或曰筹备阶段的对象和过程。其过程和文献都与本书要讨论的内容密切相关。我们将会看到，画家同时进行各种创作活动，却不能与同时期的画史和画论相互印证。中古时期士大夫对作坊有其看法，而画师在画稿中也呈现了自己的观点，我将力图解释两者之间的张力。不必强行求同史料，其中差异已经为观察中国绘画的转折期提供了生动视角。

据唐五代时期画家留下的物证，当时寺院画工在两个重要的创作阶段需要用到画稿：一是在纸上，二是在墙上。画工徒手用淡墨在干燥墙面上随性完成底稿，在其之上精绘出色彩绚烂、姿态优美、形式多样的佛教壁画。画家正是用这些最初的底稿确定了大致的构图；它们虽然粗糙，但却大体确定了佛寺壁画构图的比例和精度。笔者还将在第二章中探讨起稿阶段。这些壁画绘于巨大的墙面，通过彼此的内在关联来定位。画师就在这样的环境中努力创作。

莫高窟由中国古代艺术家和工匠依山开凿，距今天的敦煌市不远，位于罗布泊和戈壁沙漠的边缘。莫高窟及其东边的姊妹窟——榆林窟之间隔着三危山。窟中饰以壁画，其建筑形制因地而宜，从沙漠山坡上开凿而出。在中古中国的佛教与世俗题材绘画作品中，敦煌壁画无疑是其中浓墨重彩的一笔。莫高窟正面紧靠宕泉河西岸，南北向包括492个洞窟，窟内壁画多描绘佛国圣境和供养人的形象，建造时间自前凉太清四年（366）起，至南宋淳祐十年（1250）止。莫高窟现存最早的壁画可追溯至5世纪初的北凉时期。之后出现了更多巧心经营的洞窟，其中最大的一个深33米，以散石和沙土精心筑成。寺窟中有四面巨大的佛教壁画，高32米。莫高窟三层洞窟构成其平立面，有些地方甚至达到四层，是当地精英兴建庙宇的理想场所。在三危山阴即莫高窟北面山崖上另有200多个洞窟，曾是僧人们的生活区，里面简单的炕、灶和储物柜等物品都是其朴素生活的物证。莫高窟南面山脚下曾零散建有很多寺院，建于晚清（19世纪初）的上、中、下三座寺庙至今仍在。[1]

画工为敦煌寺院和石窟绘制壁画时多为即兴创作，本书的研究重点是壁画家的活动和构思。比壁面的前期工作稍早或同时，还有一个准备稿本的阶段。在纸上给核心人物和壁画构图打出草稿，这点类似文艺复兴时期意大利壁画的做法。不同的是，中国画工的画稿并未被后世系统鉴藏，因此，早期画稿鲜有存世。现在我们之所以能研究中古时期画坊如何工作，要归功于1900年在敦煌莫高窟发现的藏经洞，那里保存了当时佛教壁画的珍贵墨迹。这42000多件手卷、绢画等珍贵资料中也包含了画稿。敦煌无疑是亚洲现存佛教寺窟遗存中的圣地，无论是其历时还是文物规模，都可与西藏的布达拉宫媲美。自约480年至1250年前后，莫高窟中的佛教题材壁画约有45000平方米。同时，它也是藏有画匠画稿的隐秘宝库，可追溯至中古时期，其中的珍存大部分可以上溯至9世纪至10世纪。

## 藏经洞

65件现存画稿呈现了艺术创作的多样性，包括：坛

[1] 上书"此乃僧团主持之住所"的一幅寺院绘画，出自敦煌藏经洞吐蕃时期的文献。P. tib. 993. 见 [法] 吉雅思、[法] 郭恩编《西域佛土》，页195—196。

[2] 洪䛒(？—862)为吐蕃统治时期的沙州僧统。相关的三窟包括第16—17窟、365窟(建于832—834)和第366窟，这三窟被称为"吴家窟"。详见S.1519、P.3720、S.1947和P.4640。

[3] 转引，参见沙畹著作，附录A："Chinese Inscriptions and Records"，亦见于[英]斯坦因《西域考古记》(第3卷；页1329—1339)图345；4；pl. CLXXV。S.1519记载了开凿洪䛒影堂(今第17窟)的细节；P.2913记载了大中五年(851)第16窟(大佛堂)的开凿。

场与佛典的仪轨图，为一般绘画提供的参考图样，用于复制石窟藻井之上相同人物的刺孔(pounces)，对寺窟主墙上关键人物形象的深入研习；绘画练习的涂鸦之作，为描摹绢画而准备的没有涂改的精细作品。它们常常出现在毁损废弃的经卷背面，或经书散页、长卷甚至那些拼出来的或正方或长方的纸页上。从其水平和形式可以看出，这些作品出自长期活跃于当地的画工作坊，也曾归于曹氏父子任下的画院。后梁龙德元年(921)至后汉天福十二年(947)，曹氏父子出任归义军节度使。其中914年至935年，曹议金主持州事；其子曹元忠约在944年至974年统辖沙州和瓜州。莫高窟和榆林窟彼时正在其管辖范围内。随着唐王朝土崩瓦解以及唐天祐四年(907)张议潮政权结束，曹氏父子在敦煌建立了稳固的统治。所有证据都表明曹氏父子成立并且赞助了画院，画院对造像样态进行了系统化，也装饰并修复了曹家供养的石窟。

这些画稿是藏经洞中成千上万写本和绢画的一部分。藏经洞里嵌有高僧洪䛒告身敕牒碑，铭文记载了洪䛒一生的事迹，他于唐懿宗咸通三年(862)圆寂。现在其塑像立于甬道上，为储存海量的文书，塑像曾经有段时间被移入洞窟之内。(彩图1)大中二年(848)，张议潮率众在沙州发动起义，反抗吐蕃的残暴统治。[2]洪䛒和尚也因功受到唐朝的册封，成为河西释门都僧统。大中五年(851)，作为敦煌僧界领袖的洪䛒入奏朝廷，告身敕牒碑记载了这次行程。他圆寂后，碑被嵌入了藏经洞内。朝廷给洪䛒赏赐丝绸、经书和袈裟等。在唐代，获赐袈裟是佛弟子至高无上的荣耀。[3]当藏经洞藏满各种经卷文书之后，人们砌墙密封洞门，并用假墙掩人耳目，墙上有11世纪初绘制的壁画。这些被封存起来的文物直到1900年6月22日才重见天日，当时负责看管敦煌莫高窟的道士王圆箓和助手，发现通往大洞窟（现在称第16窟）的走廊墙壁上有一条裂缝。1906年至1907年间，这些文书经历了又一次迁徙——斯坦因和伯希和挑选了数以千计的文书，并把它们运到了欧洲。

在我看来，敦煌艺术在两方面无与伦比。一方面，莫高窟保存了大量的唐代壁画，而中国中原和偏远地区[4]的人物画因战乱而不存。唐中和元年（881），黄巢起义军攻入长安城，烧毁宫殿。韦庄曾作《秦妇吟》诗感叹。[5] 会昌二年至五年（842—845）唐武宗发动灭佛，迫害僧人，阻止佛教活动，长安城内的大量壁画在劫难逃，亦损坏严重。[6] 唐大中元年（847），张彦远《历代名画记》卷三记录了武宗灭佛："会昌五年，武宗毁天下寺塔。两京各留三两所，故名画在寺壁者唯存一二。"一千年之后，长安城寺塔中的唐代壁画无一幸存，但是敦煌壁画以其卓然的水平和地域特色，成为研究三百年壁画史最好的参考，而当时壁画恰是绘画的主流形式。[7] 另一方面，遗忘在藏经洞里那些保存完好的画稿，可能与莫高窟现存的大量壁画有联系。这些画稿和壁画一起，使敦煌莫高窟成为中古时期中国艺术的重要宝库。其发现成果自20世纪20年代以来，不断改写着中国、欧洲和美国学界对唐代艺术的认知。[8]

现在人们认为，佛教文献的重要书库三界寺藏经目录上的内容，即为莫高窟文物的主体部

[4] 指多民族混居地区。政治领袖使用汉字，其宗教、政治文件也是汉地样式，这并不意味着他们摈弃其他语言或文化。

[5] 引自[美]薛爱华《长安最后的岁月》，页149。

[6] 杜希德研究日本文人时，也曾概述灭佛运动对唐代经济的影响，包括熔毁佛像铸钱，以应付货币供不应求的局面。参见[英]杜希德《唐代财政》，页69、82。

[7] 有些刻在石头上的图像保存至今，比如西安（唐代长安）寺院的遗存。这些画作代表着与壁画同时期的一个非常接近的、平行的图像世界，也证实了文献中推崇的线条张力和笔下生花。长安遗留的壁画，只有深埋于皇陵的那些作品还存世。据估计，当时都城的艺术作品传世者约占百分之五，包括一批传为周昉（约730—800）、张萱（8世纪上半叶）和阎立本（？—673）等所作的卷轴画，凝聚了8世纪宫廷绘画的精神和主题。唐代手卷绘画名录可见[美]高居翰《中国古画索引》。

[8] 1900年至1904年王圆箓散出藏经洞绘画和文书时，当地学者即刻意识到其价值，然而直到伯希和在北京将一些文书拿给罗振玉过目，整个中国才知晓敦煌遗存的深远影响，民国政府之后迫于压力开始追回藏品，此时已是1907年至1908年英法私运之后。1941年至1943年，张大千历时一年半在敦煌进行临摹，其摹本在战时的陪都重庆展出，使敦煌名噪一时。笔者目前正在写作另一本关于现代敦煌的著作，其中将谈到这个话题。

[9] 道真是三界寺观音院主,藏经洞中的大量文书钤有三界寺印章,学者因此推测藏经洞的收藏来自三界寺。道真修复了上千部佛经,并为其加上书衣。参见施萍婷《三界寺,道真,敦煌藏经》,以及荣新江《大英博物馆藏敦煌汉文残片之历史意义》,页81。

[10] 这些经卷与其他文书缘何及如何保存在第17窟尚未有确切答案(第17窟位于第16窟的甬道)。过去认为,吐蕃入侵导致了洞窟的封闭,现在有观点指出,与敦煌过从密切的于阗带来了穆斯林攻打佛教徒避难地的消息,促使洞窟封存。敦煌学者现在普遍赞同该窟一直保存轻便的物品,作为储藏室有数百年之久,特别供三界寺使用,三界寺旧址可能位于第16、17窟的对面(现在也称为下寺)。此前人们曾以为是敦煌统治者匆忙从当地寺院搜罗经书打包封存起来,但这些藏品的内容之丰富、书衣纸张用料之名贵……种种迹象表明,藏经洞接续了一座尚在使用的书库。参见荣新江《敦煌藏经洞的性质及其封闭原因》,页23—24、38—39。

[11] 圣彼得堡F.32A,参见[苏联]孟列夫等编《俄藏敦煌文献》第1卷,页321—322。其他敦煌文书可追溯到13世纪,多出自元代蒙古人占领敦煌时的北窟。参见荣新江《敦煌藏经洞的性质及其封闭原因》,页270—271。

[12] 荣新江《敦煌藏经洞的性质及其封闭原因》,页272—273。

分。[9] 1002年至1006年间,这些文书和绘画之所以被封存在窟龛墙壁之后,很有可能是因为受到"丝绸之路"上地区形势变化的影响,比如敦煌和于阗之间的关系。[10] 某些重大的历史事件迫使寺僧将大量佛经藏起来,一起放在藏经洞里的还有汉文、藏文、梵文、吐火罗文、粟特文、回鹘文及"丝绸之路"上其他语种写成的公文,内容广泛。藏经洞发现的文书最晚到1002年,藏经洞的封存时间最早可以从那时算起。[11] 11世纪初,信奉伊斯兰教的喀喇汗王朝攻占了于阗国,于阗位于沙州西面,地处塔克拉玛干大沙漠南缘,是重要的佛教中心。喀喇汗王朝与于阗国长期交战,天尊四年(970),于阗国王曾致函其舅父、归义军节度使曹元忠,请求发兵支援。这些重要的历史事件可能是三界寺封存圣物的缘由。[12] 于阗僧人带来伊斯兰教东进的消息后,可能还参与了敦煌僧众封存藏经洞的过程。藏经洞中有10世纪晚期的于阗绘画,以及于阗的其他圣物,也许就是于阗僧人逃难时带到了敦煌。

藏经洞封闭的确切境况尚不清楚,留给我们许多想象的空间。纵观佛教史,佛教徒受"末法"思想影响,坚信世界终将毁灭,因此将大量的圣物埋藏起来。近年来,中国的西藏地区和尼泊尔地区埋藏的大量中古时期的文书重见天日,山东也出土了一批北周时期(557—581)的精美雕像。[13] 20世纪初,莫高窟看守人王圆箓在窟前埋了成百件当地所制工艺粗糙的塑像。他在礼佛时用新塑像替换了原来的塑像。所以敬神无疑是封存藏经洞的主要缘由。

如此齐整的画稿收藏在中国别无二处。敦煌的这些画稿是18世纪前绘画准备工作的唯一系列物证,借由这些原始材料，可以评估作品的艺术理论和实践。从实践角度来看，这些粉本呈现了自9世纪晚期到10世纪晚期逾百年的时间里，中国中古时期的艺术家如何凭借成熟而专业的技术进行创作。除了这些珍贵的粉本和成千上万幅已完成的壁画之外，藏经洞中的公文亦可堪补充，来解释莫高窟当地的经济结构如何支撑大量创作这些图文的画坊和经坊。在中国古代传统中，艺术实践的经济基础和制度框架、画坊专业而费工的合力创作过程，一般并不会在文献中多费笔墨。而这批极为详尽的材料，则能帮助我们探究供养人、画家和僧侣的艺术创作和虔诚信仰。它们极尽细致地展现了艺术家工作过程的方方面面，亦可据此推测唐代对壁画的评论。

## 白画

在本书中，画稿指的是绘画的准备阶段，既可以是在纸上作画，也可以是在墙面上给之后要完成的作品画出的底稿。这种起稿及白画（underdrawing）的实践，区别于后世所谓"白描"的那种线条优美的单色画。线条流畅、没有涂改的白描直到10世纪以后才被认为是完成品，所以白描画在11世纪至12世纪才开始成为一类单独的鉴赏对象。[14]唐代的前期画稿到了宋代（960—1279），成为一种独特的视觉表达。而在唐五代时期，白画一般只在创作初期才会被用到，藏在不透明的复绘颜料层之下。

敦煌白画的价值在于，其诞生早于上述11世纪时白画成为一种绘画风格的审美转型。当然唐代也有重视线条、仅加淡彩渲染的作品——但我们不能以个例

[13] 中国历史博物馆编《山东青州龙兴寺出土佛教石刻造像精品》；[美] 那体慧《未来某时：佛教末法预言研究》；[美] 魏盟夏编《末法时代：中国佛教图像（850—1850）》；[美] 胡素馨《评〈末法〉》。

[14] 11世纪至12世纪的文人画家可能见过唐五代寺院作坊职业画家的粉本，其线条灵动，发乎自然，给文人画家以启发。

[15] 宋末到元代称这种注重线条、施以淡彩的风格为"吴家样"。参见[美]卜寿珊、[加]时学颜合编《中国早期绘画文献》"郭若虚(1080)""米芾(1052—1107)""黄公望(1269—1354)"及"汤垕"词条,页106、250、263。

[16] 吴道子(活跃于710—760)本人用墨线绘制底稿,但其助手负责填色,这司空见惯,正如朱景玄在《唐朝名画录·序》中评论吴道子的线条出神入化:"惟吴道子天纵其能,独步当世。"参见[美]卜寿珊、[加]时学颜合编《绘画上的题跋》,页64。有两幅传世唐画近乎于白画,一幅是韩幹的《照夜白》,描绘唐玄宗的御马,现存美国大都会博物馆;另一幅是敦煌莫高窟第103窟中身着长袍的维摩诘像。这两幅在同期多数重彩绘画中别具一格。尽管如此,这两幅作品的画面上都有阴影和复绘,莫高窟第103窟维摩诘的线条远比今日所见更模糊。

概全。[15]敦煌画稿的画风或可称为"原始白画"(proto-baihua),在中国艺术史上,这种早期白画的出现,早于书画界和收藏界将其单独归类。[16]在本书中,"画稿"是通用概念,包括粉本在内的所有单色画,而尤指那些笔触更为细腻的作品。

## 指南与画稿

画稿与成品不同,它并不精雕细琢,却将艺术创作的"内核"要素展露无遗。这些习作中的符号——包括姿势、环境和认知活动——展示了思维惯性,使我们得以管窥观看和创造中的主观体验。艺术实践毋宁说是一系列的活动。要了解这些活动如何进行,散乱无章的敦煌画稿就具有重要的价值。认知人类学家出于对绘画行为的兴趣,会研究绘制过程中人是如何思考的。这种研究模式聚焦认知行为。方法论上,壁画绘制从头到尾所有相关的行为与过程,我都感兴趣。研究中古时期的敦煌,我们可能要借助未完成的这些画稿,上面的姿态、表现和认知所呈现的蛛丝马迹,可以帮助我们探究行为及其反馈的含义。相比完成品,画稿可能呈现更多艺术创作的过程,构图一目了然,缺点也很清楚。

通过分析与石窟空间相关的文献,我们知道物件在环境中是如何陈设的。例如,戴尔·厄普顿研究美国南部建筑时,通过业主遗嘱分析房屋的社交功能和内部空间的使用情况,得出结论认为这些房子受奴隶制影响,不同于当下美国居民区。[17]而本书中有相互联系的三个因素:文献、建筑环境以及艺术作品或物质遗存。通过结合这三方面材料,可以把大量的活动和认知行

[17] [美]厄普顿、[美]弗拉赫主编《日常空间:美国本土建筑读本》,页xviii—xx"导论"。厄普顿根据遗嘱清单描绘家具位置,将其视作空间原始功能的依据。

为交织成一个艺术或者社会空间。以这种方式研究敦煌，可以预期将收获颇丰，因为有大量的图文草稿、完成品和有关公文材料。根据现状重构历史的民族考古学，在研究当代佛教艺术作坊时非常有用，它可以研究那些早已消失的艺术实践，并收集相关材料。本书侧重研究位于今天青海地区的画坊——青海毗邻敦煌所在的甘肃省，这里绘制壁画的技法依然类似于中古时期的敦煌。行为情境则可能是艺术实践中最难清晰描摹的，因为指南手册这类材料很难提供关于实操的主要信息。

在《日常生活实践》中，米歇尔·德·塞托认为研究过程需要注意未经矫饰和未刻意准备的部分。例如，菜谱是给假想读者的烹饪指南，却仅仅是纸上谈兵。它用类似"烤""剁"之类词语去描述烹饪动作，但这些动作都具备一定的技术含量。这种文字只能在大餐准备就绪之后用来回顾烹饪过程。菜谱就像事后诸葛亮，只是对创造过程的一种简单描述。同理还有绘画指南，如北宋韩拙的画论《山水纯全集》，再如《造像量度经》，书中仅仅提供了造像的尺寸细节，以及绘画和雕塑时的惯例。[18] 这两本册子没有教人怎样去画山水或者造像，只有艺术家在创作过程中考虑的东西，所以它们不能指导实际操作步骤。韩拙仅仅点到了艺术创作和讨论中常用的那些修辞术语，好比描述笔法的华丽辞藻如"兰叶描""披麻皴"等。《造像量度经》也只提供了制像时的大小比例。张彦远的《历代名画记》则与上述两类文本不同，这本书呈现了实践的理想状态。因此，绘画指南类似于菜谱，实际上是创作以后的文献。敦煌保存下来的涂鸦画稿则完全不同。同样拿烹饪来类比，画稿就

[18] 韩拙（活跃于约 1095—1125）；其《山水纯全集·序》写于 1121年。参见 [美] 前田《两篇 12世纪的题跋》，收录于其专著《两宋绘画上的题跋及 11—12世纪山水画风格》；T.1419，《佛说造像量度经解》由内蒙古学者工布查布译解，工布查布 1742 年至 1743 年住在北京。[法] 戴密微编《大正大藏经总索引》，页 266。

像是厨师随手写在废纸或者菜谱边角的笔记。这些文字提供的参考更接近他们实际的创作过程。

## 9世纪的新转向

敦煌文书中与草图、画稿相关的多数材料，都出自曹氏归义军时期。这一时期敦煌相对独立，与其周围地区的文化交流加强，包括西面的西州回鹘、于阗国，南面的今四川的前蜀、后蜀。敦煌艺术在这个阶段发生了明显的变化，最重要的是出现了标准风格和套路程式。画家形成了高效的创作体系，确定图样，借助一些技术解决绘制大量壁画和繁复幡画时所遇到的困难。世俗供养人不断增加的赞助，在一定程度上推动了这种标准化流程。

在前几百年中，敦煌艺术最重要的赞助来自宫廷，但在907年唐朝灭亡前，皇室赞助早已衰落。之后半个世纪里，敦煌文化集中在一些区域点发展，因应新的消费需求，那里的艺术生产势头很强劲。赞助的中心之一是被军队控制的敦煌当地政权，他们与中国西部和中亚地区的其他国家保持战略联盟。绘画和雕塑的本地需求快速增长，推动了画家创作的专业性——这个发展非常关键，是本书研究的一个主要内容。以往鲜有论及中国工坊和画坊的历史，本书将首次深入研究该地区活跃上百年的一些画坊。由于行会史研究尚待发展，本书也会对更广义的劳动史有所贡献。

敦煌画稿所属的时代可称为"后吴道子"时期。吴道子(活跃于710—760)是生活在唐朝都城长安的画家，他在9世纪的画史中声名显赫，是当时最优秀的壁画大师。描绘他创作的文献将他视作完美的自然典范，这种特质是9世纪文献中所大加褒扬的，甚至还能上溯至公元前3世纪的美学理论。提及吴道子，特别是其起稿时的表现，《历代名画记》《唐朝名画录》的作者强调，绘画最初的准备阶段是相当重要的。唐代的艺术评论显然受道家倡导自然表达的观念影响，民间故事和传说也一直推崇笔简意周，唐代壁画和粉本中风行这些观念。唐代文献将现实创作归于"神人假手"。他们认为，画家在初始阶段应直接师法自然，本人作为媒介将自然真实地呈现出来。这些神思妙想说明，需要单独研究阐释创造性的文本，以及研究视觉和文字两个维度上这些文本和起稿之间的联系。

吴道子标志着中国绘画的新方向，有关文献说明，其作品流露出的自然生动，缘于起稿阶段他的墨线十分精练。他的绘画生涯处于8世纪中叶，恰好与白画创作与鉴赏的流行同步。这个阶段有多方面因素推动了白画发展，直到11世纪它被认可为一种独立艺术门类。唐代数以千计的寺庙中进行着壁画创作，因此画稿的创作越来越多，画家在室外用墨线勾勒大致轮廓的习惯应运而生。这种景象似乎带动了对白画和底稿的欣赏，甚至在唐代当时就很受欢迎。早期画史中只有三位艺术家因画水墨而知名。[19] 9世纪的张彦远在《历代名画记》中则记载了七位艺术家，吴道子即其中之一。[20]之后在五代时期，人物白画演变成一种独立风格，墨线刚劲有力，让人想起颜色明艳的壁画定稿上的清晰线条。周文矩的作品就是其中之一。周文矩是南唐李后主时期（961—975）的画院画师，擅长界画——南唐都城即今天的南京。[21]而传为周昉（约730—800）的《调琴啜茗图》手卷，

[19] 这三位画家是曹不兴（3世纪）、张墨和卫协（4世纪），参见饶宗颐《敦煌白画》（上篇），页7。

[20] 张彦远《历代名画记》记载，他们是郑虔、毕宏、王维、董谔、韩幹、杨廷光及吴道子，参见俞剑华编著《中国画论类编》（第二册），页27—40；亦可参见段成式之《酉阳杂俎续集》卷五《寺塔记》，转引自饶宗颐《敦煌白画》。

[21] 传世四件作品，其中最佳可能是北宋（960—1127）或南宋（1127—1279）时期的复本。参见 [美] 何惠鉴等《八代遗珍：纳尔逊-阿特金斯博物馆、克利夫兰艺术博物馆藏中国古代绘画》（以下简称《八代遗珍》），页27—29；高居翰《中国古画索引》，页29。

线条清晰起伏，淡彩偶尔渲染，观者得以一瞥悠然自得的仕女——过去绘制这种主题时，线条和颜色都十分华丽。五代时期使用了新的技法，标志着审美上的重要转变，这种影响是画坊带来的。原本专属于壁画创作的技巧，广泛影响了其他类型的画家。壁画家必须根据小幅画稿徒手绘制出壁画作品，这种技术在各种工坊中传播开来。[22]在佛教绘画作坊中，徒手绘画是必不可缺的。这种做法普遍运用在筹备阶段，促使更多人生出对简笔的兴趣，并因此欣赏自由无拘束的艺术表达。无论后来画界风潮如何转变，显然9世纪的壁画家促进了对粉本的欣赏。

## 过程与文化反应

吴道子之画史贡献最让人着迷的地方可能在于，他作为中国画史上开创性的人物，又有与敦煌艺术同期的作品存世。即便有关文献作者地处长安（今陕西西安）、河南洛阳及今甘肃西部的敦煌地区，路途遥远，但依然可以采用类型比较法进行分析。艾惟廉（William Acker）历时30余年，于1954年出版《历代名画记》英译本，但此时大量的敦煌画稿、画坊账本以及敦煌绘画完成品尚未进行系统整理。[23]1921年，斯坦因撰写的《西域考古记》出版，里面收录了一些现藏于英国的藏经洞文物照片，没有翻译和释文；1974年，《法国国家图书馆藏敦煌写本目录》出版，晚于艾惟廉遗著。[24]当下有关画家的材料越来越易得，因此可以用9世纪画家的实际遗存直接评价其创作。结果是令人震惊的。对比画坊研究及其留下的考古证据，发现其范围相通，但不完全

[22] 当然，张彦远所谓"吴道子作画不借助界尺"，言外之意是吴道子作画不需要参考或者起稿。参见[美]卜寿珊、[加]时学颜合编《绘画上的题跋》，页61—62；藏在法国国家图书馆的《芳度叉斗圣变》粉本笔触流畅，可以看出无须借助工具给壁画打稿，可能是一种必需的技巧。

[23] [美]艾惟廉《唐代及唐以前绘画文献》（上下篇），本书下篇直到艾惟廉去世后才出版，有关于其文本翻译解读的一篇回顾文章。

[24] [英]斯坦因《西域考古记》页4及图版；饶宗颐《敦煌白画》。

相关。本书第五、六章将会就此阐释，对与物件相关的零散材料进行分析，比起分析文字记录和现存画作要复杂得多。

最后一章重点讨论吴道子，因为在文献记载中他是开创唐代壁画新风的卓越画家。吴道子的传记呈现了画师的日常工作，包括起稿和对创作的理解。以他的传记为蓝本，我们可以弄清美学理论的改变，当时由道德划分衍生出更宽泛的美学主张，在艺术领域被普遍接受，反过来又推动这种路径发展。[25]我们应该对文献本身提出质疑，挑战其历史价值和真实性。文献作者是如何汇总信息的？他们是否直接观摩了创作流程？如果没有，他们又如何记载创作的流程？记载画家的文献为什么和实际创作不一致？如果与事实不相符，那文献作者为什么要这么说？

这些问题都意味着需要重思解释模式，而不仅仅依靠当时文献的记载。[26]正如巴赫京（Bakhtin）所言，认知行为和实际行为存在根本差异。[27]运用理论工具可能标志着新路径，但关键还是20世纪发现的唐代遗存，可供深入分析。对9世纪绘画创作及当时漫无边际的文献中有关壁画创作的部分进行综合研究，可以发现这两类材料显然出于两个"没有交集的世界"，一是文化世界，其中的行为是对象化的、待诠释的；二是经验世界。[28]从某种程度上来说，巴赫京过于强调人为两分，这种文化与经验世界的分类法是有问题的。但对于口述以及其他存迹——如未竟之作、画家的准备材料等，这种方法至少提供了一种有用的分析框架。在中国文化研究材料中，文字远比图像占的分量重，而现代艺术史家必须依靠唐代的记载研究画坊活动。倘

[25] 实际上，斯坦福大学出版社20世纪60年代出版了两本采用这种研究方法的重要著作：芮沃寿与杜希德主编的《儒教信念》以及《唐代概论》。牛津大学出版社也在20世纪60年代出版了威廉·比斯利和蒲立本主编的《中日史学家》。欧洲艺术史学家一直以来认可批判性诠释传记文学的价值，如克里斯·库尔兹《艺术家形象中的传奇、神化与魔力：一项历史实验》，修订翻译自德文作品《艺术家的传奇：一项历史实验》。宗教研究中，细读经文当然是主流，佛雷就在20世纪80年代发表了若干部佛经研究的重要著作。

[26] 研究敦煌文书现存粉本的过程中笔者发现，人类学、民族考古学、认知理论的模型颇有助益。20年来广泛应用于研究的后结构主义方法，在后文中将是剖析画家生平的利器。

[27] [俄]巴赫京《走向行动的哲学》，页x，页9及全书。

[28] [俄]巴赫京《走向行动的哲学》，页xviii。

若不能厘清文献和图像材料之别，对9世纪艺术的研究是不完整的。

还应关注上述文献中画稿的矛盾性。唐代画家经常复制自己和他人的作品，但是从美学理论来看，这种创作没有价值。原创被过度理想化了，实际上是很少见的。文献中强调并且最为推崇自然生发，不看重纯熟的艺术创作和套路。这些文献的作者所追求的艺术表达，显然和当时绘画的创作实践出入颇大，那么他们究竟想表达什么？对中国画论家来说，这些问题受阶级观念影响极大。未经雕琢的表达被认为是一种更接近自然的体验，因此更顺乎本心。这类阶级色彩浓厚的价值观对中国艺术批评的许多观念产生了重要影响。虽然所有画家都复制作品，但晚近的理论认为，文人画家对前辈大师作品进行模仿是种超越，而职业画家进行再创作时没有注入个人精神。对文献记录进行探讨，可以深入中国绘画实践和理论，追溯这些分野是如何产生的。这样可以研究一些基本问题，包括艺术创造与表现的实质，以及接下来800多年中国传统绘画的相似性。

## 表演

表演的主题体现在有关行为、动作、实践的关键领域。唐代画论家张彦远和朱景玄把起稿时的姿势和作品放在一起——起稿是艺术创作的重要时刻，即使作品尚未完成，但作品面貌已然确定。这种思路受道家有关工作、劳动的思想影响，强调艺术创作中的身体状态。对于抽象表现主义来说，表演性（performativity）这个词可能过于简单了（"绘画作品是画家在画面上所下功夫的体现"），尤其鉴于这是将现代主义的诠释直接用在中国绘画上。[29] 而张彦远和朱景玄把姿势和作品混作一谈，认为作品只是笔法游走留下的痕迹。他们在意的并不是作品呈现并保存画家的个性，以及转瞬即逝、不可复刻的自发性，而是画家发乎本心、通过肢体动作仿出造化神奇。行为、动作和现实主义有关，预示着后一种观念。[30] 9世纪的画论研究创作时注意到了表演性，因此行为和动作就成了讨论重心。

　　本书中另外四个关键维度中，表演也是重要议题。以一脉相承的技术方法工作的画坊，其复制作品的套路是不同的。本书第二章和第五章研究同一主题（"劳度叉斗圣变"）近百年间在敦煌石窟中出现的15种不同版本。它们围绕一个主题产生多种变化，遵循了一套本就十分灵活的壁画创作原则。石窟和独立寺庙内如何绘制壁画，在本研究看来与行为有关。另一方面，画师绘制经幡时会一丝不苟地传移模写，其中的技巧和动作，与壁画师在室内墙上恣意挥洒起稿那一套并行不悖。绘画空间不同，完成品因而殊异。经幡画师往往站在窗边或太阳下，或平或倾地铺上绢或者纸，细细描画；壁画师则在漆黑的洞窟里工作，游移于各个壁面，作品地点距离较大。僧侣画家的第三种方法较之前两者大不相同——他们受过良好教育，可以结合佛经和仪轨创作，在绘制抽象仪轨时，能以细密小字在旁边抄上一段经文作为注脚。

　　创作方式随作品类型变化，促使我们研究画家

[29] 参见 [美] 哈罗德·罗森伯格《美国动作画家》，载《艺术新闻》（1952年12月），页22—23、48—50；《动作绘画：失真的十年》，载《艺术新闻》（1962年12月），页42—44、62—63；[美] 迈耶·夏皮罗《先锋艺术的解放特质》，载《艺术新闻》（1957年夏），页36—40；[美] 南希·雅切奇《艺术与政治行为之间的空间：1945年至1950年战后美国的外在与道德选择》，载《牛津艺术期刊》（1991年第2期），页18—19；[法] 乔治·迪迪－于贝尔曼《烙印》，载系列丛书（巴黎，蓬皮杜艺术中心），1997年版。

[30] 11世纪文人画家认为绘画是自我记录，画家的个性研究参见 [美] 卜寿珊《心画：中国文人画五百年》，以及 [美] 高居翰《绘画理论中的儒学因素》。

[31] [法] 童丕《葡萄美酒在中国：异族传统的成败》。

创作的社会表现。画师和塑匠参加供养法会，服从寺院管理。在供奉巨大画像的宴会上，众人举杯共饮米酒，当地官员会举行宗教法会，也有非正式的评价方式，这说明世俗佛教艺术创作中存在礼仪正式与否的差别。[31]最后要说的是，绘画中的表演主题使人联想起口头与视觉创作文化的交互影响。壁画中出现翻跟头和舞台剧的情景，画面虽然是静止的，但表现颇富动感。人物块头过分夸张，大量运用阴影凸显肌肉。画家和观画者共同构建了一个幻想世界——画面上讲经人和小丑对着观众经文俗讲，扮相怪诞，画家与观画者的关系亦如此。

第一章 —— 佛教艺术的经营：报酬与组织

中国晚期绘画史关注等级和地位。画家的报酬成为艺术创作中讳莫如深的议题。对于11世纪以来的文人画家而言，至少在其论述中，艺术表达并不是为了获得报酬，而是为了表达性情、情感和思想。[1] 唐代张彦远《历代名画记》中对钱帛酬画的鄙夷，可以解释为何艺术生产领域少有绘画交易的记录。[2] 因而这类记载留存在与鉴画毫无关联的文献领域中，也就不奇怪了。敦煌藏有一份由监院记载的寺院储物账簿，上有仓库货物和粮食的收支明细，可以说明中古时期绘画作坊画匠的生存环境。这份账簿出自净土寺——当时敦煌地区最富有的寺院之一。[3] 账簿表明，画匠是一些交易的收款人。从这些真实的账本中，我们可以探究专业作坊的画匠是如何与赞助机构和赞助人进行互动的，赞助方监督、验收他们的创作并提供报酬。

本章将重点讨论10世纪敦煌地区艺术作坊的经济史，阐明职业绘画的创作环境。研究这个群体创作活动的关键之一，是将这个作坊的传统和地方政权下辖的画院发展联系起来。画院始终是宫廷壁画、卷轴画及书法作品的主要创作机构。这个机构的功能实际上一直没有变——直到1911年帝制终结。因此画院是中国绘画史的重要组成部分。作坊和画院的报酬多以粮食计算，赞助人和创作者之间的沟通一般依赖寺院，寺院承担传统的类似中介的功能。本书在账簿记载内容中，最重视寺院、官府及画师之间的粮食交易与分配。此外本章将进一步厘清艺术身份之别。作坊中的职业画工，与僧团中有学识的僧侣不同。僧侣的任务是抄经和绘制仪轨图像，并不承担艺术创作。

乾德三年（965），宋太祖在开封设立画院，沙州曹

[1] 这也是文人画的问题之一。认为表现力等同于文人气，这种看法与学识渊博、富于表现力的一些书法家类似。中古中国当然有各色文人画存世。文人气能让人从笔走游龙中体验到专属于知识阶层的愉悦、优越感及身份加持。而本章中可看出，职业画家在当时社会中依然是被轻看的艺人阶层。

[2] （唐）张彦远《历代名画记》卷九，参见于安澜编《画史丛书》，页109。

[3] P.2032（939）和P.2049（925—931）是当时香火兴盛的净土寺账本，净土寺由当地掌权的曹家供养。笔者对这两件文书曾有研究，参见［美］胡素馨《8—10世纪中国唐代画家生涯》，页245—266。

[4] 宋代翰林图画院的最早记录在乾德三年（965），直到20年之后画院才正式成立。《宋会要辑稿》："翰林图画院，雍熙元年（984）置，在内中苑东门里。"见[美]张珠玉《中国宫廷画主题中的官职问题》，页25—26。

[5] 提高职业画家的地位不但使画作名望增加，也刺激文人画家（业余）的出现，他们有官衔，不用以画为生。

[6] 关于唐五代（618—960）时期画院，以及后蜀明德二年（935）和南唐保大元年（943）设立的早期画院，参见[美]张珠玉《中国宫廷画主题中的官职问题》，页25—26。

[7] 前蜀画家职衔中有"翰林待诏"一职。参见（宋）黄休复《益州名画录》，4/1:13。

氏家族也在敦煌成立了自己的画院机构。[4]敦煌画院存在的重要证据来自莫高窟和榆林窟。石窟题记表明，这一时期职业画师的社会地位在某种程度上有所提高，他们借由自己官方画师的头衔，能和高级官僚一样成为洞窟的供养人。[5]他们的头衔包含了等级及其绘画的职分，显然说明10世纪上半叶在敦煌地区（包括沙州和瓜州在内）活跃着一个庞大而健全的画院系统。这些现象呼应了同时期的历史潮流，当时其他地区画院中画家的社会地位也有所提高。天祐四年（907）唐朝灭亡，藩镇势力日渐壮大，中国有另外两个地方设立了类似的画院机构。明德二年（935），后蜀国君孟昶创设翰林图画院；保大元年（943），南唐中主李璟仿效后蜀画院建立翰林图画院。[6]敦煌设立画院机构的时间早于南唐，约在920年至929年之间。有两部画史记载了后蜀和南唐的画家及作品：一是黄休复的《益州名画录》（约1005—1006），二是郭若虚的《图画见闻志》（约1080—1085）。[7]这两部书延续了9世纪唐代朱景玄和张彦远的写作风格，叙事言说较为规范。朱、张二人将在第六章中详述。敦煌保留的这些"杂乱"信息——壁画榜题里的画家姓名与头衔、账簿文书中列出的画家如何取酬——未必非常正规，却有助于理解画坊的经济结构，这是其他编年史常常忽略的主题。

10世纪初期，中国的西北、西南和东南的三个地方小政权——沙州、后蜀和南唐，其经济都较为繁荣。三者各自为政，也使得本地的艺术行业生机勃勃。沙州节度使政权的材料是敦煌艺术的清晰参照。存世画稿和文件如粉本、未完稿、成品和账簿等，将供养人、画师和寺庙三者联系在一起，其中寺庙的功能类似工匠和赞助之间的中介。[8] 在曹氏家族的支持下，沙州地区的画坊发展成由地方政府赞助的绘画机构或画院。虽然规模不大，但结构已接近11世纪至12世纪北宋朝廷设立的翰林图画院，后者在徽宗时期（1101—1125）达到鼎盛。

敦煌新设立的画院在统治者的支持下迅速发展，画坊产生的民间行会在官方机构成立后也依旧存在。9世纪末至10世纪，石窟的开凿数量不断增加，人们开始制作大型绢画，因此画院的作用日益凸显。敦煌现存的大部分画稿都来自这一时期。虽然这些材料也许是画师在起稿阶段的一些个人手记，但在敦煌，它们关乎壁画和幡画更大、更系统化的创作。本章重点关注粉本，它们是一种专业创作的标志。五代时期（907—960）中央统治衰落而地方政权强势，行会在此时出现，艺术行当生机勃勃，粉本与这种背景密切相关。

除了粉本，敦煌藏经洞中还有地方账簿草稿，罗列了包括洞窟营建在内的各项日常开支。此外经济史的其他文献还包括劳役簿、田亩账、雇工契等，其中农田雇工契明确了雇工提供劳力和农技，而雇主支付粮食及衣服补贴。雇工并非奴隶，他们向别人出卖劳力并承担赋税，但他们的生活确实非常窘迫。比如大地主和富裕寺院可以免税，而粮食歉收的雇工只能受其摆布。大量的书面材料也表明了这类雇工不同于当地手艺人、商会成员和寺管劳工，其中寺管劳工受个人或当地官府委托，创作积功德的作品。925年、931年和939年净土寺香火旺盛，当年的财簿作为基本材料，以供分析与艺术创作相关的经济因素。净土寺由曹家资助，921年至1006年间曹家作为归义军节度使，实际控制着敦煌。

[8] 后蜀和南唐画院有少量珍贵作品传世，但是相关诏令文书没能保存下来。

官府资助寺院、支持画院及作为供养人进行布施，我们可以据此详细探究政治和宗教势力如何影响艺术创作。例如，莫高窟第98窟内所绘供养人群像，反映了曹家势力赞助的背后有极其复杂的经济、政治、家族及艺术关联（图1.1）。该窟是曹议金的功德窟，914年至935年间他曾统治敦煌。甬道南壁绘有曹的供养像，北壁的画像则是前任节度使们。大中二年（848），前任节度使张议潮驱逐吐蕃而建立了归义军政权，他的画像位于曹议金的正对面。曹议金历任夫人中，有一位是张议潮的外孙女。他还与于阗国政治联姻，将自己的长女嫁了过去，其画像也出现在第98窟东壁上（图1.2）。这两次联姻从时空上勾连了本地与外族势力，巩固了曹家对敦煌的统治。第98窟所呈现的关系网，说明佛事功德上也承载了社会和政治圈层。其他家庭成员画像也被绘制在该窟的东壁和甬道上，僧人和尼众则出现在南壁靠后的位置；官府的其他人物则位于西南、西北角及佛坛背屏下部。画家设计巧妙，使这三组人物在同一石窟内相互呼应，构成具有象征意义的图像。

画坊、寺院和官府的三角关系，最具体的表现是彼此的物品交换。画匠的薪酬以谷物计。谷物煮熟又能变成酒饭，用于验收招待和竣工之后制作斋饭。艺术创作和评价的介质是食品。寺院中的物品流通、用来支付劳酬的粮食、因为做功德而生的绘画创作需求，共同阐释了各种物品在寺院中的交换轮转。向寺院布施的稻谷会变成酒饭供给参与评估的官员、僧团和画师。首先，我们来了解绘画行会和画院的构造。

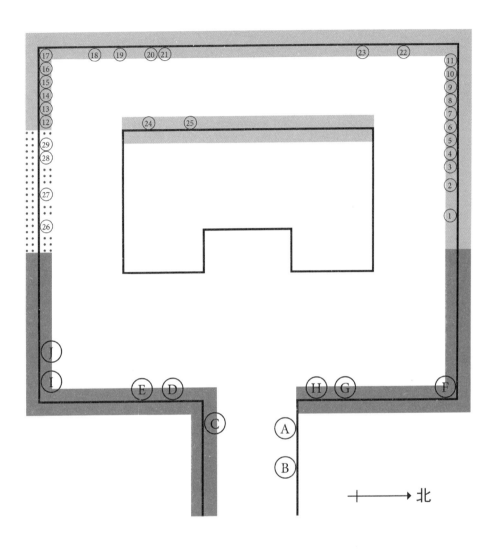

曹氏家族

僧侣

将领和文官

图 1.1　第 98 窟 (约 923—925) 中供养人的位置 / 郑莉敏博士 (Dr. Limin Teh) 设计

## 主要供养人

Ⓐ 张议潮，修建此窟时已殁

Ⓑ 索勋，修建此窟时已殁

Ⓒ 曹议金，窟主

Ⓓ 李圣天，于阗国王，曹议金之女婿，
赞助洞窟后期修复（940－945）

Ⓔ 曹氏，于阗皇后，曹议金之长女，
赞助洞窟后期修复

Ⓕ 李氏，曹议金夫人

Ⓖ 索氏，曹议金夫人，索勋之女

Ⓗ 宋氏，曹议金夫人

Ⓘ 氾氏，曹议金之祖母

Ⓙ 阴氏，曹议金之母

## 官员供养人（部分）

① 节度押衙知通判五部落副使

② 节度押衙知南界平水

③ 节度押衙知沙池乡官

④ 节度押衙知右厢行营虞候

⑤ 节度押衙知右二将头

⑥ 节度押衙知慈惠乡官

⑦ 节度押衙知六街务

⑧ 节度押衙知右四将将头

⑨ 节度押衙知都……僧使

⑩ 节度押衙知右五将将头

⑪ 节度押衙知南界平水

⑫ 节度押衙知左厢行营虞候

⑬ 节度押衙知左右厢子弟虞候

⑭ 节度押衙知三道都游□（诸）使

⑮ 节度押衙知右厢子弟虞候

⑯ 节度押衙知四大马□使

⑰ 节度押衙知赤心乡官

⑱ 节度押衙知西道游守使

⑲ 节度押衙知内宅官

⑳ 节度押衙行军参谋

㉑ 节度押衙知四界道水渠

㉒ 节度押衙知北界平水

㉓ 节度押衙知左厢子弟虞候

㉔ 节度押衙知北道游□（弈）使

㉕ 节度押衙知都客将

## 僧官（部分）

㉖ 释门法律知使宅内

㉗ 释门法律兼管内诸司都判官

㉘ 释门法律知福田判官

㉙ 释门法律知五尼寺判官

图 1.2 于阗国王及夫人(右)/敦煌第 98 窟,东壁,南侧/壁画 4.44 米 × 3.54 米/文物出版社

## 从行会到画院：榆林窟中有关画院的材料

敦煌附近的榆林窟第35窟修凿于10世纪晚期，窟中壁画有一位名为竺保的供养人像；旁边榜题标示他是"沙州工匠都勾当画院使归义军节度押衙银青光禄大夫检校太子宾客"。竺保在归义军政权中地位不低，是"检校太子宾客"。这里所谓"检校太子"即曹延禄，976年至1002年间任沙州节度使。该窟另有题注中提到，曹延禄另有"银青光禄大夫"和"太史"等高阶职衔，受于984年，这可以帮我们确定洞窟开凿的上限。[9] 当地认为布施供养可以巩固统治地位，在这样一个节度使政权中，竺保和其他工匠如何获得一席之地，是一个值得注意的问题。此前莫高窟的中唐石窟中，画师会秘密地留下完工题记，我们也可能极为偶然地在塑像佛龛内部发现他们的签名，但这些多是看不到的。而在10世纪晚期的榆林窟，画师则骄傲地立在他们服务的统治者身旁。

10世纪晚期的这批供养人像，呈现了地方官府和壁画创作、洞窟修凿的密切联系。榆林窟第35窟曹延禄和画院使肖像旁，有一排较高等级的画师肖像，其中有"知画手武保琳"。在榆林窟同崖面的窟室中，更多证据说明画师已成为新的供养人。临近的榆林窟第32窟内绘有"劳度叉斗圣变"壁画，供养人像旁的榜题证实了画院的存在，还暗示其结构可能比较复杂。西壁四位"画匠弟子"的肖像，下方榜题里职务和名字各有不同（今已漫漶）。[10] 这些榜题包含很多信息，特别是将其与榆林窟第35窟对照讨论时更是如此。首先，它明确了师徒等级的存在——这恰是常见的画院体制。我认为，正是这

[9] 银青光禄大夫：S.3929。参见[美]贺凯《中国古代官名辞典》，页581，第7981条。

[10] 榜题漫漶严重，但"画匠弟子"四字可辨。参见霍熙亮《安西榆林窟第32窟的梵纲经变》，页24—34。（文中所述四位画匠供养人位置有误，应位于榆林窟32窟的南壁东下角。——译者注）

些画师设计了曹家供养的几十个石窟中的图像组合，如劳度叉斗圣变、维摩诘经变、西方净土变、金光明经变、弥勒经变等，其图像中的题材内容和人物表现都高度标准化、程式化，只有是上述组织方式才会如此创作。10世纪晚期，该地艺术产业逐步扩张，工匠也因此获得在石窟中名列供养人的机会。榆林窟第34窟中，金银行会督料郁迟宝的画像冠有曹家的官衔。其身旁还有一位等级相近的男供养人赵安定，隶属于弓箭行会。

另外，第33窟的一条榜题也证实了画院的存在。此窟是曹元忠的功德窟，他在944年至974年间担任沙州节度使。一供养人画像边上的榜题为"节度押衙□□厢都画匠作银青光禄大夫白般□"[11]。此处的"作"与"院"相对，也就是有别于"画院"的"坊"。"作"是依项目而立的非正式单位；"院"则是常设机构。这条题记提示了两种不同的绘画创作组织同时平行存在，都与官府有关。同时，也证实了曹元忠和曹延禄两代任期之间画院的连续性。画匠连续出现在榆林窟四个相邻洞窟内：第33窟白般□画像，第34窟郁迟宝和赵安定画像，第32窟四位画匠弟子，以及第35窟"沙州工匠都勾当画院使"竺保、"知画手"武保琳及其他供养人。这四个洞窟是10世纪在榆林崖壁上开凿最晚的洞窟，当时也是榆林窟最重要的施工阶段之一。[12]这四个石窟都保存了与画家有关的重要榜题，证明画家在石窟施工中扮演了重要角色，在地方官府营建石窟的项目中发挥了重要作用。

第33窟榜题中提到的"作坊"，可能更接近中国学者所称的民间作坊。民间作坊多是因特定事件或工程需要，以比较非正式的办法组织起来的，而在这项工程里它也获得了官府的支持，其中并不矛盾。南宋刻经

[11] 关于这些术语的讨论，参见姜伯勤《敦煌的"画行"与"画院"》。

[12] 榆林窟开凿的其他重要时期包括吐蕃时期（800年前后）和西夏时期（1050年前后）。

[13] 参见宿白《南宋的雕版印刷》。

[14] P.2049。

的板框题记提到至少有两种刻书机构：一种类似民间作坊，刊工往往同姓，大概是同族。雕版工程完毕后他们随即解散。这种作坊经常被雇来参与政府动议的长期工程，在其中配合常设机构的工作。例如，南宋时期（1127—1279）官方刻经持续多年，为了完成此类大型工程，民间刊刻作坊便开设起来。[13]官方书局的组织方式则全然不同，他们的刻工一直待命并被划分为不同的等级。临时作坊的重点是项目，而不是工匠队伍。

可以确定的是，北宋初期敦煌地区便已设立画院，有些文献甚至表明，一些画院或类似机构10世纪30年代便已存在。伯希和文书P.2032记载，后晋己亥年（939）寺院的代表造访画窟门的画生（图1.3"看院生画窟门"），院生可能即画院画师。[14]文书背面提到，另一位画生的薪酬是三石（或"硕"）粟，约合今天的1.8升。这些文本证明确实存在绘画方面的机构，从事石窟壁画和幡画绘制，本

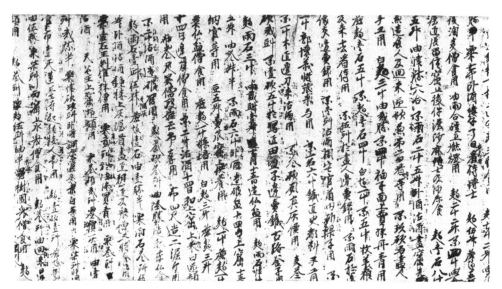

**图 1.3** 《净土寺直岁广进手下诸色入破历算会稿》/净土寺西仓账历残卷。P.2032/墨色纸本/939/全卷长25.9～30.2厘米×2335厘米/法国国家图书馆藏

书第二章和第四章中加以图像详细讨论。

我们对画院的认识，或者可以通过了解其与另一机构——伎术院的关系变得更加清晰。伎术院主要负责一套礼仪。尽管尚不清楚其职分，但其中有专门从事音乐、社交及祭祀仪式的人员。伯希和文书P.3716，是礼尚往来的书信范式合集，如对官府赐药的感谢。这套文书中还有对求亲、婚嫁、葬礼乃至击鞠的礼仪指导。其中内容带有鲜明的儒家特色。[15]作者指出，击鞠之前应相互致礼，到祖坟前需要焚秸献花，成婚前要问名纳彩。[16]这件文书署名张儒通，是敦煌伎术院礼生。他有"礼生"的头衔，与净土寺账簿中提到的"院生"级别一致。虽然礼生和院生职分不同，但官衔表明其单位有相似的组织体制。相似的官衔也能证明，五代初期敦煌已经存在"院"这一类的机构。[17]

再有画坊存在的证据来自绘画本身。如前所述，敦煌绘画以组为单位进行，可能存在互相复制——这是当时画坊生产的典型做法。南宋时期由宁波外销的《十王经》插图也是风格一致，能看出复制手段已经十分高明。敦煌幡画中的某些人物如金刚力士，会加粗墨线或者加重阴影，在相同的图像中突出一些细微差别(图1.4和图1.5)。作品完成后，肖像的高度和线条结构几近相同，但画家用巧妙的技术表现出了丰富的细节。[18]有一份标准版的粉本作参考，绘画中的小细节可以随心改变，说明作坊的创作虽然万变不离其宗，但细微处可以丰富多端。

敦煌藏品中，绢画也可以找到大量相似的组画。其中值得关注的是一组五尊菩萨像，身着僧装或是标准的菩萨打扮(其中两尊见图1.6a和图1.6b)。菩萨的尺寸和姿

[15] P.3716文书作者是张儒通，这个名字暗合他熟稔儒家礼仪，字面翻译过来就是精通儒家思想的姓张的人。

[16] P.3716中记载的家规和礼仪反映了当时唐代的一般仪轨，这份文献题名《新集书仪》。

[17] 文献结尾有作者官衔姓名以及"天成"年号(后唐统治时期敦煌常见的纪年)，对应926年。此文书也提及当时的沙州节度使曹议金(约914—935年在位)，亦可将时间确定在925年左右。

[18] S.123尺寸为64.0厘米×18.5厘米；EO1172b尺寸为72.0厘米×17.0厘米。斯坦因这件和法国吉美博物馆藏品在高度上有所差别，因为后者画面云端上无华盖，而且裁剪了边框上的粗黑线条，使得宽度也不同。有许多作品长宽一致，但在边缘上有细微差别。如S.118和S.125中的地藏菩萨像从上到下的尺寸分别是58.1厘米和54.5厘米，但是菩萨身长(从头顶至足部)分别是37.6厘米和37.3厘米，相差无几。

图 1.4　金刚力士／S.123／绢本设色／敦煌／9 世纪晚期
或 10 世纪初／64.0 厘米 × 18.5 厘米／大英博物馆版权
所有

图 1.5　金刚力士／EO 1172b／绢本设色／敦
煌／9 世纪／72.0 厘米 × 17.0 厘米／法国国家
博物馆联合会－纽约艺术资源版权所有

**图 1.6 a** 披袈裟的菩萨 / EO 1414 / 绢本设色 / 9 世纪 / 整幅高 195 厘米；图 76.0 厘米 × 18.0 厘米 / 法国国家博物馆联合会—纽约艺术资源版权所有

**图 1.6 b** 披璎珞菩萨 / EO 1399.153 / 绢本设色 / 9 世纪 / 81.4 厘米 × 17.0 厘米 / 法国国家博物馆联合会—纽约艺术资源版权所有

[19] 在《万物》一书中，谈及青铜器、陶俑及其他艺术创作，雷德侯也有相似观点。

[20] S.3929《董保德佛事功德记》上载董保德传记。见中国社会科学院历史研究所等编《英藏敦煌文献·汉文佛经以外部分》（第五卷），1992年9月第三九三九号，页214。

[21] 其他文书也有"督料"记录。S.3905《唐天复元年(901)十二月十八日金光明寺造窟上梁文》列出众人，其称谓表现出地位和技能的等级，如"画匠""博士"等，其中就有姓马的"督料"。

[22] S.2949。

势相同。除去幡上装饰的三角形，这五幅幡画的高度分别是76.0厘米、73.5厘米、71.0厘米、71.4厘米、70.0厘米，宽度分别是18.0厘米、18.3厘米、17.4厘米、17.0厘米、17.3厘米。另一个例子是第四章会论及的彩图20a和20b中的菩萨，应该也是采用了同一模板。这不只是图像学上的相似，而是说创作手法高效而又精确，使这些复制画像几近相同。[19]敦煌艺术创作的经营模式是让画师受雇于某一项目，以拟定价格生产一定数量的作品。因此也就可以理解，如果这些作品都在某段时期内完成，那么其造型比例及色调都会非常相似。从860年至980年，莫高窟和榆林窟的15个石窟中出现了相似的图像内容，画面程式和绘制技法也极为相近。加上存世粉本的进一步佐证，可知绘制壁画的技法中也是包括复制图像的。

榜题和文书中还记载了画院出现之前敦煌当地的绘画组织。画行就是绘画的同业组织，它的出现反映了绘画生产越来越具有组织性，它的许多职能与画院有关。斯坦因文书第3929号《董保德佛事功德记》，提到了"节度押衙知画行都料"董保德[20]。"都料"的"料"指"材料"，"都"即"监督"。因此，这个职位显然与度支绘画材料有关。从这些名头来看，画行也负责整个工程的方案设计和制作施工。[21]另一件斯坦因文书也出现了"画院督料"职衔[22]。10世纪末担任"画院使"的竺保，可能也负责度支材料。"都料"或"使"这一级别的画师，保管着各自工程里使用的粉本。因此，藏经洞保存的这些准备材料，有助于理解画师的等级和地位。这些画稿正是敦煌存在画院和行会的最具体记录。

这份文书赞美了董保德重修寺院、装严壁画的功德，并提到了他的绘画风格："手迹及于僧瑶，笔势邻于曹氏。画蝇如活，佛铺妙越于前贤；邈影如生，圣会雅超于后哲。"从文本上看，董保德应该识字，但教育水平可能并不高。他收到了大量委托，因而"家资丰足，粮食有余"——在10世纪的沙州地区，粮食是画师工作报酬的基本形式。他还能获得"赏赐"，这意味着他的地位高于普通画匠。这些赏赐部分可能来自他所服务的节度使，他在节度使辖下还获得了"押衙"的头衔。敦煌归义军时期押衙众多，但他们与艺术工程无涉，这个称谓仅指一般官吏。姜伯勤认为，董保德的"押衙"可能是买来的，这也证明了五代时期画师的社会地位上升，能拿下许多工程，酬金丰厚。[23]这种推论的依据是其传记中描述了家产，以及"押衙"之军职属性与其画家身份毫不相关。姜伯勤认为董保德买官这一点也许是对的，但他在文中也指出画院是官方组织，故而也有正常授予画家这种头衔的可能性。从文书透露的情况来看，董保德并没有在官府中长期担任重要职务，他的安身之本还是绘画技能，以及画行都料的身份。

除了画师之外，官府委托还会给一些手工匠人。雕版刻工也经常收到委托订单。敦煌发现两件分别为947年和949年的雕版印刷品，上面记录了接受委托的信息——瓜州和沙州节度使曹元忠请人开版雕刻普施受持。[24]两块雕版出自同一位刻工雷延美，题记上的两个头衔表明，雷在制作期间得到提拔。后晋开运四年（947）八月初四记录的是"匠人"，两年之后即后汉天福十五年（949），他变成了节度使政权中的"雕板押衙"（图1.7）。[25]

[23] 姜伯勤《敦煌的"画行"与"画院"》。

[24] 画面内容是毗沙门天王，即北天王。参见[法]郭恩、[法]蒙曦《中国印象》，图34。除瓜、沙二州，归义军节度使统治的甘肃其他地区用"等州"概之。

[25] 宿白《唐五代时期雕版印刷手工业的发展》。雕版图版见[法]郭恩、[法]蒙曦《中国印象》，页53—57。后晋开运四年（947）的雕版印刷品，斯坦因藏品，见[英]韦陀、[英]龙安妮《千佛洞》，页103。

图1.7 木版印刷的《金刚经》册页/最后一行署名"雕板押衙雷延美"/P.4515/949年6月14日，或950年6月3日/册页14厘米×13.5厘米；图像13.5厘米×10.2厘米/法国国家图书馆藏

## 官府的控制：画师和役工

关于当时艺术产业的构成和画师的合法地位，吐鲁番出土的文书中也提供了极为珍贵的信息。这些文书有助于理清匠人身份及其与官府的关系。有三条材料表明，唐朝统治吐鲁番地区的时期（640—803），画师会有组织地进行专业工作。按照吐鲁番文献一贯的考据，这些资料脱离了原本的流通情境，很偶然地出现在现代，在随葬中可以找到用废旧公文做成的散件物品。吐鲁番第153号墓（72 TAM 153∶29, 30）出土的纸鞋，就是用画师、匠人的户口本（或籍帐）做成的。[26] 这份文书由节度使方面颁发，唐王朝以节度使辖制敦煌等地的边政。自初唐时期起，两套系统共同在中央政权治下管理边境。[27] 文书成为维系唐代社会规则的重要工具。当时的确流行用公文废纸制作如纸鞋之类的陪葬品，供亡者往生后用。这份户口本有两

[26] 国家文物局古文献研究室等编《吐鲁番出土文书》（第一册），页282。

[27] 参见[日]池田温《中国古代籍帐研究》；[日]山本达郎等编《敦煌吐鲁番社会经济史文书》；[日]堀敏一《敦煌社会的转型：从中国社会整体发展观察》。

处非常重要：文书上的姓名分两段列出。[28]五月廿九日，35位画匠（"入作人"）受雇于当地官府。[29]而同一份文件上的另一处，记录了不久之后六月初二的一份"匠人"名单，其中还有一名"画师"。后一头衔证明，画坊传统中画师这部分非常重要，他们靠手艺与别人区分开来。即9世纪至10世纪的敦煌地区，吐鲁番地区的绘画创作也存在等级差别。如果有"画师"，那么同时也有辅助他们的助手。与画师连在一起的动词是"将"，进一步表明他们管理其他匠人，并全方位地负责整个绘画创作。这份文书十分重要，并不仅仅因为它早于敦煌账簿（P.2032、P.2049）两百多年。在7世纪至8世纪大部分吐鲁番地区的管理方式都与中原地区相似（如均田制），这份文书也为理解中原地区画匠的组织形式提供了参考。

第二份吐鲁番文书（73 TAM 210：12-1[2]）提供了关于政府征召徭役的信息，这种徭役很有可能是赋税的一种形式。[30]文件上详细记载了人名和工种，其中有画匠、铜匠、箭匠、木匠、铁匠、皮匠以及油匠（榨油匠）。不同工种表明存在某种同业组织，其中每个人的手艺代表着身份。虽然他们各自的社会地位看起来是相等的。也就是说，文书表明：画匠等艺术匠人，与油匠等日用生产者有相同的地位。画匠、木匠、商人以及油匠都被认为是为上层社会服务的生产者。这意味着，此时的艺术依然被视为一种服务，还不是那种为了抒发闲情逸趣而进行的创作——后者直到10世纪末11世纪初才出现；虽然都是笔墨艺术，但书法已经开始体现作者的教育和素养，而此时绘画并未体现。[31]最后来自大谷光瑞在吐峪沟（距吐鲁番约50千米）挖掘的一份资料文书3774，

[28] 姜伯勤《敦煌的"画行"与"画院"》，页186。

[29] 这份文书仅保留了18个完整的名字，大部分被裁成了鞋料。

[30] 姜伯勤《敦煌的"画行"与"画院"》，页186。

[31] 将吐鲁番书法家和工人混在一起，大概是因为他们都授命于他人誊抄内容，而不进行创作。参见国家文物局古文献研究室等编《吐鲁番出土文书》（第四册），页15—17，（第六册），页466—469；冻国栋《吐鲁番出土文书所见唐代前期的工匠》，载《敦煌吐鲁番文书初探》（二编），页307—309。

记载了吐鲁番地区政府征召劳力。[32]在画师的话题下讨论徭役，非常有趣又十分复杂。

录税籍帐显示，画师和其他工匠都需要向当地官员纳税，这些官员征用匠人为政府工程服务。例如，哈拉和卓1号墓（约639—640）出土的麹氏高昌时期文书残片，根据匠作种类而非各人姓名，列举了裁缝、皮匠、画匠、油匠以及屠夫。[33]这份列表体现了技能分工，匠人根据行当或作坊被组织起来。懂得榨油、酿酒、屠宰、鞣皮、刺绣及种茶的人，按照贸易标准罗列。[34]根据贸易对人口进行分类的官方税簿表明，高昌国很有可能是按行业征税。亦即皮匠和画匠也必须给国家献艺，以充徭役。另一件文书写于30年之后唐太宗武力收复了吐鲁番时，这份出土于阿斯塔那第61号墓的文书（66 TAM 61：16 a；66 TAM 61：27 [5]a）也包含一份当地匠人名录。[35]除上文所述匠作种类外，还有石匠、甲匠、塑匠、铁匠。这两份出土于不同墓葬的匠人名单横跨了麹氏高昌时期（439—640）和西州时期（640—803），说明尽管政权发生更迭，7世纪中后期匠人的组织机构和税赋征纳方式并没有发生太大改变。唐太宗治下的吐鲁番，可能建构了与敦煌相似的地区行政管理。初唐至中唐，中央朝廷对"丝绸之路"沿线的各地区的文化、政治、经济及艺术都有效地进行了治理。[36]

那么匠人在多大程度上被政府组织管理起来了呢？其中一类制作甲具的匠人称为甲匠（见于64 TAM 1），而平民禁止私造兵甲，由此说来，任何工匠和家庭，绝无可能在脱离政府协助、资源以及直接参与的条件下，完成铸造任务。[37]这样一来，名录上至少有部分匠人实际由当地政府雇佣。因此对于唐代或麹氏高昌的社会体

[32] 姜伯勤《敦煌的"画行"与"画院"》，页187；[日]池田温《中国古代籍帐研究》，页361。

[33] 文献残片64TKM1：28 (b) 31 (b) 和64TKM1：37 (2) b。冻国栋推断了时间，参见《吐鲁番出土文书所见唐代前期的工匠》，页309。

[34] 国家文物局古文献研究室等编《吐鲁番出土文书》（第四册），页15—17。

[35] 同上（第六册），页466—469。

[36] 安史之乱爆发之后，中央集权日益弱化，藩镇势力增强，西北边陲和东北地区尤其如此。参见[加]蒲立本《安禄山叛乱及晚唐的起源》及《安禄山叛乱的背景》；[英]杜希德《唐代地方自治形式》。

[37] 冻国栋《吐鲁番出土文书所见唐代前期的工匠》，页310。

系而言，"行"并不指类似13世纪至16世纪欧洲那种独立行会。[38]

匠人也许按手艺门类纳税并凭手艺代替服徭役，但应该把这种方式与为地方公共工程征召的普通劳役区分开来，两种劳动性质完全不同。吐鲁番出土的大量文书证明，7世纪之前的一般公共工程中已经加入了一些奴隶或劳役。[39]可以猜到，劳役会被指派从事一些精细的体力劳动，如修建城墙、挖掘坟墓及开凿石窟。然而这类劳役（也是税赋的一部分）没有技术含量，从事的工作也不同于负责吐鲁番地区寺庙的画师和塑匠，如吐峪沟的石窟寺、交河故城的西窟寺，以及唐管辖高昌期间装饰的东寺。

同理，敦煌地区那些建设公共工程的劳役，也与装饰石窟的画师有所区别。敦煌文书中记录了吐蕃控制敦煌的8世纪末9世纪初，村庄上的青壮劳力被挑选出"团头"，去看守寺庙的财产，例如，管理龙兴寺的仓库，或许就能充抵部分官府的徭役。[40]吐蕃统治者按照政教合一模式将寺庙体系作为政府的延伸。从文书中可以知道，会驭马车、赶水牛的人被编入修缮寺庙的队伍中，也许需要他们运输物资。因此我们不能认为所有工人都是手艺人；大规模的工程需要很多劳力，政府似乎也在调遣这些劳力去修建公共工程。这些被征调从事公共工程的劳役是平民，就地位而言，他们和匠人一样。吐鲁番文书中列举了各种劳力行业，并不特别看重手艺人（比如，榨油匠和画匠地位相同），他们都处于社会底层，都处在劳役地位。但在手艺和专业上两者截然不同。绘画工程不单纯是海量的简单劳动。民间作坊各有所长，其繁荣和高产推动了10世纪中叶敦煌地区官

[38] 关于唐代工匠的身份，参见张泽咸《唐代工商业》，页206—213。

[39] 朱雷《论麹氏高昌时期的"作人"》。

[40] S.0542是9世纪吐蕃时期的文书，记载了修复敦煌寺庙的施工队。显然，工匠以村为单位，直接受管寺者驱使做劳役。其中记载了几位姓"安"的工头，说明在吐蕃时期，有些撒马尔罕血统的人被迫成为劳工。参见[美]胡素馨《5—9世纪的吐鲁番艺术家》(1998)及《再议吐鲁番地区的考古发现》。

方背景的画院出现。

10世纪出现了以匠人职业命名的官职头衔。匠人成为官员，社会地位也高，而一般百姓则仍是政府的大型工程的稳定劳力来源。9世纪至10世纪的敦煌，画坊中资深画师的政治地位显著提升，其社会地位也随之发生变化。以下三人证明了这一趋势。一是雷延美，在949年为归义军节度使曹元忠印制的一份官方经文中，他被称为"雕板押衙"，但此前两年他还是"匠人"。二是董保德，10世纪末任"知画行都料"。和雷延美类似，他有"节度押衙"的官衔。三是曾任画院使的重要画师竺保。约凿于984年的榆林窟第35窟供养人像中，他站在曹延禄旁边。上述例子表明，画师的地位有了显著提升，不再像7世纪至8世纪与普通劳力并列；对职业画师来说，还有可能获得一个特殊头衔。

## 画院的架构

我们可以从画师等级大致推测10世纪敦煌地区的画院架构。在画师序列中，"画院使"和"画行都料使"是两个高级头衔，另外"都料"和"都工匠"也属于上层。在他们之下，是技艺卓群、颇受重视的画师们。再之后是有专能的"博士"，或在行政体系中虽然位阶中上但地位并不是特别高的画师。其他画匠被称作"画匠""画人""画生""画匠弟子"及"匠"，其中"匠"处于最底层。这11个用于描述画匠的不同称谓，说明当时分级体系十分复杂，而分级依据则是画匠的才能和经验。9世纪末至整个10世纪，敦煌壁画和经幡都是在这样一种等级组织下绘制完成的。

画匠除了依附于寺院和政府，在这个体系之外亦可以有一席之地。在一些籍帐上会提到一些"画人"，如 P.2049。这是个通称，并不指代等级制度中的特定地位。此类画匠可能属于更松散的同业组织，有特别项目（通常是一些小规模的工程）时，他们才会被临时召集起来。征召者可能就是寺院，令人想起民间的行会。据净土寺的一份账簿（P.2032 V）记载，有画人直接得到了谷物作为报酬，而不是惯例上的管饭。他拿到了九石粟，折合3060钱。这表明画人有足够本钱在官僚体系之外谋得直接报酬。

五代的寺院籍帐说明，当时敦煌的寺院需要很多门类的匠人去完成大量的手工艺生产。各种"博士"（有专长的人）专精于不同的手艺，与今天很接近。博士各有专长，意味着当时的官员和艺术家对用不同材料生产物品所需的手工技能进行了严格区分。这进一步证明，粉本和画稿出现的8世纪末至9世纪中期，手工艺行业集体走向了职业化。[41]

唐初（7—8世纪）"博士"一词其实专指高阶官员。[42] 8世纪至9世纪，这个概念则指有专长的人。除了画匠博士和塑匠博士，还有善于土木修造的，包括上饰塈博士、泥沙麻博士、造火炉博士、泥麻塑像博士。手工业人中还有垒油梁墙博士、政毂博士、料治牙盘木匠、造钟楼博士及雕酒杯把手博士。[43] 熟练金匠则包括金铸工、治釜博士、银匠、钖匠。甚至在毡缂印染领域还有染布博士和洗缌博士。

敦煌出土的其他材料呈现了中唐以后各行会如何运作的更广泛情况。行会经常一起供养寺院，以此回馈寺院的组织。榆林窟第34窟就是由金银行都料供养

[41] 姜伯勤《唐五代敦煌寺户制度》，页279—281。

[42] 参见蒋礼鸿《敦煌变文字义通释》，页43—46。亦可见[唐]李林甫等《唐六典》（卷二一），页559—566，这本官修典籍记载了早期行政和律法体系中所用的"博士"。

[43] P.2032（939）、P.2040、P.2049（925—930）及P.3234中，记载了多个专业头衔。亦可参见姜伯勤在《唐五代敦煌寺户制度》中的讨论（页280—286）。

[44] 社长押衙知金银行都料银青光禄大夫检校太子宾客郁迟宝令一心供养。

[45] "屠行社官安令环合社人造经一条……"，参见赵朴《房山石经题记汇编》，页95；曾毅公《北京石刻中所保存的重要史料》；林元白《房山石经初分过目记》。

[46] P.4979有关于酒行的记载，1988年第4期《敦煌研究》中有对乐行及相关文献的讨论，P.2875和P.2972这两份伯希和文书提到了茶行，另可参见暨远志《唐代茶文化的阶段性》。

[47] "行"，关于行会的早期研究见[法]马伯乐、[法]白乐日《古代中国的历史和制度》，页226—230。

[48] 参见[加]盛余韵《公元500—700年中国西南边境的织造技术革新》，页135—137；以及闫文儒《吐鲁番的高昌古城》。

的。[44]中国别处也有相似的结社供养。在北京西南方的房山，屠宰行会捐了一块石经，这块石经是一项存于佛塔地宫中的佛经大工程里的一小块，为的是在末法到来之后能保存佛经。[45]除了敦煌地区有金银行、酒行、乐行及茶行，一些文献提到中国许多大城市也有类似同业组织，所以这种行业结构可能在当时中国的许多地区都存在。[46]这些材料显示，8世纪之后长安及地方的同业组织都很繁荣。唐代律令中仅六处有关商业活动，对商贸机构鲜有细节描述；我们不清楚同业组织的起源及管理情况，但唐代日益扩大的坊市表明其重要性。从词源学来讲，"行"字指小路，说明出售相似货品的小贩们当时在市场上是分开来的。[47]就绘画等手艺来说，他们围绕不同项目展开工作，"行"主要指具有相同专长和技能的匠人。雇佣匠人的寺院认可这些专长，会记录其地位、职能及付酬方式。吐鲁番出土考古资料表明，"丝绸之路"上的贸易往来愈加频繁，使得纺织匠人在高昌城聚集。[48]这说明非大都市、规模较小的地区，城中心依然存在贸易分工。所以下文要讨论官吏与匠人的互动，以及付酬方式。

## 监督

在这样的生产等级制中工作的画匠，有评估他们工作的官员进行监督和查访。寺院文献中记载了招待巡查官吏的酒食用度，这为研究监督工作提供了线索。净土寺的入破历记载了寺院内的"判官"巡查画师的过程。其中并未详细记录巡视目的，但记载一例，某次几位判官到访，寺院用两斗粟换酒来招待。这些判官看了一个石窟（字面意义是"看到"，实际上应理解为"调查"），窟中正在进行一项工程。这里重点是双方的地位——判官是管理僧团的中级官员。[49]其上是都僧统，这个位置是地区内所有寺庙的最高僧官，与当地官府有着密切联系。[50]如果判官参与管理的寺庙有官府背景，那么被他们巡查的画师，有可能也来自与僧录司关系密切的行会或作坊。例如，都僧统曾为节度使曹元忠管理第96窟大佛的重妆工程。

[49] 姜伯勤《唐五代敦煌寺户制度》，页49。

[50] 荣新江《关于沙州归义军都僧统年代的几个问题》。

## 曹元忠与夫人翟氏之赞文：第96窟的重妆

莫高窟第96窟的重妆工程由曹元忠及夫人翟氏赞助，赞文的一份草稿记载了这次浩大工程是如何组织的，画匠、寺庙和地方官府又是如何协作的(图1.8)。乾德四年(966)，曹氏夫妇准备修葺敦煌大像寺——当时

图1.8 《归义军节度使曹元忠夫妇修北大像（第96窟）功德记》/S.77/背面局部/墨色纸本/966年/全卷30.5厘米×84.5厘米/大英博物馆版权所有

**图 1.9** 北大像立面/敦煌第 96 窟/始建于 695 年/966 年曹元忠、翟夫人重修/外观高 45.0 米/万里先生拍摄

也被称作北像寺，即第96窟（图1.9）。该窟始建于武则天延载二年（695），在九层佛塔中供奉着弥勒大佛。这篇赞文极尽详细地记载了重妆工程的各个阶段与参与者。乾德四年（966）五月，曹元忠夫妇来敦煌持斋。他们在这里虔诚礼佛、供灯焚香、诵经印经，这些经文后来被分送到当地17座寺庙。[51] 顺便说明，在石窟出土文献中常提及这些寺庙，它们日常可能接受官府赞助（大量经卷、绘画及其他文书有标明）。曹氏夫妇寻找需要重视的佛窟群时，决定修复上述弥勒佛像——现在是敦煌四大佛像之一。从文献来看，当时双层木架已腐朽坍塌。我们今天看到的那些蜿蜒在石窟外沿的错综复杂的木梯，或许正是曹氏夫妇发愿重修的。文献上说，这项工程始于五月十九日：

[51] 转译自 [英] 威利《斯坦因爵士发现敦煌绘画著录》，页316—317，蒙北京大学历史系荣新江教授惠赠原版之新抄本。

> 大王夫妇见斯颓□发，便乃虔告焚香，诱谕都僧统大师，兼□及僧官吏，心意决，更无二三，不经旬时，□□已毕。梁栋则觳中，采取物是早岁枯干杨干□□（已脱落）从城□梁并仗信心，檀越工人供备，实是趾盈，饭似债山。酒如江海，可谓特平，道秦俗富人安。[52]

[52] 同上，页317。

文书的第一部分写在一张绘有贡马和骆驼的画稿背面，上面还有曹元忠的赞文。它佐证了10世纪20年代到30年代净土寺籍帐中记载的许多社会经济情况。尽管文书中常常声称画匠是因虔敬而做义工，但"饭似债山"应是他们报酬的一部分——以工换食。监工寺院为匠人分发食物。工程监理即赞文开篇提到的都僧统——钢惠。由于有僧、官双重身份，他可以接触到寺庙和政府两方面的资源，这些工人也许就属于政府扶持的同业行会，根据文书记载是从其他地方雇来的。这表明，敦煌的寺管并没有设立自己内部的作坊，只是待工人到庙里做工时提供方便而已。材料也需要从寺外采购。曹氏夫妇赞助了数量可观的布匹和其他财物，以购买修葺所用的木材。文中没有具体写明他们的捐赠数额，但工程的浩大规模表明，曹氏作为当地的豪族，负担了木材购置和其他开支。这也说明，在第96窟大像寺重妆过程中，僧官的职责是协调社会经济资源。

周季常（活跃于1160—1180）的一幅绘画，生动阐释了都僧统、供养人、匠人及成品之间的关系（图1.10）。这幅作品是其《五百罗汉图》的一部分；右半边描绘的是化现成十一面观音的罗汉。观音的化身表现为面具，罗汉似乎正要把面具从脸上揭下来。此画的神异部分与另一侧的世俗景象构成了平衡。画面左下角有一位拿草稿本的画家——可能就是画家本人，身旁一位世俗打扮的男子应是供养人；紧站在两人后面的，则是一位僧人，看上去是中介——身体对着一个人，但却注视着另一人。在中国绘画中，画家自画像非常罕见，几乎没有明代之前的作品传世。如榆林窟的榜题、敦煌董保德的功德颂所示，这幅自画像说明画家地位的提高。这幅12世纪的作品清晰显示了供养人、画家和僧人三者的关系，僧人在其中充任中间人。僧人的重要性在于造像工程的中介——他自己既不是画家，也不是工匠。僧人的协助作用凸显在分发坛场画稿的工作中，这些画稿带文字，需要识字的人帮忙。僧人也可能参与了寺庙的妆严造像，不过其中大部分工作还是专业匠人完成的。

这一文书描述画匠如何参与966年的重修工作后，

**图 1.10** 周季常／五百罗汉·应身观音图／波士顿美术博物馆（06.289）／绢本墨色／南宋，约 1178／111.5 厘米 × 53.1 厘米／由波士顿美术博物馆提供。2001 年经许可复制／波士顿美术博物馆版权所有

又谈到曹氏夫妇的其他供养。其中写到，工程完毕、赞文准备就绪后，"凉国夫人翟氏自手造食，供备工人"。虽然这里说的是重妆已完成，但随即发现尚未尽善之处，五月十九日又复工，"其月廿一、廿二两日换柱，材木损折较多，不堪安置"，曹氏夫妇本已离开数日，后又回到石窟，显然同意了赞助第二阶段的修葺。这次工程由"木匠五十六人、泥匠十人"完成。文书记载了标志着工程最终竣工的供斋："其工匠官家供备食饭；师僧三日供食，已后当寺供给。"

文中记载了三次食物分发：两次是修复结束时举行的宴会，还有修复过程中的那次"饭似债山"。前者可以理解为工程奠基和纪念的需要，这些食物不仅为画匠，也为供养人、僧侣及其他可能参加的人准备。这几次宴饮帮助我们判断供养人、画匠和僧侣之角色。首先可以知道，大部分从事这类工作的职业画师并非僧人。僧人确实在艺术生产过程中起作用，尽管画匠和僧人之间相互依赖，但他们不是一拨人。上文提过，都僧统钢惠也参与了监管工程，协调官府和寺院之间的关系。但当文书统计参加人员时，僧人并不在其列，而木匠和泥匠却纳入了统计。项目竣工时，襄助了工程的僧人出现在工匠的庆功宴上，供食三日，然后他们将食物分给其他寺院。但是，显然僧人的角色是与画匠分割开来的。

都僧统的职责之一是主持大规模工程。除钢惠外，也有其他都僧统负责石窟修建。[53] 其他职责还包括监督讲经。如天福九年（944）十一月廿八日，都僧统在净土寺主持讲解《破魔变一卷》（P.2187）。[54] 由于都僧统负责敦煌地区全部17座寺院，他也要负责领导僧伽和寺庙。

[53] P.4640记载了翟法荣修建第85窟的功德。参见荣新江《关于沙州归义军都僧统年代的几个问题》，页72；亦可参见郑炳林《敦煌碑铭赞辑释》，页54—62。

[54] 身为寺院法律的元荣，在听经时详细做了笔记。P.2187中记载了讲经。参见[美]石听泉《敦煌佛教叙事文本》，其中页67注38、页68注41转引了竺沙雅章对法律地位的讨论，见[日]竺沙雅章《敦煌的僧官制度》，载《东方学报》1961年第31期，页126—132。

最广为人知的一位都僧统是吴洪䛒。唐大中二年（848）张议潮驱逐吐蕃、建立了节度使政权后，唐王朝敕封吴洪䛒为河西都僧统。他从大中五年到咸通三年（851—862）一直担任该职，并开凿了莫高窟第16窟以举行大型典礼；吴洪䛒圆寂后，信众在第16窟甬道北壁为其开凿了影窟，也就是后来的藏经洞。1900年，在这里发现了42000件中古时期的文书和绢画（彩图1）。都僧统拥有相当大的权力，在敦煌历史上有着重要意义。[55]

## 食物与筵席：生熟食物以为酬

本节讨论10世纪敦煌画匠薪酬的计算方法和支付方式。寺庙籍帐并没有说明如何制造绘画和雕像，但提供了关于薪酬的重要线索。众所周知，这里有几百个石窟，现存有总面积超过45000平方米的壁画、数以百计的绢画，以及莫高窟发现的大量画稿。如此大量的艺术庋藏，说明当地具备完善的绘画生产组织体系。虽然关于壁画如何创作、采用什么技术让其存于石窟之中，我们都不得而知。但幸运的是，入破历要求寺院财务明确记载每项开支和收入类型。可以确定的是，画匠的报酬形式主要是谷物，这是当地常见的交换物之一，寺院籍帐在日常流水中详细记载了每次交易。

首先是寺院籍帐的内核。[56]寺院财务在账目变动时，将其记录在草稿上，次年一月再将过去整年的账目誊写一遍。这点在两件伯希和收藏的卷轴中得到证实，即925年至931年、939年的净土寺出入破历。[57]实际上，净土寺是敦煌香火最旺的寺院之一，其藏书遗存证实了这是座官府赞助的、极其宏伟的寺庙，以及它在促进地

[55] 洪䛒塑像位于莫高窟第16窟，该窟接下来的两百年中的某个时间，为封存11世纪早期约4万件帛画文书而挪动了塑像，直到1942年才归置原位。

[56] 笔者研究告一段落之后获悉了马德论工匠待遇的文章中也论及待遇和组织等有关问题。见马德《敦煌莫高窟史研究》。

[57] P.2032（939）及P.2049（925—931）。

[58] 与当地其他寺院相比,净土寺显然得到了政府的财政支持。谢和耐曾研究净土寺的财产,见[法]谢和耐《中国5—10世纪的寺院经济》,页187—188。谢和耐认为,P.2049的第一部分当属924年,而非925年。

方经济和文化方面发挥了重要作用。[58]净土寺获得了曹元忠资助。该寺及其他大寺实际上是当地大部分经济活动的纽带:寺院为当地百姓提供粮食借贷,之后借贷者连本带利进行偿还。这些粮食都是信众供养的。寺院还经营磨坊,将粮食加工成酒、小麦制成面粉、茶叶压成易存的茶饼——寺院提供不同服务并收取一定费用。仓库物品的每次出入都有记录。本书重点关注的艺术工程,恰恰需要这些储藏在仓库中的资源。

净土寺的具体位置今天依然不可考。虽然僧官每年都核账,但他们没有说明该寺具体的地理方位。这里存在几种可能性:首先,敦煌藏经洞的出土文书虽然不能证明净土寺的具体方位,但莫高窟地基的考古报告显示,洞窟前曾有大量建筑,多半为砖木结构,与净土寺一些籍帐记载的"上下窟"相呼应。925年的入破历中记载了一条"迎僧统,从石窟取粟二斗,沽酒招待"[59]。另一则记载称他们将粟换成酒,"诸判官窟上看画师日沽酒用"。条目中如此频繁地出现寺院和石窟之间的往来记录,表明两者相距不远,而寺院并不在石窟内。寺院的行政事务如财务很可能在地面建筑里进行,而佛堂则设立在鸣沙山东麓断崖的上方。

[59] 谢和耐提出,晋时1斗为2升,至唐1斗变成6升。参见[法]谢和耐《中国5—10世纪的寺院经济》,附录B。

敦煌文献中记载了其他十五六座与净土寺相似的寺院,足可说明,当地存在一个寺院网络。[60]寺院之间如何进行交流、其内部如何管理,这些尚不明确。但有一点可以确定,中古时期当地寺院的交流十分活跃。这些寺院很可能建在断崖正面的山脚下,就在石窟下面。即我们只能想象断崖正面有许多木建筑散落在其山脚下,在石窟和这些木建筑,还有当地其他寺庙之间,人们往来穿梭、交流密切。

[60] 戴仁对早期藏经洞资料的研究中,认为寺庙方位依然可有其他答案。参见[法]戴仁《中国手稿目录》,页238—247。

### 画匠的酬劳：筵席

对画匠而言，最基本、最典型的酬劳是筵席或者酒饭。《后唐同光三年（925）正月沙州净土寺院直岁保护手下诸色入破历算会牒》（P. 2049 V）中记载了"粟七斗卧酒，众僧造春座局席用"，此文书还记载僧人用一"胜"半油招待画匠一顿饭，即贴顿。[61] 僧人从寺院仓库取油，可能指的是他与画师共同进餐，实际上是用贴顿换取服务。另一种解释则认为，油会被直接给予画师作为答谢酬劳。

在后唐长兴元年（930）寺院的籍帐中，另一条记录凸显了仓库谷物消耗与提供画匠饭食的联系。寺院支出一石四斗粟，用以设宴庆祝华盖供养——可能是佛像的华盖。[62] 因为这笔粮食支出数目巨大，也许这些谷物还有其他用途，画匠或许能得到一些粮食作为报偿。筵席招待的对象包括"诸工匠兼众僧等"。其他记录也提及寺院作为主办方的花销——供养期间，寺中支出了8加仑粟，为金银工准备素斋。

第一种支付方式（即酒饭）中，一般取三个动词"贴""施""屈"，与三个有关饮食的名词"斋戒""顿""局席"连用。"贴"也说明，食物是对其他并未列出酬劳的补充。这些可能是单独交易，没有在寺院账簿上列出来。如果画匠工钱真的多以食物支付，那么他们的一日三餐很可能不是由寺院出资，而是来自供养人布施。净土寺似乎只负责监督工匠、帮着协调画师与委托人的关系，并不承担财务责任。也就是说，供养人的钱通过寺院库房用于资助工程。尽管寺里很有钱，但行政上它是非营利实体，沟通捐赠与供养。这样看来，宴会本质上

[61] 同注59，1升相当于晋代的0.2升或唐代的600毫升。

[62] 1石约合133磅。

是某种形式的"请客"，起到了协调工程的作用。在今天的中国，请客仍然是谈业务的主要形式，饭局是谈判和安排工作的场合。中古时期，寺庙及僧人担任中间人，这是贯穿中国赞助人与艺术家关系史的普遍行为。[63]中间人促成交易，避免双方直接谈判的尴尬。寺院接受供养人的捐赠、开工和竣工时分别设置筵席庆祝、接待监督僧侣巡视时也提供酒饭。因此在工期内，筵席是常规伙食以外的点缀。

[63] [美]高居翰《画家生涯：传统中国画家的生活与工作》。

### 画匠的酬劳：谷物

另一种以食物交换服务的形式，则是直接以粮食充作报酬。这类例子少之又少，只有三个可靠的记录。两例以黍粟为薪酬："九石黍粟用于画匠和工匠的酬劳。"首先九石数字很大，约合1200磅。[64]直至10世纪，敦煌乃至于中国的大部分地区，铸币或纸币还较罕见，因此这么大数量的粮食实际上等于货币交易。古代中国，朝廷官员常以粮食作为俸禄——一般是稻米，所以粮食在此处具有货币地位，这个假设似乎较为合理。

[64] 报酬总量足以说明其工作量。

在8世纪中期的敦煌，一斗粟约值34个铜钱，一石有10斗，九石即90斗。如果将粮食折算成铜钱，90斗值3060个铜钱，即三吊多，这是相当大的数额。也许这批粮食是分给好几个人的。除画匠外，手工艺人可能也分得了这些粟。另外一个用粟进行交易的例子也出自净土寺仓库籍帐（P.2049 va）："粟一硕，先善惠手上与画柒（漆）器先生用。"总的来说，寺院从库房提出大量的粮食分发给受雇的画师和工匠，还会将纺织品发给相应各方。这些账目说明，当时对职业匠有组织性的管理。画师地位越高，得到的谷物和食品就越多。在所有食物作为酬劳补充（"贴"）的例子中，匠人地位与普通劳役所得类似，说明了这类画匠相对低阶的地位。

虽然粮食成为艺术行业的主要货币形式，但也有一例真正的货币交易："粟五斗（30升），与画师买锞（小块的银锭）用。"（P.2032 V）支付货币给画家作为酬劳，这在文书中记录非常少——中国其他绘画相关的文献一直如此。但至少在中国的城市中，用铜钱支付应该比现存记载更普遍一些。[65]如在唐代，日本僧人圆仁曾游历大半个中国，在行记中记载了多类绘画作品的价格。[66]

尽管敦煌文书中只是平铺直叙了画作的交易情况，但这是现存最早的关于中国画家报酬的记录。它给出了寺庙中交易及功德循环的框架。僧团在佛教信众和受雇工人之间担任中间人，可以轻松将所有商品转换成意义完全不同的物品或实体。如果信众听经后在城中的碑坊捐了粮食或铜钱，它们将会被带回寺院，存入僧伽贮存货物商品的仓库。随着登记入簿，供养物变成有价物资，用在其他方面；经过估算、记入数据并妥为贮存之后，将来它也许会与其他物资一起用在新的活动中，让功德循环不断延续下去。寺院粮仓要在重大节日时提供三餐饭食，谷物还可以用来酿酒，方便寺僧与来自朝廷的僧官会面时饮用；供养仪式上最重要的宴会材料也从仓库里出。这个过程中的每一步，生熟食物承载的意义都在改变。首先是供养捐赠物，然后成为仓库物资，再后作为回向的礼物分发给信众。在这个过程中，粮食的实际状态和象征意义都不断发生变化。[67]祈求之虚无与积德的期待，两者之间存在一种张力，它始终包裹着信众给寺院的供养。不求回报的捐赠是不存在的。

[65] 关于对欧洲中世纪和文艺复兴时期行会的模拟系统的探讨，参见［美］乔纳森·亚历山大《中世纪书稿彩绘人及其工作方式》，页4—34；以及［英］迈克尔·巴克森德尔《德国文艺复兴时期的椴木雕刻家》，页xii。

[66] ［美］赖世和《圆仁〈入唐求法巡礼行记〉》。

[67] 参见［美］安妮特·B.韦纳《不可让渡性：交换的困境》；［法］阿兰·D.施里福特主编《逻辑与礼物：慷慨的道德》；［法］马瑟·牟斯《礼物：旧社会中交换的形式与功能》；［法］雅克·德里达《给定的时间：伪造货币》。

本书下一章将探讨画匠在作坊中如何发挥作用，以及前期准备在协作生产中的核心地位。壁画成品与纸上草稿之间的关系，揭示了佛教壁画创作的构思过程，可以据此从另一角度分析画师的实践和劳力问题。后续章节中会比较本章提及的画匠与书手及俗讲人，进一步描绘出中古时期职业画家的世界。

第二章 —— 壁画的构思

本章要分析与壁画相关的粉本，涉及莫高窟和榆林窟总计15个石窟（见附录一）。这些石窟的兴建时间为唐懿宗咸通三年至北宋太宗太平兴国五年（862—980），均由当地画行和造像作坊营建。其图式较为相似，其中超过三分之二的主题内容是重复的。这说明在一百多年的时间里，壁画创作沿用了一套有计划、有组织的工作流程。如第一章中所述，这些制作壁画的作坊，其服务对象主要是地方官府和一群紧密联系的信众，这些人和当地统治精英关系密切。因此，藏经洞出土的粉本提供了整幅壁画绘制过程的重要信息，是解读9世纪至10世纪石窟壁画标准化的关键。壁画的绘制过程以粉本为开端，经由画师创作，最终获得成品。下文将讨论粉本、壁画及将两者联系起来的画匠创作过程。

石窟有一套标准化的形制，由主室、前室、甬道和侧室构成。其中，后三者完整与否，取决于外立面保存完好与否。石窟营建之初，需要开凿山坡或崖面，初步开采完成后，从岩石中凿出的石洞被整修为方形窟室。覆斗形窟顶盖有多层草木灰泥，粗糙的涂层外再刷一层使之平滑的白灰浆，做成壁画的地仗层。而在石窟内，每面墙都饰以壁画，壁画内容除了尊者，还详述了佛经故事。石窟后部一般安放佛像雕塑，或置于开放式佛坛上，或在窟室后壁的佛龛中，或在中心柱的正面佛龛内。每逢祭祖、受菩萨戒等需进行闭关和斋戒的日子，或庆祝重要节日如佛诞日时，僧侣和信众们会围绕佛像按顺时针方向绕行，反复诵经纪念先祖。装饰石窟是一项复杂的工程，需由多位画匠协力进行，往往耗时数月，较大的石窟可能需要花上一年的时间才能完工(图2.1)。

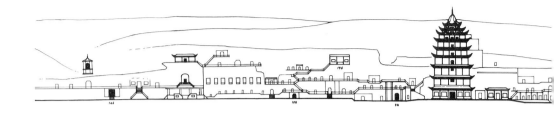

图 2.1 莫高窟立面 / 本研究的重点是以黑色标示的洞窟，年代约为 862 年至 980 年。这些洞窟包括第 6、9、25、53、55、72、85、98、108、146、196、454 号洞窟，以及位于敦煌以东的榆林第 16、19、32 号洞窟（未画出）

本章将探讨画师的构思及绘制过程，一项非比寻常的考古发现使得这种研究跨度变得可行——65张绘制于9世纪至10世纪的粉本与成百上千的文书一道，在11世纪被封存在莫高窟藏经洞里，直到1900年被发现。尽管已封存九百余年，它们却因沙漠气候而保存完好，一展如新。留存下来的这些粉本和42000多件文书，无疑是中古时期佛教文化艺术的瑰宝。从艺术史的角度来看，莫高窟粉本包含的信息是独一无二的：它们与敦煌壁画关系密切，还对研究中古中国和中亚地区的职业行会有重要参考价值。除了这批文物之外，没有任何中古中国的作坊粉本存世。正如导论所述，粉本承载了画师的设计和技法，记录了其创作和绘制的过程，此类信息未见于现存的中古中国其他材料之中。本书率先对粉本之功能和意义做全面的探究。

画匠绘制壁画时的准备材料一般可分为三种，而绘制幡画时则有两种（第四章将讨论幡画）。壁画粉本可以分为如下几类：对壁画整体缩略性的探讨；对画中个别人像、群像的细节揣摩；用于绘制窟顶的刺孔稿本。幡画制作的粉本则用于描摹拓写，实现精确的复制。最后一种粉本是僧尼用于佛事活动的示意图。寺院僧人的藏经涉猎广泛，包罗万象。如三界寺的道真和尚，其

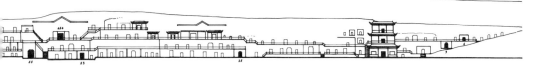

藏品在敦煌藏经洞中占有很大比例，因此这是一批无比珍贵的中古作坊粉本文献。[1]

　　从这批中古时期仅存的特殊粉本中，我们可以得到关于纸本绘画状况的几个重要观察：粉本并未被系统收集或收藏；而在这一时期，中国的艺术创作通常也不要求完成作品前必须有固定程式的绘画。相形之下，意大利文艺复兴时期的壁画及15世纪法国手抄本的传统中，都有对干点法和炭笔粉本的大量研习。从艺术史的角度对这些绘画传统进行研究，特别是对于意大利来说，"粉本"这个概念体现着洞察力和个人才华之上的非凡创造力。然而中国及中亚地区各时期的粉本，都不曾被纳入类似的框架下进行讨论，遑论在艺术批评中获得同等地位。这不仅缘于粉本保存状况。中国有优良的文化承继传统，其对于文物典籍、文献材料的重视程度丝毫不逊色于欧洲文明。碑帖、书法、绘画、版画及书籍都被细心品读，详尽记载，批注传写，以流传后世。笔者在引言中提及，受限于等级和认为粉本匠气的观念，中国缺乏鉴藏古代大师粉本的传统。如第一章所述，10世纪画匠的社会地位虽然较之前代有所提高，但整体而言仍属于下层。这是粉本遇冷的主要原因。

[1] 道真和尚是敦煌三界寺管理藏书的一位僧人。由于藏经洞的大多数文书都钤有三界寺藏经印，学者们推测藏经洞的经卷即来自该寺。道真和尚修补了上千件损坏的经文并缝制书衣。参见施萍婷《三界寺，道真，敦煌藏经》，页178—209；荣新江《关于沙州归义军都僧统年代的几个问题》，页18。

## 壁画粉本

　　壁画是敦煌绘画的主要形式。与之相关的粉本类型丰富，主题多样，每件都独具特色。藻井图样、四壁的叙事画以及主要人物的特写反映出壁画制作各不相同的流程，为研究提供了充足样本。虽然可以证明一些敦煌粉本是熟练画匠用来复制图像的工具，但很多敦煌粉本依然有别于后世那些更为成熟的粉本，多是一些用于标记构图的速写，并不着眼于画面细节。总体来看，这些粉本比起最终在墙上手绘的底层轮廓线要随意得多。它们画面潦草，似乎是匆匆而就，无法看出最终作品的完整构图。这些粉本的笔触、构图及人像细节都相对松散，带有画师的个人风格，对可能的模仿者来说不太具有全览、评鉴或教学的意义。有些时候其实很难想象为什么要保留这些碎片。

　　徒手起稿，其实才是理解粉本这种随意性的关键。画匠在粉本中更仔细揣摩的内容，会变成壁画成品里吸引观者注意的精彩部分。贯穿本书的一大主题正是徒手绘画，所以本书会在下文章节中探讨中古画论家如何援引它并广泛用于衡量画家的技艺水平。当然在唐代所有寺庙、陵墓及石窟的工作中，徒手起稿是画匠的傍身之技。因为在作坊中随处可见、人人会用，最终引起了画论界关注，他们对壁画创作中的即兴发挥十分重视——本书最后一部分将讨论这个问题。[2]

　　由于那些石窟和单体寺庙的空间尺寸各不相同，徒手起稿成了壁画作坊一项非常重要的技能。画者身怀画技的同时，要做到心中有数，以使同样的图像适应不同的尺寸。粉本通常先画在几张不同的纸上，之后画

[2] 张彦远强调吴道子的绘画功力，其作画不借助外物（界尺或标识），意即吴道子创作时不参照画谱也无粉本。参见[美]卜寿珊、[加]时学颜编《中国早期绘画文献》，页61—62。从现藏法国国家图书馆的《劳度叉斗圣变粉本》上自信的笔触可知，不借外物，是壁画起稿阶段不可或缺的能力。

匠直接在地仗层上起稿。在这个阶段，单色粉本是幡画及壁画绘制中不可或缺的前期步骤之一，它们反映了9世纪至10世纪敦煌乃至中国各地山寺村庙中壁画底层轮廓的图像特征。[3]粉本和底层轮廓都属于壁画创作的准备阶段，笔法皆十分简括。

画匠们出于实际需要，发展出多种不同的绘画步骤。壁画技法变得高度专业且程式化。本章将与底层轮廓绘制有关的几种粉本进行了分类。其中有几个问题需要格外注意：首先，敦煌的每个石窟大小不一。附录一中列出了自唐懿宗咸通三年（862）至北宋太宗太平兴国五年（980）开凿的15个主题相似的石窟形制，各窟平面面积均不相同。其次，墙壁面积大小也因窟而异。佛教故事画中的人像数量约为每面墙2000～3500个不等，其尺寸和数量依墙面大小相应增减。此外，9世纪末至10世纪的窟顶饰有简化的千佛图案，需用到与墙面下部不同的技法。画匠不能指望每个洞窟形状相同，因此他们要考虑到许多因素，保证不同比例的条件下图式统一、设计和谐、尺寸精准。壁画制作的程式化是同一性的关键。实际上没有两个大小完全一样或者内容完全相同的石窟，因此，我们需要从一种延续的系统角度来研究画师的创作和构思。不仅需要厘清题材内容，而且要着重分析画师的行为和实践，以理解这段中国历史上壁画创作的鼎盛时期。

在深入研究存世的各类敦煌粉本之前，需要首先回顾9世纪至10世纪当地壁画创作的历史环境，以更好地定位敦煌的艺术创作。

[3] 见《劳度叉斗圣经变粉本》《弥勒下生成佛经变粉本》及《观无量寿经变粉本》（图2.5，2.6a–b，2.13—2.17）。

## 历史背景

自隋至中唐（581—835），敦煌与中国的大城市文化联系密切。7世纪至8世纪时，都城长安的文化范式和作品在敦煌地区颇为流行（见第328、45、220窟）。长安对敦煌设计和粉本的内在影响，或许可以从敦煌随处可见的维摩诘经变中帝王莅临的场景中看出来。维摩诘经变反复出现于不同石窟之中，也反映了长时段内是如何使用粉本的。莫高窟第220窟中随文殊菩萨前来听法的帝王群臣像，与长安城中宫廷画家阎立本所绘《历代帝王图》中的人物群像十分相似，这一题材也见于莫高窟其他窟如第154窟。主要人物是一位帝王，他身体魁伟，面相庄严，双臂张开，身着冕服，上述三窟中构图均类此，表明其有共同的来源。8世纪初，敦煌和中原的交流很可能已颇具规模，第220窟中一些图式及许多其他图样均源自中国的都城。该主题的帝王意味也表明，画法是从中国的文化中心传过来的。[4]

画样通过粉本，从一个地区传到另一个地区，从都城传到边陲，这或许可以解释，为何唐代前期西起吐鲁番、东至奈良的广袤地域里，流行的人物类型和图式都非常相似。学者们很早就将此命名为"唐风"（Tang international style）。这个说法体现了当时中国都城与宫廷的画风流行地域之广阔，遍及东亚诸画坊。菩萨像体态丰腴、腰若约素（身姿呈S形），佛像造型精准、千面一辙，证明临摹技法悠久。此外龙凤纹样也无处不在，多见于石棺、石柱、瓷器表面及石窟寺庙的藻井上。然而泛东亚范围内的这种图样一致性，却在约862年至980年戛然而止，这恰恰是敦煌粉本出现的时期。

[4] 藏于波士顿美术博物馆之幡画，也有可能是脱胎于一幅更复杂壁画的缩略图，原壁画已不复存在。同理可见维摩诘经变中的许多题材都被借用在了更晚近的卷轴画上。

781年至848年间，随着吐蕃文化传入，敦煌开始逐渐偏离长安风格。吐蕃王朝以青海地区为核心，辖制甘肃和宁夏的部分地区，进而掌管了敦煌周边。时至今日，青海仍保留着吐蕃文化的影响。中原范式的缺位，导致当地土生的风格开始占据主导地位，这与中唐时期内亚模式一致；这一时期，曾隶属于唐王朝的西部地区逐渐摆脱了中原地区文化和政治的影响。行会得到当地寺院及地方官府的定期资助，敦煌的洞窟艺术工程逐渐形成了定制。以描绘本地供养人像为特色的石窟在莫高窟和榆林窟出现。10世纪时，敦煌与巴蜀、南面的青海以及北面的蒙古等地一起，在中国西部地区发展出极具地域特色的艺术风格。正如第一章中所述，其间沙州设置了画院，而近代发现的粉本则说明了当时作坊大量出现、画师开始职业化，对寺院艺术日益增长的赞助，拓展了物资种类，促进了市场交换。

各色敦煌粉本出自高产且具高度组织性的画师之手。然而它们只是散乱无章的遗存吗？虽然这些粉本可能是壁画完成后由少数各不相干的画师绘制的，也有可能是一些画行以外的画师在纸上的涂鸦，但是这些画稿，却与数百幅敦煌壁画密切呼应，说明它们很有可能的确出自有组织的画坊。接下来本章将研究画匠准备创作时的各种技巧。这些粉本均出自为敦煌地方政权服务的画行或画院，换言之，它们绝非散乱无章，而是10世纪时专业画师创作的实践产物，与其附属的地方政权密切相关。

## 草拟构思

现在我们要关注壁画是如何完成的，以及在徒手绘画过程中，概括性的粉本及细节画稿起到什么作用。我们要讨论六组作品，其中有五组出现了同一主题，并与本书讨论的15个9世纪至10世纪的石窟中反复出现的壁画主题相关。因此，粉本与当地持续的创作之间存在直接联系。这五组题材分别是：西方净土变、金光明经变、弥勒下生成佛经变、降魔变（也作"劳度叉斗圣变"）以及维摩诘经变。[5]第六组粉本是几个佛教故事插图的汇总，虽然具体题材不明，但其组成方式揭示了壁画构思过程，故亦将其纳入考察。这六组粉本的共同之处在于，仅以极为缩略、潦草的笔法浓缩大面积的绘幅。画师会记下具体情节或局部，但不确定其在成品上的位置，也略去其与画面中心尊像的关系。

此类粉本内容高度凝练，说明主要用于引导画师构思。尽管这类粉本画面松散，内容细碎，但反映了画师的构思活动，映射了其认知过程，视觉捕捉观察对象是连续的碎片，一直要等到捕捉过程完成，才能依序将其排列起来。从这个角度来说，粉本是认知导图——画师在上面省略了关键的图像特征，但向我们揭秘了作画过程和步骤。粉本的组织方式说明了画师如何"捕捉"或感知绘画，继而如何想象和规划作品的过程。这类粉本并不在于提供画面细节资料，而是画师创作活动的谱系。粉本除了大幅绘画的简笔缩略图外，也绘有较小的细节插图，包括对人物面部、身体和动作的细节描写。这些特定人物的细节图只关注人像本身，而不在意与周围场景的关系。缩略图和局部细节，共同展示了构

[5]《金光明最胜王经》T.665；《弥勒下生成佛经》T.454；《劳度叉斗圣变》T.202；《维摩诘经》T.474，T.475。

思和起稿的全部过程。

下面从这两类壁画粉本中各举一例，来讨论本章中出现的图像问题。在一幅可能用于西方净土变的粉本中，画师彻底打破了构图中主要部分之间的距离（图2.2和图2.3），还减缩了各种佛菩萨的头光、身光及须弥座，这些要素都用一些圆圈来标记位置，确定神像端坐高台或在西方极乐世界中的位置，构思精巧（彩图2）。在粉本中，佛像出现之处大多留白，并由连接底座的桥梁和通道隔开。树从栏杆间隙长出来，枝叶也变成了圆圈，说明这部分空间将有更多细节描绘。在粉本上部中央，圆圈也用来表示主尊佛像旁胁侍的其他佛像及菩萨。而在画面右侧偏下的位置，绘有两个在台阶上跳舞的舞者（图2.2），她们在这个极度简化的空间和群像中非常显眼，这一部分可以在壁画成品中找到对应形象。在莫高窟第146窟（彩图2）南壁的西方净土变图中，如将图像细部放大，可以看到前景中有一位舞者背向观众，呈现四分之三背影，左膝弯曲。中景有另外两位舞者面向观者，单侧屈膝相对。这些舞者将披帛举至齐肩，与常见的单腿站立、将琵琶举过头顶反弹的舞者不同。[6]粉本背面的空白处绘有两位舞者，立于中间的舞者与壁画前景中的人物相似，另一位舞者仅有部分正面像（只能看到右手和丝带）。这两幅人物都被放大了，草绘了一些简图中没有的细节：他们的面部、龟兹式样的流苏靴及精致的发型都被勾勒出来。

该粉本正反两面的内容完全不同，表明绘制它的目的既是规划整体布局，又要确定舞者的形象。粉本只有19厘米宽、31厘米高，但成品所占的墙面宽约2.07米，是粉本的十倍。[7]粉本的示意图极其简单，有意忽略其他几乎所有的信息，以便有选择地突出画师最关心的人

[6] 这种由中亚龟兹女性表演的舞蹈具有异域风情，在当时的长安城内也颇受观众喜欢。舞者双臂上举，凸显胸部，因此该舞蹈也有情色意味。

[7] 莫高窟第146窟和第196窟中，西方净土变的舞者形象均已损毁，该尺寸参考金刚经变（亦有舞者和平台的场景）；损毁的西方净土变位于第196窟南墙的正中间，跳舞场景在其左部（东侧）。舞者宽6.98厘米，高26.42厘米。

图 2.2 （对面）阿弥陀净土变草稿，正面 / P.4514.16.2 / 墨色纸本 / 9 世纪晚期或 10 世纪 / 31.0 厘米 × 19.0 厘米 / 法国国家图书馆藏

**图 2.3** 《阿弥陀净土变》中台阶上的伎乐草稿，背面 / P.4514.16.2 / 墨色纸本 / 9 世纪晚期或 10 世纪 / 31.0 厘米 × 19.0 厘米 / 法国国家图书馆藏

物形象。为壁画的同一部分创作这样两种独立粉本，在绘制过程中起到不同的作用：先用简图完成大幅构思和规划，再用细节图绘制关键人物的特写。由于创作方法不同，要求的辅助材料就不一样。可以想象，画师在绘制舞者时会参考细节图，而示意图或结构导图则可能是壁画正式绘制开始前的创作，因为它们太过杂乱，之后在壁面起底稿时就不能作为参考了。[8]甚至还有种可能，即这些粉本是根据壁画成品而创作的，被画师用来复制新的作品。

## "一"到"十二"

敦煌现存各类题材的粉本都会将示意图与细节图分开绘制。下面即将讨论的粉本 P.2868虽内容不明，但显示了构思对画师的重要程度。这幅粉本内容是各种构图的要件，打算凑在一起拼合出一幅壁画(图2.4)。一条竖线将这幅单色粉本大致分成两部分。在一些高度抽象的人物轮廓旁，从右至左依次标出数字"一"到"十二"。前三个数字写在比较规整的长方形榜题内，画师以榜题框区分各个场景。他以速写的方式勾勒出人物，线条微颤。[9]这些场景的具体内容仍不甚明确，但是从粉本画面的结构可以明显看出，画师习惯在起草过程中将整个场景分解成若干部分，那些关注细节的场景多与大幅壁画中的叙事部分有关。

身光下没有佛像，还有些没有五官的脑袋用来标记僧侣和信众的位置。垂直分割线的左侧有两纵列叙事场景，其中一个似乎是追逐的场面，另一顶端标有"四"的场景中，有人双臂前伸，正袭击一个站着的人。

[8] 另一幅可能用于西方净土变的粉本(P.4518.37)同样有简笔的回廊、桥梁和其他建筑结构，说明画师借助粉本，构思壁画的大致框架。

[9] 粉本中呈现的线条飘忽不定、断断续续，赋予"颤笔"新的意涵。这个概念本来指笔触的扭转，从而表现人物及衣饰的优雅飘摇；这里指使用非平滑的线条勾勒出脑海中的场景。"颤笔"据传始于10世纪，这一粉本可能并非为此例。

**图 2.4** 两套白画（粉本）集：右：韦提希夫人的十六观，编号为十二；左：韦提希夫人或观音救八难的故事，编号为五。
P.2868／墨色纸本／9 或 10 世纪／法国国家图书馆藏

近线一侧的场景对应编号为"五"。尽管（右侧）编号"十二"和"五"的场景并无特殊构图，但这些图像显然是药师佛、阿弥陀佛或观世音菩萨的净土壁画中心图像周围的叙事场面。因此，这幅粉本可能属于上述三题材之一。

这些场景到底是什么主题，对此有许多种解释。其中最明确也最令人信服的一种解释认为，前十二幅描绘的是韦提希夫人发愿往生西方极乐世界的画面。根据《佛说观无量寿佛经》记载，欲生彼国者，当作十三观，再修三福。该粉本绘有十二幅插图，仅比十三观少一观。此外，画幅右边的人像中有一位跪在佛前祈祷，这是在冥想的韦提希夫人的标准图式——参见莫高窟第217窟及其他许多例子（图2.5）。虽然这幅粉本繁杂无序，难以辨识，但这个场景是固定图式。

图 2.5　韦提希夫人的十六观／观无量寿经变，局部／壁画／敦煌第 217 窟，北壁／8 世纪／3.91 米 × 2.42 米／文物出版社

在第十二幅场景下面，画面中间出现了另一组场景。一位有随从侍奉的人似乎正在进餐，其他人则在墙外活动。尽管笔触抖动，很难确定画面主题，但显然画师已经清晰地用数字标出了界线，左上角飞舞的旗帜旁可见数字"一"。如果是观无量寿经变的一部分，这里描绘的情节可能是韦提希夫人探望被囚禁的丈夫时，将酥蜜和麦麨涂抹在身上，然后以长袍作为掩盖，将其带给丈夫食用。聚在下面的人可能是向韦提希夫人的儿子阿阇世谏言的大臣月光与耆婆。当阿阇世知道母亲偷偷给父亲送食物后，就把她关了起来。

一条竖线将该列与另一列图像突兀地区分开来。右侧上面标有变体的数字"四"，数字"二"标在靠近底部的位置。编号持续到左侧纵列的"五"号场景。假定所有场景都与观无量寿经变有关，那么根据故事情节还可以辨识出其他内容。从粉本的右侧下方起，场景分别是道人之死、阿阇世执剑追杀其母，画面左侧由下往上是佛陀示现、阿阇世骑在马上探望被囚禁的母亲。另一种可能是，最后两列场景描绘了观音菩萨救七难的故事。底部靠下数字"五"的旁边，有一人似乎置身大火之中——这是七难中最常被描绘的场景之一。[10]

在这个例子中，画师彻底切割了附属于中心主尊图像的两侧叙事场景，略去了所有提示整体构图的信息。然而正如莫高窟第146窟（彩图2）所示，这些场景在壁画中最终呈现的样子却与粉本大相径庭。它们在造型复杂、情节错综和色彩丰富的大场景里仅仅处于次要地位。在粉本阶段，画师将场景分割为独立单元，在其中分别进行描摹，因为在大型壁画实际绘制的过程中，他也要将每个场景分成单元来处理。这些粉本显然属于

[10] "火"这一母题也可另有解读。药师佛庇护人免遭九种横死，其中之一即为火。因此这一部分也可能描绘了九种横死方式的前五种，常见于9世纪至10世纪的敦煌壁画。

内部创作，它们不能指引画师以外的人。这些粉本反映了画师在绘制过程中的随性和工作流程中的"当局者迷"。不重视叙事顺序，表明这些粉本并不是为画行制作的样稿，因为倘若是壁画样稿，则其能提供的信息实在有限。粉本体现了鲜明的个人风格，说明负责在墙面起底稿线的领头画师依靠的是自己的记号法，绘制这些粉本不是为了普及或流通。

### 分段粉本绘制：弥勒下生经变

与莫高窟第196窟弥勒下生成佛经变相关的一组粉本中，画师集中展现了十组既体现经文核心内容、又极具视觉冲击的人物群(图2.6)。这组粉本的画面情节并不是零散分布或者以数字标注，每个场景都在草稿上占了很大空间。虽然如此，它们还是同其他粉本一样，并不清楚描绘出的画面具体内容及最终呈现效果。这些粉本绘于一幅长240.7厘米、宽24.5厘米的残损经卷背部。壁画成品实际上不仅包含叙事情节，还绘有一座约3.28米宽的庞大的佛殿，内有240多个人像。[11] 这卷粉本告诉我们，由于石窟壁面巨大，画师必须发展出一套实用的起稿技法。当第196窟于893年至894年间营建时，这套技法已相当成熟。其实在敦煌壁画创作史上，第196窟的营建极为重要。除去北壁弥勒经变外，西壁劳度叉斗圣变以及南壁金光明经变各留有一幅粉本。足以说明893年时，画坊的技巧已发展成熟。

一如其他壁画粉本，画师在这幅图上着重描绘图像局部，而不关注构图单元之间的联系。弥勒经变粉本中的11个人物群组，被等距绘在纸上。这些图案对应经

[11] 现存人像188个，超过33%的壁画已遗失。比第196窟晚约30年的第146窟则保存完好（见彩图4b，最右侧）。

**图 2.6** 部分手卷，弥勒经变草稿（粉本），背面。（《金刚经》文本，损坏，正面）/ S.259 / 墨色纸本 / 9 世纪晚期或 10 世纪 / 全卷 24.5 厘米 × 240.7 厘米 / 大英博物馆版权所有

[12] 敦煌北魏第257和254窟弥勒塑像位于中心塔柱上部。参见敦煌文物研究所编著《中国石窟敦煌莫高窟》第一卷，图版34、39。山西省云冈石窟第7窟也有类似情况。关于早期中国弥勒信仰的概况，可参见[美]兰卡斯特《朝鲜的弥勒佛》一文，载[美]史达华主编《弥勒：未来佛》，页135—136；及李永宁、蔡伟堂《敦煌壁画中的"弥勒经变"》，页247。

[13] 弥勒的形象其实与末法理论有关。佛法的最后一个时期被称为"末法"，根据印度佛教的理论，佛灭度后即开启"末法"时期。但是东亚的信徒又将末法进一步划分为三个阶段。据说佛灭度、佛法消失后，经历长时间动荡，弥勒菩萨才降世。见[美]那体慧《未来某时：佛教末法预言研究》，页136。

[14] 现在看到的晚唐五代时期的壁画颜色，已经与原色调多少有些不同。莫高窟第196窟中，大片的黄色以及天蓝色已不复存在。显然有机成分已使颜料褪色。

[15] 《金光明经》《金光明最胜王经》在天台宗广为流传。参见[英]苏慧廉、[美]何乐益编《佛学大词典》，页280。

[16] 梅维恒（Mair）将"变相"译为"transformation tableau"。参见[美]梅维恒《绘画与表演：中国的看图说话及其印度起源》第I部分。巫鸿在《什么是变相：兼谈敦煌叙事画与敦煌叙事文学之关系》中详细探讨了该术语，载《哈佛亚洲研究》第52卷第1期（1992年春），页111—170。

变画中间靠右的区域，此处是弥勒作为未来佛说法的地方（彩图3）。敦煌以及其他遗址的早期作品里，通常将弥勒做成雕塑，而不是壁画，让其呈现未成佛前头戴宝冠、身披璎珞的菩萨形象。[12]之后在敦煌弥勒雕塑越来越少见。8世纪至10世纪时，弥勒通常就像这幅粉本里一样，作为佛出现在复杂而严谨的图像中。较晚的作品里，弥勒在大佛坛上说法，场景类似阿弥陀佛西方净土。这一宏大场景的周围，彰显了弥勒未来世界的种种盛况。纸上粉本与这些场景恰好一致。[13]

石窟壁画非常复杂，北壁和南壁（左右两侧）对称放置了多幅壁画场景，弥勒经变是组成部分之一。第196窟中六幅壁画的色调和风格极为相似，难以区分。[14]因此画师在粉本上只画叙事场景的另一原因，可能是这六幅画唯有叙事明显改变，是唯一可做区分的要件。莫高窟第146窟北壁和南壁各绘有四幅壁画，代表了晚唐五代时期的风格，统一的色调和设计贯穿了整个石窟（彩图4a–b）。南北壁共绘有八幅，其中弥勒经变、药师经变、法华经变、观无量寿经变和金光明经变中均绘有带佛殿的大型高台。[15]西壁上的劳度叉斗圣变中采用了新的叙事方法，描述佛教徒与外道之间的冲突。南北两壁上与之不同，经变或变相以佛陀为中心的礼拜图式兴起于7世纪。这些极乐世界以佛、菩萨及弟子像为中心，四周绘满各个故事场景。[16]画面所涉情节较少，构图紧凑，图像繁复。大多数内容可能是逐幅复制的。[17]

然而，构图不同似乎没有影响画师粉本上的标记。虽然弥勒四周的情节场面很小，且无缝融入宏大的中心场景之中，但这些叙事细节仍然非常重要。从粉本来看，画师孜孜追求尽善尽美。弥勒下生经变中最为精彩的一幅，可能保存在开凿于825年的榆林窟第25窟，可惜该幅壁画只有零星细节与本章所讨论的粉本直接相关。存世所有弥勒经变壁画中，与该粉本在风格和内容上更接近的是莫高窟第196窟。[18]该窟壁画右侧上部流云下的诸多场面，与此粉本几乎一致。

壁画上半部分表现了弥勒降世后的净土景象，下半部分则有三幅描述弥勒降世前的准备。[19]一般在弥勒经变中，近期和远期要发生的事通常按时间顺序排列。画面下段描绘男男女女落发出家，迎接弥勒降世；杆子支起帷帐，其中正在举行女众的剃度仪式。场面右侧表现女众聚集在一个未来举行的婚礼上。[20]粉本中嫁娶与其他场景分开排列在长卷上，但在壁画中，画师将它们组织在一起，表现为一组活动。[21]

长卷粉本的开篇是场面宏大的婚宴。帐篷里的一群妇人正围坐在大桌旁，而两男两女立于帐篷外的地毯上。第196窟的婚嫁场景与粉本内容完全一致，垫子放置的角度、帷帐条纹、人数(帐内五人、帐外四人)以及人物服饰几乎一样，甚至连榜题也都画在宴席左侧。虽然莫高窟第33窟也有这样的一幕，但是细节有差别。帷帐是包合式的，没有左侧开口。该宴会场景在榆林窟第25窟北壁弥勒经变中也有描绘，但省略了帷帐前的四人，而那些等候剃度的女众则更接近婚宴场景。一幅弥勒经变的绢画(图2.7)则只表现了剃度，完全省略了婚宴。还有至少其他五个场景(耕田、树上生衣、打场、扬场和装车)陆续出现在壁画中，但在同一时期(9世纪末10世纪初)的绢画中却消失了。因此我们可以得出结论，尽管壁画和绢画题材一致，但这组粉本是为壁画特

[17] 与盛唐时期的阿弥陀经变(观无量寿经变)画法相似，弥勒经变中的叙事情节也以四幅屏风画的形式呈现在中心场景下方。关于弥勒世界可能表现的形式，参见李永宁、蔡伟堂《敦煌壁画中的"弥勒经变"》一文，页249。

[18] 对弥勒经变壁画以及绢画上典故的详细研究，可参见[英]威利《斯坦因爵士发现敦煌绘画著录》，页16—20(S.11)；[日]松本荣一《敦煌绘画研究》(第一卷)，页91—109；[美]华尔纳《佛教壁画：万佛峡9世纪洞窟研究》，页21—27；[日]秋山光和《弥勒下生经变白描粉本(S259V)与敦煌壁画的制作》，论文摘要页5—8；[英]韦陀《敦煌：鸣沙山石窟》第二卷，页308—313。

[19] 那体慧(Jan Nattier)通过识别弥勒塑像，将其分四种状态——此在/彼在，现在/未来。主要区别在于弥勒是从现世得到力量，还是作为未来世界的精神领袖。参见那体慧《未来某时》。壁画中弥勒的两组状态都有体现。

[20] 榆林窟第25窟中的剃度场景，是1925年华尔纳参观榆林窟时所拍。见[美]华尔纳《佛教壁画》图版32、35；另参见敦煌研究院《中国石窟·安西榆林窟》图版14、15。绢画中相关场景的细节图，参见[英]韦陀主编《西域美术：大英博物馆斯坦因搜集品》第二卷，图版12—16。

[21] "女人年五百岁，尔乃行嫁"，说明佛教徒了解分娩的疼痛，让女人在婚嫁、生育之前保有长达500年的自由。

图 2.7 弥勒经变：主尊部分。局部，中央/S.11/绢本设色/9世纪末或10世纪初/整幅幡画1.39 米 × 1.16 米/大英博物馆版权所有

[22]《弥勒下生经》，T.454。

别绘制的。

粉本上的第二个场景表现了弥勒净土的生活场面。画中一男子手扶木犁，赶着两头耕牛耕地，表明弥勒降世时农事轻松、五谷丰登。[22]第196窟右上角的壁画与粉本一致，粉红色的田地中有农人正在犁田。耕田场景的上方是播种与收割之后的丰收场面。壁画中人物的姿势和关系同样与粉本最后的丰收场景几乎一模一样——粉本中有一女子用镰刀在收割，一个男子正在打谷（谷物用交叉线表示），一对男女把谷粒耙扫出来，另有一人用簸箕装粮。这卷粉本应该还有其他内容，结尾处是一架被裁断的牛车。壁画成品中描绘有一辆载粮的货车去市场，粉本中可能留下的就是这个货车的右半部分的木架。

最值得注意的是，粉本场景的组成方式与两幅西方净土变以及编号"一"到"十二"的粉本一致。每件粉本中，画师的重点都只在单个叙事场景或者局部内容上。这里的弥勒经变粉本中，弥勒没有作为主要形象表现。场景之间没有标明顺序，但空白榜题框说明壁画中会有文字。除了省去中心尊像外，画师也简化了人物面部、色彩标识以及建筑细节。这些空白使我们很难识别图中的开篇喜宴到结尾丰收之间的所有内容。

粉本耕牛的左侧象征性地放了三尊像，几乎像是事后添上去的。居中的弥勒身光耀眼，似乎能把整个净土照亮。[23] 近处还有一组群像：一位持旗与盾的天王，一位端坐台上为两位信徒讲法的僧人，还有一棵树下放着僧人的包袱。除去最后的树，其他内容均可在壁画上找到。而缺失的部分原本可能位于壁画的左上半部分，现已损坏。后面场景或许表现的是弥勒下生成佛经的相关典故，即释迦牟尼佛将衣钵传给迦叶、再由迦叶把袈裟献给弥勒的故事。该场景在榆林窟第25窟（左上部）至今保存完好。壁画上迦叶在鸡足山一石窟中入定，以待弥勒降世，旁边描绘了迦叶传给弥勒佛金钵和袈裟的场景。[24]

卷轴中间描绘的是弥勒解说未来世中死者入葬的场面。[25] 寿数将尽，每个人都会欣然进入自己的墓地接受死亡。粉本上有一座宝塔，前有一人匍匐在地、悲痛哀号。一对夫妇恭敬地站在塔左侧祈祷。一侧是坟状的圆包，有两位长者站在墙外致哀。这些场景可能描绘了老人安详走向坟冢的时刻。[26] 亲朋好友来到墓地并与亡人告别，之后去祠堂吊唁。坟包和宝塔的图景都可在第196窟右上方的壁画中看到。绘制壁画粉本时，最快

[23] 该场景亦见于榆林窟第25窟，位于上层画面左侧，在"弥勒佛传授衣钵"场景下方。同侧靠近中心位置是丰收场景。参见[美]华尔纳《佛教壁画》图版30、36。该窟右侧描绘了弥勒初入翅头末城时广散宝物、普施法雨的情景。虽然敦煌莫高窟第196窟左侧已损毁，但几乎可以确定这部分与榆林窟右侧的图样相同，由此可见，即便大部分的壁画排布是固定的，画师还是会凭借个人技巧和灵感腾挪或添补元素。

[24] 榆林窟第25窟中也绘有一处兜率天相关场景，展现世人对佛菩萨的崇拜。兜率天的另一个特征就是有众多菩萨。与敦煌第196窟的画师不同，榆林窟第25窟的画师显然更熟悉弥勒经变，绘画语言更清晰。

[25] [美]华尔纳《佛教壁画》，页311。

[26] 同上，华尔纳识别出敦煌幡画和榆林第25窟一个完全相同的场景。

[27] 这些观想出自《佛说观无量寿佛经》，描述了通往西方极乐世界的方法，T.365, vol.12。参见[法]戴密微编《大正大藏经总索引》，页46。研究变文出处时，本地创作、非梵语系统的经文十分重要——虽然当今学界认为，从中国佛教传统出发，源自中亚的经文相关性更大。更多有关伪经的研究，参见[美]巴斯维尔编《中国佛教疑伪经》第17章各处。

中亚翻译家畺良耶舍（亦译《佛说观无量寿佛经》）可能参与了创作。最早的十六观经变壁画位于吐蕃附近的吐峪沟石窟中，大约创作于4世纪晚期至5世纪初，这是经文"中亚起源说"的佐证。参见笔者《再议吐鲁番地区的考古发现》一文。山部能宜则认为，《观佛三昧海经》是该经的初期形式，而吐峪沟石窟壁画则标志着弥勒经变和西方净土变风潮的开始。见[日]山部能宜《吐峪沟禅观壁画研究——兼及汉文禅观文献的起源》。8世纪至10世纪出现了韦提希夫人作观想的场景。吐峪沟石窟的壁画上，则呈现了一位僧人进行一系列观想的场景，这代表了实际的修行，而非虔诚的目标。

图2.8 《观无量寿经变》草稿，韦提希夫人的形象（旁边是信稿和维摩诘草稿）／局部，正面／S.76／墨色纸本／917或974年／全图31.0厘米×127.0厘米／照片由作者提供，经大英博物馆许可

[28] 该页的右侧边缘依然是观想的画面。辨别这些场景，是寻找王位继承人的情节：(1)国王让一位道人在小屋里忍饥挨饿；(2)其下，该道人变身为一只野兔欲向右逃走；(3)国王派人杀死道人；(4)阿弥陀佛的使者(可能是目犍连)拜会国王、王后；(5)国王被囚禁；(6)王后被侍卫包围；(7)太子阿阇世试图置王后于死地；大臣月光与耆婆谏言；(8)王后被囚禁；(9)观世音菩萨探望狱中的国王、王后夫妇。场景的数量与这一主题的壁画一致，从7个到9个不等。

捷的方法是省略壁画中心簇集的佛陀菩萨。绘制于维摩诘经变粉本背后的另一套西方净土也是如此。我们无法参考任何图像来识别这些经变场景的顺序。和长卷的其他部分相比，这组图像颠倒了上下，大致由两部分组成（图2.8，另见图3.8）。右半部分引出韦提希夫人得见的缘起，左边则是西方净土的观想内容。[27] 场景因为被压缩而显得杂乱无章，没有呈现阿弥陀佛和站在宫殿露台上的随从，因此使画面更加混乱。

从粉本的顶部正中向下看，韦提希夫人分别作日想观、水想观、冰想观和地想观。[28] 尽管其间顺序并不完全清楚，但画师似乎再次从画面顶部，即太阳的左侧开始绘制。韦提希夫人观想来自净土的宝物——华座。然后转向中间部位，观想楼阁凉亭。这些场景按曲折的形式排列，与净土变壁画两侧绘有叙事情节的竖直条带不同。[29] 最后一组出现在最左边，韦提希夫人观想菩萨（观世音菩萨或大势至菩萨）。最后她作下生想观，即观想莲蕾、莲花化为婴儿。这类粉本识别较为困难，说明构图粉本始终与细节图稿不同。前者很少表现图像，而更关注结构，更注重全面性，以综合上述所有细节。

## 金光明最胜王经变

在另一组金光明经变的粉本中（图2.9a–b），也可以明显看到这种独立描绘的群像，没有表现中心主尊。这三张粉本都是简笔人物群像，他们双手合十虔心膜拜。每一组群像旁会出现条形框或长榜题，以注明右侧人物身份。这些前来礼拜的人有国王、王子、女众、天王、夜叉及地狱罗刹。[30]画师再次用数字标注出他们在大幅构图中的位置。每个部分在壁画中的顺序都用方位和数字标识出来，画师标记"中，弟三""中，弟四""上一"等。这种方法直截了当指明了粉本中的图像在壁画上的最终位置，而无须为壁画创作一张等大的完整草稿。[31]

掌管诗歌音乐的大辩才天女、其他信众以及菩萨，全部以这种方式表现在画面上。粉本的背面绘有一座桥及一些无关的经文。[32]经变壁画中，虔诚的男性官员、夫人、夜叉、守护四方的四大天王以及其他天人，都被画师分成了不同的群组，整个群组的左侧边缘处带有标注人物身份的榜题（彩图5）。所有人都朝向画面中心的释迦牟尼佛。一座与粉本背面所绘极为相似的小桥，延伸到有莲花化生的莲池中。这一建筑在粉本与壁画中的角度、大

[29] 该主题主要流行于绢画和壁画上。至少有8幅绢画描绘了囚禁场景的极乐世界（囚禁场景通常在右侧），呈现了13次观想，分别藏于吉美国立亚洲艺术博物馆（EO.1128、MG.17669、MG.17672、MG.17673）和大英博物馆（S.35*、S.37、S.70），印度国家博物馆也有一件斯坦因藏品，第501号。见[法]吉雅思、[法]苏远鸣、[法]戴仁等编《西域美术：吉美国立亚洲艺术博物馆之伯希和收藏》，图版16、17、18、19；[英]韦陀主编《西域美术：大英博物馆斯坦因搜集品》第一卷，图版10、15、19；[英]威利《斯坦因爵士发现敦煌绘画著录》，页290。

虽然这些粉本或是可随身携带的画卷，但从笔法和构图来看，最有可能还是用来辅助壁画创作。这一主题在8世纪末9世纪初最为流行，10世纪时依然在不断出现。其叙事呈现的方式自8世纪后有些改变，简单来说，就是叙事的小插图从极乐世界的一侧（如敦煌莫高窟第320窟），变为以屏风形式（模仿室内做背景的屏风）出现在殿龛之下（敦煌莫高窟第18窟）。有关西方净土经变的演变，可参见宁强《敦煌佛教艺术》，页239、265。

[30] 根据榜题确定人物身份，如"梵释四天王""三万六千婆罗门""僧慎尔耶药叉""后有四万二千天"。

[31] P.3998和S.83（1）—（2）是一套同一个主题的粉本，现在被分成了两件藏品。提示信息是"中心第三""中心第四""上一"，意味着该内容位于壁画上层场景，包括第三和第四区域。

[32] P.3998和另外两件粉本，对三组人物分别标记了"四天王""三万六千婆罗门"和"药叉"。参见饶宗颐《敦煌白画》第3卷，图版28，im.32。除了第196窟，其他的绘有金光明最胜王经画的晚唐石窟有第156窟、第85窟和138窟，五代石窟有第55窟。此经在吐蕃广为流传，表明这些粉本使用的时间是吐蕃统治时期（786—848）。

图 2.9a 《金光明经变》草稿（粉本）/ 大辩才天女和其他信众，正面 / S.83（1）/ 墨色纸本 / 9 世纪晚期或 10 世纪 / 29.7 厘米 × 43.0 厘米 / 大英博物馆版权所有

图 2.9b 《金光明经变》草稿：桥的细节，背面 / S.83（1）/ 墨色纸本 / 9 世纪晚期或 10 世纪 / 全图 29.7 厘米 × 43.0 厘米 / 大英博物馆版权所有

小和弧度几乎是一样的。

场面恢宏、内容繁复的弥勒经变和金光明最胜王经变壁画中，画师将独立场景做分段处理，似乎是为了体现观者对那些具体情节和场景的直观感受。画师创作的方式与观者观看和感受的视角一致，使绘画与观看能融洽贯通。视觉认知理论的研究指出，人的肉眼能较好地处理细节信息。[33]肉眼扫过画面时，我们也不断在获取信息，然而这种对图像的短期记忆只能维持10～20秒。在长期记忆中，多个连续的视觉印象合并成视觉场景，从而产生意义。否则我们只能接受到大量图像的罗列，但不会产生任何认知。[34]

画师绘制壁画，可能类同于观看及获取图像信息的生理过程。绘制过程以感官知觉为前提，最后又影响了观者，呈现在他们眼前的是分段的零散局部。在整张粉本上，画师将绘画信息分为不同的单元，当它们被搬到壁面上时，观者必须自己把这些分段的场景串联起来形成叙事内容。画师们这种分段的工作方式，将对空间与人像的感知具象化。观众作为游历故事的人，会积极寻找标志着新情节出现的榜题。

## 劳度叉斗圣变

现存面积最大的粉本中，有一幅是劳度叉斗圣变，表现舍利弗与劳度叉斗法，这一故事又称为降魔变。[35]自唐咸通三年至北宋太平兴国五年（862—980），莫高窟和榆林窟共有15个石窟绘制了这一经变（表2.1）。图2.10是莫高窟第196窟和146窟的内部图，附录一中有这15个石窟的内部示意图与平面布局图。[36]通常情况下，劳度

[33] [美]吉布森《作为感知系统的认识》，页252。

[34] 同上，页251。关于注意力和记忆的研究，请参见[英]亨弗瑞斯、[英]布鲁斯《视觉认知：计算、实验、神经心理学视角》。

[35] 后文称为"劳度叉斗圣变"。

[36] 本书所有石窟的尺寸，均出自笔者亲自在敦煌先后四次进行的测量，时间长达六年。第一次在1993年，得益于中美学术交流委员会资助，笔者到北京大学任访问学者。最后一次是1999年夏，得益于美国西北大学的资助，笔者最后一次到访敦煌。四次实地测量中，总共花了五个月时间观摩这些石窟，每次都有幸得到敦煌研究院名誉院长樊锦诗的热情招待。樊老师给了我大量便利，让我得以有充足时间做大量测绘。学术史上，已有许多重要学者对斗圣变壁画进行研究，早至20世纪30年代的松本荣一、20世纪50年代的金维诺、20世纪60年代的秋山光和、20世纪80年代的李永宁和蔡伟堂等，对现存壁画的所有榜题进行了录文；梅维恒（Victor Mair）关注该经变故事的原典文献；最近巫鸿重审了壁画榜题和变文。有关斗圣变相关的原典，请参见第五章。

**表 2.1　有《劳度叉斗圣变》图像的石窟及其供养人**

| | 时间 | 窟主 | 供养人 |
|---|---|---|---|
| 第85窟 | 862—867 | 翟法荣 | 翟僧统窟 |
| 第9窟 | 892—893 | 未知 | 索勋，892—894年在位<br>张承奉，894—910年在位<br>张承奉窟 |
| 第196窟 | 893—894 | 何法师 | 索勋<br>何法师窟 |
| 第72窟 | 907年之前 | 损坏 | |
| 第146窟 | 920—940 | 被西夏壁画覆盖 | 宋家窟 |
| 第98窟 | 923—925<br>940—945 | 曹议金<br>于阗国王修缮 | 大王窟<br>李圣天 |
| 榆林第19窟 | 924—940<br>962 | 曹议金<br>曹元忠修缮 | 914—935年在位<br>944/945—974年在位 |
| 榆林第16窟 | 936—940 | 曹元德<br>（曹议金继任） | 935—939年在位 |
| 第108窟 | 935—939 | 张怀庆<br>（曹议金的妹夫） | 张都衙窟 |
| 第454窟 | 939—944<br>976 | 曹元深<br>曹延恭修复 | 939—944年在位<br>974—976年在位<br>太保窟 |
| 第53窟 | 953 | 曹元忠 | 曹氏家族 |
| 第55窟 | 962 | 曹元忠 | 曹氏家族 |
| 第25窟 | 974 | 曹元忠 | 曹氏家族 |
| 第6窟 | 980+ | 损坏 | |
| 榆林第32窟 | 980—1002 | 曹延禄 | 976—1002年在位 |

注：第44窟开凿于唐代，五代时期重修，原来甬道上可能有一铺劳度叉圣斗变，现已不存。

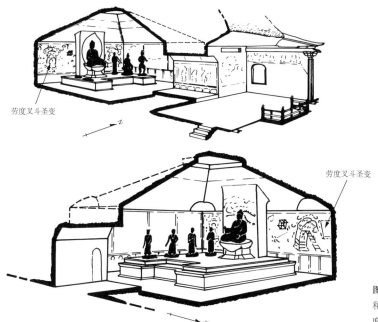

劳度叉斗圣变

劳度叉斗圣变

**图 2.10** 莫高窟第 196 窟（上）和 146 窟的立体图／标出处是《劳度叉斗圣变》的位置／作者设计

叉斗圣变绘在石窟后壁（西壁），当信众绕行于石窟内，进入佛坛背面的幽暗通道时，这一经变会出现在左手边（彩图6和图2.11）。这些壁面一般面积巨大，最短的5米，最长的达到12米。我们可以认为，画师完成这些大型壁画最有效的方式是同时使用全景概图和人物细部图。一般的整铺图像缩小稿，无法适用于绘制这样的大幅作品。

壁面的大尺幅是画面中影响人像大小的两大重要因素之一。所有石窟的大小都不一样，画师需要调整劳度叉斗圣变中的人物大小，以适应各个空间。[37] 石窟大小不一有以下几个原因：首先，鸣沙山断崖的地质结构为砾岩，这决定了工匠在开凿时会面临不可预知的情况，时有塌陷发生；此外，石窟大小取决于供养人的财

[37] 在敦煌，斗圣变绘画多出现在西壁，有的也在主室的南壁或东壁，还有的绘于前室。在榆林窟，这一主题的经变画绘在东壁（东崖）及南壁（西崖）。敦煌莫高窟绘在西壁的有第55窟、第85窟、第98窟、第108窟、第146窟、第196窟和第454窟，南壁的是第9窟、第25窟和第53窟，第72窟绘制在东壁，第6窟则绘制在前室。榆林窟第16和第19窟绘在东壁（东崖），而第32窟在南壁（西崖）。

**图 2.11** 雕塑及雕塑平台，西壁被遮挡 / 敦煌第 196 窟，西壁 / 高 5.30 米 / 敦煌研究院

[38] 这个数字是从后壁（西壁）测量得出的，高度则是西北角（第 25 窟）和西南角（第 55 窟）：第 25 窟高 4.01 米，宽 6.39 米，第 55 窟高 5.73 米，宽 10.64 米。覆斗形窟顶将高度增加了不少，但测量时未将窟顶尺寸计算在内。

力及其功能——大型讲堂窟还是小型纪念窟。如第 55 窟（962）和第 25 窟（974）都是曹元忠赞助开凿的，然而前者的规模是后者的三倍半。[38] 从一个石窟到另一个石窟，墙面的尺幅或增或减，但是同一题材每幅壁画的人物和构图应基本保持一致。上述两个石窟的完成相隔数十年，但无论洞窟大小，画师标准化了图式，保持了内容稳定。[39] 他们需调整比例，使人物大小适应墙面尺寸，避免删减图像内容。

构图离散、位置可移的片段式粉本，为灵活绘制壁画提供了可能。另一个技术基础是即兴，随时根据壁面尺寸调整画面。在唐代艺术史中，这项技艺经常与画圣吴道子的传奇故事联系在一起，因为信手将画面转移到新的空间，是一项不可多得的才艺。迄今尚未发现任何标注比例的壁画粉本。粉本灵活的形式使壁面面积在减小时，人物仍能保持完整。纵观15个石窟中劳度叉斗圣变的尺寸变化可知，其高度从2.38米到3.73米（高度不含窟顶，窟顶有时高可达墙壁的一半），长度从5.57米到12.43米不等。[40]图2.12是第196窟和第146窟的同比缩略图，第146窟的长度是第196窟的91.5%，而高度是79%。[41]尽管两个石窟尺寸有别，但劳度叉斗圣变故事中的31个重要情节全有描绘，每幅场面都有榜题来解释。[42]这31个场景分别由第196窟的113个和第146窟的215个人物组成。第146窟的空间缩小了，而画面中的附属人物却增加了，使得构图更拥挤密集。画师并没有改变基本的图式，却增加了大量的细节。

如果图像内容保持一致，则人物的比例须依据墙壁面积的增减，适当进行调整。例如，经变画中劳度叉在观者右侧，舍利弗在左侧。在第146窟中，他们的形象要小很多，这是因窟壁面积缩小而相应产生的变化。[43]第196窟的劳度叉画像高2.44米，宽0.95米，第146窟高2.05米，宽度也相应缩至0.65米（彩图7和彩图8）。同一比例尺下，这些差别在图中更加明显（图2.12）。画师显然运用了一套传模移写的体系，非常类似钢琴弹奏中的变调。曲目或主题保持不变。虽

[39] 另外十三个情节在之后近九十年（892—980）时间里消失。敦煌现存两幅早期的斗圣变相，一幅为北周（6世纪）时期绘制，出自西千佛洞第12窟（以前为第10窟），金维诺将两组场景进行了"排列"，参见《祇园记图考》，页382；秋山光和《平安时代世俗画的研究》中收录了图像和榜题，见页439。另一幅686年的敦煌壁画在第335窟，转引自秋山光和《平安时代世俗画的研究》，页408。这幅画尺寸很小，且藏置于塑像之后。相比本书后篇讨论之石窟，这一位置显然没有其他穿过后面（西壁）或者左侧（北壁）的壁画那么重要。巫鸿在《什么是变相：兼谈敦煌叙事画与敦煌叙事文学之关系》一文中，讨论了斗圣变图像的演进。

[40] 这些数字与莫高窟相符，而榆林窟都比较低矮，因为极碎的砂砾岩不适于营建高大的石窟。在敦煌有些石窟如第6窟，前室四壁都绘有斗圣变，而其他石窟中，该画只占一面墙。每个石窟的平面图和整体测量数据，参见附录一。

[41] 这些壁画出现在背屏或假墙后，从佛坛延伸至窟顶。由于背屏与后壁比较接近，中间部分完全被遮住了。例如，第196窟，背屏和后壁仅相隔19英寸（约48厘米）。因此不可能用传统摄影方法拍摄中间部分。在梅隆和路斯基金会的大力支持下，我们与敦煌研究院开展了合作项目，研究如何记录这些难以触及的空间。1999年6月和11月，在美国西北大学技术人员的协助下，我们将这两个石窟全部拍摄下来。阴影部分大约拍摄了300张（第146窟）和900张（第196窟）照片，每张照片都有50%的重叠。1999年7月至2000年5月，经过该大学项目组成员对照片的拼接处理，呈现出彩图9和10的壮观效果。

[42] 第196窟墙面低处的榜题已经全部褪色，然而天花板上的文字仍然可辨，题记框内粗黑的文字表明了菩萨的身份。

[43] 见附录三，图表A—C。

9.4 米

3.66 米

第 196 窟

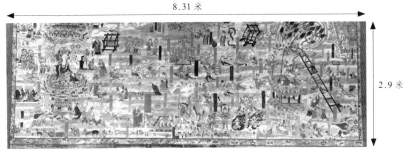

8.31 米

2.9 米

第 146 窟

**图 2.12** 西壁尺寸对比，第 196 窟和第 146 窟／由万里先生和作者设计／敦煌研究院

[44] 关于用实地测绘的方法详细进行分析，参见笔者《8—10世纪中国唐代画家生涯》。

然音高发生位移，但乐曲中音符之间的高低落差与节奏仍然保持不变。[44]

上述数据分析呈现了关于画师临摹、复制及创作的大量信息。图像学的一致可能会让我们假设每个石窟、每幅壁画，或者彼此循环的部分是相同的，但其实并非如此。特征相似带来的"相同"需要进一步验证。如果石窟大小不同，图像的尺寸是否会像复印机一样按比例放大缩小？然而目前尚未发现这种例子，图像尺寸并不按石窟大小缩放。不过，对称和秩序的效果确实存在，画面构图和谐，边框宽度相差无几。分框绘制的方法使整个石窟不仅看起来秩序井然，而且这些同时期营建内容相似的石窟似乎是相互复制的。但是，手绘人物时无法按比例完成。画师花了大量时间给人留下仿佛机械般精确复制的印象，但实际上并不存在这种精确。石窟相似的比例感也非实情，因为壁画中的人物并非依据石窟大小来缩放，每幅壁画都不相同。

相反，同一时期石窟相互联系的关键因素是壁画的绘制——画师如何处理石窟空间，又如何在壁面方框中安排图像元素。画师需要主动协调素材和图式，才能在墙面上直接徒手作画。根据石窟大小，画师绘制每幅经变画时，都需要调整创作内容。考察新开凿的、未装饰的石窟寺院空间，制订壁画的施工计划，是都料作为工匠头领的职责。从862年至980年间15个石窟的营建来看，作坊管理者必须评估未施工的洞窟空间，将图像场面和成千上万的人物规划到每个新空间中，从观者熟知的传统图式出发设计出画面。前期准备和具体施工时，将每个场景分成独立单元，有利于画师相对独立地处理各个部分，并依据需要做出调整。分离的各个场景带来的灵活性，能够使复杂系统可调适。从管理技能来看，壁画创作是极为复杂、步骤繁多的工程。

对画师的创作和观者的体验而言，原本用来解释画面内容的榜题成了独立场景之间的分割界限。画师勾勒出题记边框，留待书手题写内容。壁画完成之后，书手可以在榜题框内写上题记，方框既方便了书写、又使内容更醒目。藏经洞出土文书中，有书手用来题写壁画榜题的签条（第五章中将进一步讨论）。这些文书没有图画，也没有提及壁画内容，可能是为写题记专门制作的。书手已高度职业化，在壁画上写榜题时，并不需

[45] 秋山光和1958年和1960年发表在《美术研究》杂志上的系列论文中,首次公开了大量粉本,研究粉本与壁画之间的联系。他在《劳度叉斗圣变白描粉本与敦煌壁画》一文中修订了观点。

[46] 另一份单页粉本P.tib.1293(3)是伯希和从敦煌带走的藏文材料,现藏法国国家图书馆。这是国王的宫室和庭院的详图。国王让双方通过斗法决定佛寺与花园的未来。见饶宗颐《敦煌白画》第3卷,图28—29;以及笔者《8—10世纪中国唐代画家生涯》,图13。

[47] 大部分藏文题记无法被译出。参见[法]拉露《法国国家图书馆藏伯希和敦煌藏文写本目录》第三卷,页4。显然是将中文名字译成了藏文,也许画师或供养人是藏人。本榜题见[日]秋山光和《劳度叉斗圣变白描粉本与敦煌壁画》,页13。

要对图像的任何介绍。作为专业画师和书家,在完成壁画中各自负责的部分时,似乎不需要对作品整体有任何关照。这个工作体系灵活机动,适用于任何石窟。

让我们更仔细考察一下粉本。[45]卷轴中只有两份在正反面都绘有画稿(图2.13)。[46]还有一件尺幅更长,由四张大小接近的画页拼贴而成(图2.14—图2.17),卷末记有榜题。[47]所有这些粉本对应的都是壁画右侧,表现劳度叉斗圣变中佛教徒与外道对抗时最后也是最重要的一场斗法。这场斗法中,外道被舍利弗化现的飓风所降伏,右侧壁画描绘的就是外道失败的最后时刻。外道被吹弯了腰,试图抓住劳度叉宝座的帷帐,但帷帐已经开始倾斜欲坠。他们被飓风裹挟着,或痛苦尖叫,或双手掩耳。画面人物皆颇为夸张,这些佛国人物可以看作佛教徒与婆罗门斗法的高度仪式化的表现。

舍利弗与劳度叉的斗法,是须达长者布施祇园故事的一部分。舍卫国须达长者钦佩舍利弗的佛法,因此皈依了佛教。须达长者愿为佛陀寻建精舍以便传法,画面右上方表现了这一内容(图2.18)。后来须达长者看中了祇陀太子的花园,但祇陀太子要价甚高。外道们企图借此阻碍须达长者的布施。国王知晓后,建议婆罗门首领劳度叉和舍利弗斗法(图2.19)。第一回合,劳度叉变出宝山,舍利弗化现金刚力士,高举金刚杵,奋力砸碎了宝山;第二回合,劳度叉化为一头疯狂的巨牛,舍利弗变身狮王,将巨牛咬死,狮子象征着佛法,外道惨败;第三回合,劳度叉就地变成一座七宝莲池,舍利弗则变身六牙白象(也是佛法的象征)将池水吸干;第四回合,劳度叉变成巨龙,舍利弗变化的金翅鸟王将其差点啄死;第五回合,劳度叉化为夜叉鬼,被舍利弗化现的北方守

**图 2.13** 劳度叉斗圣变。坐在宝座上的劳度叉和外道/壁画构图粉本，正面/P.tib.1293（1）/墨色纸本/一张/9世纪末或10世纪初/57.0厘米×36.0厘米/法国国家图书馆藏

**图2.14** 劳度叉斗圣变。五个重要场景的草稿（粉本），环绕在劳度叉宝座周围，正面/P.tib.1293（2）/手卷/墨色纸本/9世纪末或10世纪初/全图约29.0～35.0厘米×176.0厘米/法国国家图书馆藏

护神毗沙门天王所降伏。每次斗法都是舍利弗获胜，他获得了佛陀给予的神力。第五章讨论俗讲使用的长卷时，会再提到这一题材。

舍利弗最后的胜利，出现在劳度叉斗圣变的第六个场景。劳度叉变作枝繁叶茂的大树，希望以此压倒舍利弗。壁画上这棵大树压缩了体量，舍利弗化成风神，将大树连根拔起，降伏了外道。画面右侧外道都被风吹弯了腰，飘带杂飞，与佛教徒阵营的镇定自若形成强烈对比。大风吹翻了一切，舍利弗化成长蛇，吞掉了劳度叉变化的孱弱的大树。壁画的重心在最后的降伏，粉本自然也重点表现这一细节，这是故事最令人期待又最生动有趣的部分。粉本和壁画中的人物身心皆处于煎熬中，画面表现的重点是他们各式各样的情绪和表情。图2.18

**图 2.15** 劳度叉斗圣变。在劳度叉宝座的帷帐中的七位外道粉本,正面 /P.tib.1293(2)/ 手卷 / 墨色纸本 / 9 世纪末或 10 世纪初 / 全图约 29.0～35.0 厘米 × 176.0 厘米 / 法国国家图书馆藏

**图 2.16** 劳度叉斗圣变。即将敲响胜利之鼓的外道粉本，正面／P.tib.1293（2）／手卷／墨色纸本／9 世纪末或 10 世纪初／全图约 29.0～35.0 厘米 × 176.0 厘米／法国国家图书馆藏

**图 2.17** 劳度叉斗圣变，痛苦的外道草稿（粉本），当大风吹倒他们的营地时，妇女和男子保护着自己的耳朵、嘴和头。佛陀在祇园精舍讲学，左下，正面 / P.tib.1293（2）/ 手卷 / 墨色纸本 / 9 世纪末或 10 世纪初 / 全图约 29.0～35.0厘米 × 176.0 厘米 / 法国国家图书馆藏

中标记了粉本中与壁画对应的部分。

　　外道首领劳度叉作为风暴眼的中心人物，主导着壁画右侧(彩图9和彩图10)。在一幅以他为中心的局部粉本中，劳度叉坐在宝座上，面带愁色，四周侍从正在挽索打桩，努力保护宝座上的帷帐不被吹倒。相形之下，沉着冷静的舍利弗，并没有出现在粉本中。这一侧唯一体现张力的地方，只在失败的外道准备剃发和皈依的场景中表现出了一些焦虑。他们呜咽着洗发，准备进行剃度，洗脸净齿，因蒙昧无知而愁眉苦脸(第五章将详细讨论)。右侧外道强烈而外露的感情，与左侧淡定沉着的佛教徒形成了鲜明对比。整体而言，佛教徒端庄内敛，说明信仰可以使人远离无知引起的精神痛苦。壁

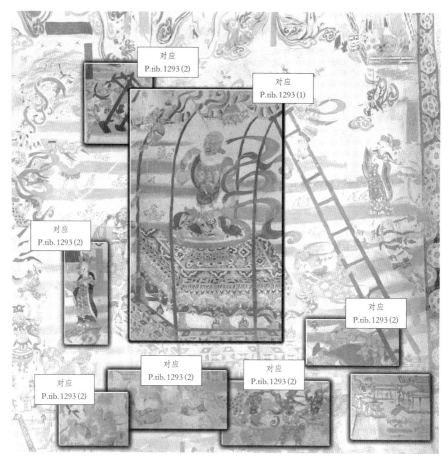

**图 2.18** 劳度叉斗圣变粉本对应于 P.tib. 1293（1）, P.tib. 1293（2）, 以及 P.tib. 1293（3）（29.0 厘米 × 43.0 厘米）/ 敦煌第 196 窟壁画, 西壁, 右（西北）段 / 局部约 3.19 米 × 3.16 米 / 照片来自敦煌研究院 / 设计者为万里和作者

画中左侧战败后那些滑稽外道准备皈依，右侧风力减弱时勉强站直的外道愁容满面，二者形象类似（彩图25和彩图26）。壁画左侧部分的粉本可能没有保存下来，也可能这些粉本是画师在壁画完成后为以后参考而绘制的草图，也许不必费心为佛教徒相对程式化的表情和姿态专门制作图稿。

**图 2.19** 劳度叉斗圣变：佛教徒与外道六次斗法的细节。一、宝山／金刚力士；二、巨牛／狮王；三、七宝莲池／六牙白象；四、龙／金翅鸟；五、夜叉鬼／毗沙门天王；六、树／风神／壁画／敦煌第196窟，西壁／全图3.66米×9.41米；细节：约3.40米×4.34米／照片由敦煌研究院提供／H. Wallach和作者设计

从862年至980年，劳度叉斗圣变在当地统治家族的石窟中至少反复出现了15次，力图突出对比沉着的佛教徒和溃败的外道。画面主体是最后一场斗法，但中间还插入了一些前情，例如，壁画右侧边缘还有精舍选址意见不统一和遇见国王的场面。这些都属于斗法的缘起，在画面底部用小场景集中表现出来。整个壁画处

在凝固的尊像和进行的叙事之间。舍利弗和劳度叉的形象是故事延伸的主线，但他们也象征着善与恶。这种象征对比容易引起供养人和画师的兴趣，中国佛教绘画中，这种对立的观念反复出现——世俗与宗教、善与恶、佛教徒与外道互相对立而存在。劳度叉和舍利弗的巨大体量和相互竞争形成了结构性的张力，增加了壁画二元对抗的效果。这种紧张感来自片段性的叙事（三十多个围绕舍利弗和劳度叉绘制的场景，发生在整个故事的不同节点）和异时同图（不同时刻的场面出现在同一幅壁画中，场景之间没有明确的划分）。以两种鲜明对立的力量来构成图像，是一种颇为有效的构图方法。换言之，画师所借助的图式十分可靠，构图中以最大体量的人物来主导画面，突出了贯穿中国佛教故事的二元对立，以满足佛寺和石窟多样的环境对灵活作画的要求。故事内的图式叠加也说明了画师要同时身兼故事讲述者的角色。同样，故事的视觉呈现也要求观者围绕画面想象故事情节。这样，观者也要承担故事讲述的功能。如此画师和观者都参与到俗讲的历史之中，促进了劳度叉斗圣变的流传。

## 制作程序：测量与分割

从粉本准备到壁画完成，劳度叉斗圣变的制作也遵循了与其他题材壁画绘制相同的原则。如前所述，画师创作两种粉本：一种是壁画大场景的示意图，用来确定人物位置，如劳度叉台座周围外道所在的位置；另一种是对单个画像或场景的细节描绘。这类粉本如两个鼓手和其他七个劳度叉帷帐下的外道等。外道中有些用袖子挡着脸，姿态可笑，突出其愚昧无知和当时情绪的失控(图2.16和图2.17)。

这两个细节图使得示意图中人物面貌更为明晰。示意图中的人物极为简略，以圆圈代替，用来标记他们在大场面中的位置。这类粉本无论绘制于什么创作阶段——开始画壁画前还是壁画完成后——都重在规划布局。画师之目的在于理清构图，所以人物表现极尽简括。反过来，粉本描绘某些核心人物，或生动有趣的具体人物时，并不涉及与全图的关系——意即与劳度叉的位置关系。此外，画师在简图粉本中，也省略了场景里的许多具体特征，比如人物的面容、情绪和肌肉。

两类粉本性质不同而互为补充。弥勒下生经变、金光明经变、维摩诘经变、西方净土变的类似粉本，存世只有细节图。画师的创作以对具体空间的估量为基础，然后将图像传移到不同的窟室中。这些粉本反映了画师在变化多样的艺术创作过程中，在不同石窟里绘制数以千计的人物时，形成的一种系统而连贯的设计。除了片段化的粉本外，还有没有其他组织方式增加壁画绘制的灵活性？在工作流程中还有哪些要素对画坊意义重大呢？

解答这些问题的关键，是理解不同石窟的相对比例和对应关系。绘有劳度叉斗圣变的15个石窟中，约66％的壁画题材保持了一致。如附录二所示，十种图像一直流行于三分之二的石窟中，除了本章讨论的五种外，还有药师经变、法华经变、华严经变、报恩经变和天请问经变。这种图像题材的稳定性，说明画师擅长这类传统装饰图像，当受到委托时可以出色完成任务。三界寺主导了敦煌晚唐五代的藏经活动，它的经论目录可能是这类图式组合的来源。三界教法的流行也可以解释，这一时期此类题材组合为何反复在洞窟中出现。这种稳定的、可反复绘制的图像组合，在9世纪中后期得到发展，到归义军统治末期（1006）仍在不断改进和使用。随着内容的程式化，图像方面的挑战主要在于，石窟大小不一导致人物适合的尺寸不同，不可能出现完全一致的图像，但要如何让每幅图像看上去一致，都同样精彩夺目？这是通过构图上对图像尺寸的严格测量标准来实现的。每个石窟墙上并列图像的宽度几乎一致，差距仅几厘米。图像之间的间隔也几乎一致。使每个石窟中各图像的位置都与其在其他石窟中的位置保持一致。下文的一些实例将呈现壁画创作的工作原则。

以五个石窟（第55、98、108、146、196窟）为例，说明图像尺寸如何保持一致。除了第196窟为三幅图像外，其他石窟的北壁和南壁都均匀配置了四幅图像。每幅图像的宽度几乎相同。即使同一壁面的每幅图像宽度有所不同，对称墙壁两幅图像宽度也基本相同。第196窟，西侧第一幅图像北边3.27米，南边3.14米。壁画的中间位置变大，北壁3.66米，南壁3.68米。第三幅图像尺寸也不相同，北壁2.82米，南壁2.93米。第146窟两侧墙壁每幅图像的宽度都几乎相同，从西往东对应的北壁和南壁的尺寸分别是7.3与7.3米、7.25与7.3米、7.25与7.41米和7.25与7.41米。[48]这些几乎相同的尺寸说明，在营建石窟时应该使用了"弹线"一类的测量设备。将一根线浸满红色染料，然后在待绘壁面上绷直弹动，留下清晰而可擦除的一条线作为记号。第18窟佛像身后壁画未绘完，保留了弹线的痕迹（图2.20）。说明这时弹线已经被用于绘制墙壁。[49]

[48] 构图在测量时不含上下细长边框及其内装饰，这一高度通常为5～7英寸（约12.7～17.8厘米）。转角处空间比较大且宽幅不对称，以填补斜角窟顶不规则、边缘粗糙的空间。其他石窟从西南角开始测得北壁、南壁数字相应如下（单位：厘米）：第98窟353/376，358/345、353/373、353/366，第55窟：193/188、211/218，244/216、183/216（第三处和第四处不适用一般规则）；第108窟：262/264、264/262，262（因残损，估算）/264，残损/267。

[49] 基粉的颜色也是红色，表明画师用这种颜色做标记、测算墙壁空间。"窟顶装饰"一节将进一步讨论扑粉技术。

**图 2.20** 佛像后可见画家的红色弹线/敦煌第18窟，西壁/晚唐/宋利良摄/敦煌研究院

## 石窟供养人及宫廷艺术

由于本书目前所讨论的许多石窟是统治阶层委托修凿的，画师参与创造了和当地政权密切关联的文化遗产。画师为这些石窟工作时，无疑清楚哪些石窟是由同一家族支持的，例如，第98窟和其他绘有劳度叉斗圣变的14个石窟，均有共同的资助联系 (图1.1和表2.1)。石窟供养人之间的密切联系和他们在当地显著的社会地位，实际上体现出劳度叉斗圣变或许是边境政权所特有的一种艺术。尽管书面文献证明，官府资助的作坊和画院的活动不会早于10世纪30年代，但在9世纪90年代时敦煌已存在组织严密的作坊，这或许是劳度叉斗圣变壁画从早期到晚期可关联的一条线索。[50] 第一章中提到了敦煌画院的组织证据和文献材料，这里将研究边疆宫廷艺术的图像特征。

莫高窟第196窟开凿于893年或894年，体现出新兴敦煌政权下绘画日趋专业化。弥勒净土变、金光明经

[50] 在一份现存的净土寺收支簿P.2032(939)中提到了画院成员或院生。此外，稍后的榆林窟第25窟的一则供养人题记中提到了一位画院官员，参见本书第一章及霍熙亮《安西榆林窟第32窟的梵纲经变》。S.3929虽无时间记载，但概述了董保德的功绩，董是官府资助的画行都料，生活在10世纪前后。

变、劳度叉斗圣变以及观无量寿经变的粉本展现了与窟室壁画直接关联的图像特征，说明这一时期壁画绘制已达到很高的专业水准。第196窟中，画师确定了劳度叉斗圣变的标准图式。这幅壁画采用了新的图像呈现方式，新颖生动，充满自信；可资对照的是第146窟，完成于920年至940年间，题材相同，而图像人物简略、构图扁平。890年左右发展出一套基本的图像系统后，问题就只剩如何传移复制这个神通法术的玄幻世界。第196窟和第9窟（完成时间早一年）在这个发展过程中有一定联系。两个石窟的供养人分别是索勋和张承奉。两人在890年前后一直在争夺节度使一职，直到894年索勋被杀。[51]鉴于石窟施工需要时间，且这两个石窟的开工时间先后只隔数月，施工时间紧迫，可以推测参与第9窟和第196窟绘制的画师是同一批人。第196窟比三五十年后开凿的第146窟的图像要生动，然而第9窟又比第196窟图像尺幅更大、画面也更精彩。或许可以猜想，绘制第9窟时，画师们发展出了主要的图像特征，几个月后在第196窟中重绘了出来，进而为之后的创作提供了样本。[52]

劳度叉斗圣变这套复合图像广受欢迎，敦煌的画师和供养人在长达一个世纪里对其颇为青睐。[53]这些石窟都是848年至1006年期间统治敦煌的张家、曹家及姻亲赞助开凿的。例如，从第98窟中246位供养人榜题所记身份和官衔来看，大多数供职于当地官府或是官员家眷（图1.1）。首先，15个石窟的主要供养人是索勋（892—894年在位）、张承奉（894—910年在位）、曹议金（914—935年在位）、曹元忠（944/945—974年在位）、曹延恭（974—976年在位）、曹延禄（976—1002年在位），他们

[51] 推测第196窟南壁第一幅画像应是张承奉，虽已残损，但根据他在当地政权中的地位，这个位置应该是他。

[52] 第85窟开凿时间要比第9窟早30年。斗变所在的后壁严重漫漶，内容难以辨识。第85窟的斗变与第196窟相似，说明862年第196窟的许多细节已经确定下来。然而在第196窟（约893—894）之后，我们未在其他洞窟里看到9世纪的样式。10世纪的画师保持了这种布局、风格和图像学的连贯性。

[53] 在15个石窟中，笔者对其中8个石窟（敦煌莫高窟第9、25、55、85、146、196、454窟，以及榆林窟第16窟）进行了大量的测绘考察。选择这些石窟是因为它们的保存状况相对良好，而第108窟和第44窟的壁画则都已酥碱起甲；另外还有是否获准入内的条件限制。研究中的一个核心议题是：这些石窟在绘制时是否使用了斗圣变图像的粉本？

都曾出任瓜州或沙州的节度使。至天祐四年（907）唐朝灭亡，节度使开始独立掌权。

五代（907—960）和北宋时期，敦煌政权与粟特、回鹘及中原政府维系着固定联系。1006年至1038年期间，权力交割的断层使得该地政治虚空，至1038年敦煌归入西夏党项人的控制。920年至1000年前后曹家统治敦煌的近百年时间里，他们积极布施佛寺并资助画院。官方及寺庙文书，如曹氏文书系统留下来的账簿或供养题记，记录了画师与寺院如何合作完成委托的。笔者相信，正是这些由官府资助的画师绘制了劳度叉斗圣变的壁画。

## 计算空间：作为石窟原型的木构佛寺

上文我们探讨了徒手起稿及其流程，在这一过程中会同时使用全图简本和局部粉本，二者灵活组合，可以满足服务寺院的画坊对高效、多产的要求，而这种受地方政权支持的职业匠作生产高度成熟。此外，石窟装饰一直与跨地域的建筑形制和民间宗教场所有关。接下来我们要讨论这些原型的重要性。一个制作精严的石窟需要借鉴单体建筑，整体模仿其空间关系。这种结构上的直接借鉴，意味着绘制石窟的画师很可能也绘制地下墓室和单体建筑，从而将后者空间中的装饰图样用于石窟寺院。早有学者指出，敦煌早期石窟反映了莫高窟以西（今新疆）其他石窟装饰上的影响，特别是龟兹石窟。笔者认为，敦煌石窟大量吸收了中国墓葬壁画和单体木构建筑的图像，还参考了中亚地区崖壁上的单体建筑元素。

[54] 关于印度石窟的复制问题，参见[美]亨廷顿《古代印度艺术：佛教、印度教、耆那教》，巴尔胡特5.9；婆诃亚5.21，5.30；卡里9.5；阿旃陀12.3，12.9，12.19。

[55] 佛塔中巨大的弥勒像依山原石凿刻而成，上面用灰泥塑形。从老照片来看，木构屋檐是在光绪（1875—1908在位）后（约1927—1934）加建上去的，增高至九层。1890年前后的老照片显示，支撑门廊的是简易梁木，木构屋檐曾经是石膏板。参见季羡林主编《敦煌学大辞典》。实际上7世纪晚期时，佛塔的木构外观已经存在。最新考古发现在沿山建的佛塔前，有专门固定大木柱的柱础石，且岩壁上布满了曾用来支撑梁木的洞眼，足以证明敦煌的石窟寺是以木构建筑为蓝本的。参见潘玉闪、马世长《莫高窟窟前殿堂遗址》。

[56] 潘玉闪、马世长《莫高窟窟前殿堂遗址》。除图2.21外，这座佛塔其他的外观照片均拍摄于1942年至1943年，属于普林斯顿大学艺术图书馆之罗氏档案（Lo Archives）。

莫高窟北魏第254窟和北周第251窟的人字披窟顶，显然受到木构建筑的影响。到了晚唐，窟室设计则参考了寺院的平面布局。在佛教石窟里绘制木构建筑早有先例。印度中部和西部的婆诃亚、桑奇、阿旃陀和埃洛拉石窟（约公元前1世纪至公元8世纪），无一例外包含了仿木结构的元素，阿旃陀石窟的柱廊和前室最为明显，柱子并不承重，象征性"支撑"着门廊。早期印度支提窟同样模仿带围栏的窣堵坡及其木构件修造了拱顶和卷拱，但这些结构未对窟顶起支撑作用。[54]支提窟本身也模仿了木构建筑。

木构建筑最著名的例子当属敦煌莫高窟第96窟外多层木塔建筑。[55]为了雕刻第96窟的大佛，工匠开凿了部分山体。木匠和塑匠依崖面营建了七层楼阁（图1.9）。外立面装饰有飞檐、栏杆和木椽，营造出类似木塔的效果。楼层切面则为方形，与长安大雁塔相似——大雁塔存放了玄奘645年从印度和中亚带回的佛经和所译经本。莫高窟第16、17、365窟及上层的第366窟组成的建筑——原是都僧统洪䛒所建讲堂窟，也是藏经洞所在——整体外观也带有佛塔式样。

中古时期莫高窟的整体外观与现在全然不同。如今每个石窟都有门，窟前也加建了栈道扶栏。20世纪60年代早期为了防止墙壁进一步风化、加固洞窟外墙时，北京大学马世长教授等对莫高窟进行了大规模的考古调查。[56]他们详细记录了随时间自然损蚀的原建筑结构，例如，支撑窟外建筑的孔洞，特定场合悬挂帷帐的金属钩，以及铺在木门入口处的地砖等。

伯希和摄于1908年的照片，罗寄梅、刘先夫妇摄于1943年的照片，都记录了莫高窟外壁木构建筑留下的

图 **2.21** 敦煌莫高窟外观／1943
年／照片由罗寄梅和刘先拍摄／
罗氏档案

痕迹（如凿入崖壁的孔洞等）(图2.21)。[57] 底层的许多大
石窟，如第96、130、98、55和61窟，都有原先柱子留下
的榫接口，这些外立面上附加的外突木结构是莫高窟
重要的组成部分。最突出的例子是第196窟残留的木结
构 (图2.22)。第196窟的位置较高，在几个世纪中幸免于
难。现代修复中因其状态良好，正面未用混凝土来加
固。曾广泛流行的木构寺院模型因此被保留至今。木
匠在石窟外壁修建了带立柱的门廊，顶部有屋檐横梁，
窟室向上向外都稍有扩展。这些木构件显然参考了单
体木构建筑里的榫卯结构。在地面单体建筑中，榫卯使
横梁和柱子连在一起，共同承担整个建筑的重量，但石
窟的木构建筑装饰意义要远大于承重。

鉴于石窟参考了墓葬、佛寺较为成熟的空间和图
像组合，首先要讨论的是营建石窟时要求均衡感和精准
尺寸，竭力在石窟的二维壁面上呈现单体建筑的各种部
件及其图像元素。单体建筑隔间的宽度由立柱间隔决
定。这一点可以参考山西东南部始建于10世纪的大云

[57] 20世纪60年代进行翻修之
前，这些痕迹尚存。近年为加
固崖面、保护参观者安全进
行了改装，永久覆盖了这些痕
迹，它们被覆上厚厚的混凝
土，研究者已无法接触到。

图 2.22　石窟门廊，细节 / 榫卯结构支撑石墙，砌石地基 / 敦煌第 196 窟 / 墙 10.2 米 / 敦煌研究院

寺重修过程。1992年重修这座五代寺庙时，先移开了原始墙壁，单独留下了木构件。木构框架表明，对称墙面上各个隔间的宽度和高度是对应的（图2.23）。绘有壁画的墙体嵌入立柱之间，天然地契合单体建筑的木构框架尺寸。就石窟而言，尽管形制不固定，但也要求外观间隔对称、尺寸相同。第146窟南北壁的壁画，均匀地分成几个区间，应是参考或模仿了木构建筑中立柱分出的隔间（彩图4a–b）。岩砾参差和地层缺陷会迫使施工进行调整，工匠只能大体开凿出方形空间。这种空间虽然没有木构框架，但呈现出与木结构支撑类似的感觉。在许多石窟的斜顶与垂直墙壁的连接处，墙角是有弧度的，但这个弧度被巧妙地隐藏在填满了整个不规则空间的装饰细节之中，如第196窟。画师竭尽所能，让石窟的空间布局契合木构寺院里等距的隔间空间。南北壁的壁画规整地配置在隔间梁柱的框架里。每部分图像都独

图 2.23　1992 年重建中的五代寺庙／山西省大云寺／图片由作者拍摄／万里设计

立而完整，图像之间用缠枝花卉来间隔。[58]

　　石窟空间布局也参考了佛寺。第196窟甬道的东壁上有两尊天王，直接绘制在墙壁上，守护在甬道一侧；寺庙建筑里，四大天王通常以塑像形式立于外部来辟邪。在第146窟中，四大天王画在了主室窟顶的四角(彩图6)。其他石窟如第130窟等，金刚力士像也立在辟邪的位置上，类似日本奈良东大寺（虽然是镰仓时代重建）立于南大门的金刚力士像。在高度浓缩的石窟中，单体寺庙的其他建筑空间只好简要出现，如地面寺院中心轴线两侧的建筑只能用石窟左右的小窟室表示。在第9窟中，主室前的甬道类似寺门，甬道之前左右各有一绘壁画的侧龛（附录一第9窟示意图不包含侧龛）。石窟的前室、侧龛、甬道、主室，对应着常见木构寺院群中依照中轴线对称分布的寺门、空间和建筑。现存的8世纪至9世纪其他寺庙，如五台山佛光寺、日本奈良的

[58] 这些图案依然存在于多种艺术媒介中，也广泛用于服装和地毯等纺织品。

[59] 最突出的例子是日本法隆寺遗存。

[60] 当然，集中在敦煌莫高窟北区的僧房窟最为典型，窟内有土炕、灶炕、烟道、壁龛，然而这些用作禅修的石窟鲜有壁画装饰。彭金章、王建军在《敦煌莫高窟北区石窟》（第一卷）有相关论述。窑洞是陕西地区的一种民居形式，在延安附近尤为广泛。

[61] [法]托多洛夫《奇想：文学范式的结构研究》。有关图像的看法也适用于中国的神话传说。参见[美]杜志豪《仙人下凡：对众说仙》。

东大寺和法隆寺，围绕主殿会精心分列藏经阁、回廊、大门、经堂。例如，第196窟和第146窟，石窟主室空间的功能接近经堂或供奉主要佛像的主殿，空间庞大，以容纳众多信徒。

当然，描绘佛国的图像也反映了画师对单体寺院的认识。佛、菩萨及天众眷属周遭的木构建筑，皆可从唐代寺院中找到原型（彩图11）。[59]有时这些细致描绘的建筑是想象中佛国的一部分，其图像范式成了画师世代相传的传统。但是在建构这些佛国图像时，木构建筑的再现与变化显然主要还是参考了单体寺院。当然，石窟与木构建筑功能迥异。有些石窟曾有僧尼居住管理，信众也会在窟内举行宗教仪式。[60]但是在河西走廊及西域地区，石窟并不是主流居住方式。因此在创造想象中的极乐净土和相关情节场面时，画师自然会从庄严恢宏的居住建筑、官邸府衙、王室贵族的宫殿中提取灵感。这些金碧辉煌的建筑足够成为想象中的佛国世界。正如托多洛夫（Todorov）等指出的那样，在描绘这些幻境时，已知与未知、真实和想象必须共存，以使幻境更具说服力。[61]

敦煌壁画对木构建筑的参考可以追溯到北朝时期。叠涩顶常见于中国墓葬，但一般认为它起源于西亚建筑，是北朝时期敦煌地区的窟顶特征之一。如第251窟和第288窟重复出现的方形藻井图像，与横木搭构成的叠涩顶相应（图2.24）。在阿富汗现今的佛教圣地巴米扬，5世纪石窟尚可看到这类横梁结构（图2.25a）。在开凿出的岩石洞窟中，这类木结构没有功能性的作用，但匠人明显采用了木构建筑形状。旋转扁梁搭起的方形平面，将两个方形平面的边缘以榫卯连在一起，产生类似

图 2.24　前室，细节/敦煌第251窟，东南段/西魏，约6世纪/文物出版社

万花筒形状的旋转或扭曲感。其他木条从方形结构中
延伸出来，细密平行。巴米扬石窟中这种叠涩顶的结
构也许就是敦煌石窟叠涩式藻井的原型，经过简化变
成了纯图像效果(图2.25b)。在中亚的住宅中还有带开口
的叠涩顶，最早能追溯到9世纪遗址，显然依旧是功能
性建筑中不可或缺的一部分。巴基斯坦接近中巴边境
的罕萨山谷中，巴尔提特古堡(Baltit Fort)保留了竣工
于9世纪的粮仓和生活区，可能为了通风方便，修建了
带开口的叠涩顶，帮助室内烟雾排出(彩图12)。这个开口
的内部横梁和室内立柱都有雕刻，也许当时还有彩绘。
古堡内部所见的木构与敦煌石窟中富丽堂皇的彩绘形
成呼应。两层横梁以一定角度旋转连接，形成了类似
菱形的图案(图2.25c)。

图2.25a 木构窟顶/阿富汗巴米扬第20窟/约5世纪/法国国家博物馆联合会—纽约艺术资源版权所有

图2.25b 西王母（中）局部/壁画/敦煌第249窟，南面窟顶/西魏时期，约6世纪中叶/文物出版社

图2.25c 巴基斯坦罕萨山谷（前犍陀罗地区北部）巴尔提特古堡/从外部和内部看叠涩顶/照片由作者拍摄/万里和作者设计

　　石窟中其他仿木元素的加入，使叠涩式藻井图案更加生动。仿柱和横梁，产生了接近地面建筑的稳定对称感。工匠开凿莫高窟第251窟时，借鉴木建筑屋顶，将主室前部向两侧倾斜，并绘制出红色的"梁"表示木构。在第251窟及类似的北魏（第248窟和第428窟）和西魏石窟中，木构建筑的屋脊位于人字披窟顶的折线，表

现为带缠枝莲花的装饰带。沿人字披的平行红线，仿的是庑殿顶的椽子。在第251、254、431、435和437窟，实际上横梁不再是仿绘，而是直接使用了木材，即使没有任何结构上的支撑作用。第288窟中，木材替代了原本表示"梁"的红色装饰带；画在山墙上的椽子和不具备实际功能的木质椽子，总的来看都被当作"屋脊"。匠人也用其他方式来表现梁架结构，例如，在平面绘制的立柱顶端表现斗拱，表现传统木构建筑的承重结构。这些繁复的装饰，无疑说明石窟模仿的是汉地传统的榫卯结构。晚期石窟后来明确将窟顶画成单体寺院的藻井样式。石窟无论早晚，藻井皆层层叠套，这些窟顶或许是对单体建筑屋顶横梁纹样的压缩表现。

窟顶的三维处理方式还有浮雕装饰。这方面以北魏和西魏的石窟最为明显，如第288窟（还有其他很多石窟）主室靠近窟顶人字披处的影塑千佛，填满了窟顶的三角形区域。这些千佛不同于后期壁画（见下文），是翻模而成的浅浮雕立体佛像。一般只有半数的影塑佛像还保留在墙面上，其他早已剥落。这些浅浮雕是以泥土制成的，相当松散。科思洛夫或奥登堡带回的陶范，现存艾尔米塔什博物馆，反映了敦煌及龟兹石窟佛像塑造的流程，类似于画师分区绘制壁画。[62] 胳膊、腿、小鸟及其他装饰性的图案，零散分布在一个大模具上（图2.26）。画匠将泥土压入大陶范中，待干燥后取出，将这些雕塑构件接到壁龛或墙上。再另上泥灰、涂料覆于其上，增大体量，使作品更圆润立体，富于感染力。

后期石窟窟顶多层方形藻井中还能看到这种木构屋顶及雕塑的影响，但已经不太像地面建筑的屋顶，如莫高窟第329窟（彩图13）。窟顶部分画师依然借鉴了寺院

[62] 松本荣一在《模制佛像》一文中描述过翻模。艾尔米塔什博物馆藏有许多模具（可能来自克孜尔），不仅有手、腿、头、耳、褶衣和围巾，还有人体躯干和王冠。文中面部和褶衣的模具来自新疆维吾尔自治区博物馆。

商朝（约公元前1600—前1046）早期青铜也采用模范技术。山西省南部的侯马铸铜遗址（侯马古称"新田"）出土了三万余件陶范，用于铸造箭头、工具、器皿、祭品及陪葬品。礼器上有凤鸟、饕餮纹和虎纹等纹样，也有雕刻的铭文和装饰战车的小部件。见1962年第6期《人民画报》。雷德侯在《万物》一书中也详细讨论了青铜铸造与模范。

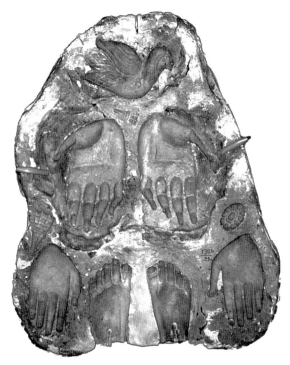

**图 2.26** 胳膊、腿、小鸟等佛教雕塑图案的模具/克孜尔/5 或 6 世纪/
H.1386—29a/作者供图/艾尔米塔什博物馆

[63] [美] 胡素馨《生产机制：刺孔在寺院建造中的使用》。

[64] 同上。

建筑的屋顶结构，虽然窟顶图案有所简化，但还是呈现出像木构佛寺一样用斗拱和梁木所支撑的空间。[63]它们使人想起同样固定在岩石中的巴米扬石窟顶部的木结构(图2.25a)。第320窟藻井中间为花卉，周边逐步扩大多层方形，似在模仿单体建筑的天顶装饰。石窟藻井中心花卉与斗拱之间仅有数寸空隙，但是在单体建筑中，花卉到斗拱距离数尺。[64]地面建筑中同一平面的梁木必须横平竖直，但石窟内部空间是从砂岩上开凿出来的，不能苛求边角的精确。窟顶的四面斜坡，则对应了木构建筑屋顶的四面。

第320窟的中心花卉是由一系列团花拼成的宝相

花。中心由八个深浅不一蓝色马蹄纹环成一圈，马蹄纹带有绿色齿弧，嵌套入绿色弧纹中，再外围是八瓣蓝色花瓣。整个图案被四个斗拱纹样簇拥着。这四个斗拱纹样也使用了中央图案中出现过的蓝色马蹄纹和绿色花瓣纹，以蓝色朝外、绿边朝内的方式补切入方框的四角。这类编织繁密的宝相花，是唐代绘画、金银器和纺织品中最为主流的纹样。

画匠们主要关心三件事：对称性、在整张构图中对核心图案不断进行重复变调、颜色需要浓淡分层。我们这里显然要考虑至少两种不同建筑——窟龛和单体寺庙，石窟设计中要参考后者。6世纪至8世纪的多层藻井，覆叠参考了多种类型的木制天顶结构。每个例子都只是色块组成，但均保留了梁柱的外观。

上文已经解释了敦煌如何吸收巴基斯坦和阿富汗佛教石窟建筑的特点，但他们同时也被周边具有强烈对称性和象征性的墓葬壁画所影响。理解石窟的对称性和象征性含义，墓葬图像的重要作用不容忽视。巫鸿指出，中国最早的佛寺可追溯到汉代，借道家长生不死的观念解释与呈现大乘佛教教义。汉代艺术的早期阶段，道家的主神之一西王母经常与佛像互相置换。[65] 从敦煌周边的墓葬可以看出，壁画里的人物造型跟道教人物极为相似，甚至直接借鉴。这种相似性甚或表明，承接墓葬和寺院绘画的是同一批画匠，他们从常用图像中选取熟悉的元素，来渲染道教与佛教的世界。今天的甘肃酒泉，汉代时曾在此设酒泉郡，北朝（386—581）时这里人口已相对密集，酒泉的一幅墓葬壁画中，有西王母、伏羲、女娲和东王公的场景，令人印象深刻 (图2.27)。开凿于6世纪上半叶的莫高窟第249窟，

[65] [美] 巫鸿《中国早期艺术中的佛教元素》。

**图 2.27** 西王母局部／墓室顶部。壁画／甘肃省酒泉市／5世纪／文物出版社

[66] 另一例是西魏时期(535—556)所建造的第285窟顶上所绘著名的《伏羲女娲图》。

里面绘有相同诸神，释道仙姿相似(图2.25b)。[66]这些可以腾云驾雾的天人，周身环绕着旋腾的祥云和花朵。此外，墓葬同样有前室，布局中轴对称，常常还配有储藏食物和其他随葬品的侧室(图2.28)。对敦煌石窟而言，这些建筑布局与图样艺术意义同样重大。墓葬领域的设计原则、其地面建筑的空间测量方法业已成熟，画匠或许受到了启发。

　　在讨论了石窟结构和墙体壁画后，接下来我们开始研究刺孔的使用，以及画师如何装饰窟顶。

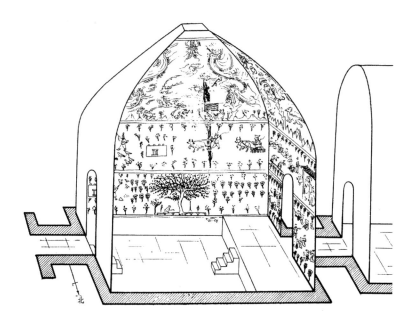

**图 2.28** 甘肃省酒泉市墓 / 5 世纪 / 文物出版社

## 窟顶装饰：壁画创作的进一步分类

粉本的早期概念与传移摹写相系，与石窟布局和类似木构建筑有关。"粉本"指前期草稿，文献中这一概念的最早记载可追溯至9世纪中期，与我们讨论的敦煌粉本大约同时。[67] 按字面翻译，如果把"本"理解成画师创作过程中的一个阶段或一件作品，那么"粉本"可以解释成"施粉的版本"，甚至是"施粉的草稿"。尽管这个概念在文献中应该对应"前期草稿"，但词语本身似乎指需要施粉的刺孔稿本，这是一种带针眼的设计图样。在图样表面用针均匀地扎上小孔，制作成刺孔的草稿（彩图14，图2.29）。画匠将粉本按顺序铺在墙壁上，并在粉本表面扑打色粉。透过孔眼，色粉在墙上留下了粉点构图。沿着粉点的痕迹，画匠可以控制画像尺

[67] 朱景玄记载了一段逸事：唐明皇令画家吴道子前去蜀地考察并绘制嘉陵江山水。吴道子归来后，明皇询问粉本何在，吴答："臣无粉本，并记在心。"参见 [唐] 朱景玄《唐朝名画录》，页75。[美] 苏珀之英译本，页209。但是张彦远在《历代名画记》里没有这条记载。朱景玄《唐朝名画录》页77也曾出现"粉本"一词："周昉……《独孤妃按曲图》粉本。"

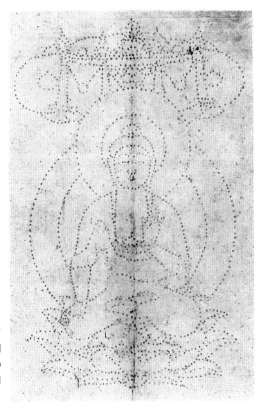

图 2.29  刺孔粉本，正面/
P.4517.4/墨色纸本，有刺
孔/9世纪或10世纪/33.0
厘米×21.6厘米/法国国
家图书馆藏

寸，复制出相似人物，再整体上色。虚线围成的轮廓周
围，画匠可以即兴创作出更多画面细节，并在徒手上色
时稍微扩大尺寸。敦煌仿木建筑的石窟施工时就利用
了色粉。

历史上"粉本"一词的意涵有所扩大，从早期阶段
的字面意义上的操作（如粉末扑打）延伸到晚唐时期泛
指前期（或复制）草稿。换言之，"粉本"概念虽然曾经特
指刺孔稿本或使用刺孔稿本的操作，但9世纪文献中已
有了更普遍的意涵。1365年夏文彦《图绘宝鉴》中"古人
画稿，谓之粉本"，是对唐代粉本最贴切的解释。[68]

[68]  "古人画稿，谓之粉本。"见
[元]夏文彦《图绘宝鉴》，页3。

另一个术语"朽画"，似乎与我们理解的广义"粉本"含义更贴近，即底稿。刘道醇在《圣朝名画评》(1059) 提到周昉"不假朽画，奋笔立就"[69]。"朽画"或可抽象理解为"画骨"，或译为"炭稿"。但并无证据表明9世纪至10世纪时（甚至到宋代），画师起稿或扑粉时会使用炭棒或黑色扑粉。[70] 反而"朽画"更有可能指在壁画和纸本上用湿润的浅灰色或淡黑色墨汁画的草稿，如莫高窟第55窟西壁破损部分上的可见笔触 (彩图15)。

施粉颜色为红而非黑，虽历经千年，现在敦煌发现的残留色粉依然呈现淡红色。[71] 扑上粉后，画师根据这些红点描出肖像的黑色轮廓。虽然在中国刺孔施粉是红色的，但仔细研究敦煌壁面底稿，以及西安近郊章怀太子墓和懿德太子墓的墓室壁画，就会发现前期起稿使用的是黑色墨线。[72] 对于壁画画师而言，色粉可能以红色最显眼，因为红黑对比强烈，特别是在手绘底稿上。意大利、中国、中亚的传统画坊，刺孔施粉方法各不相同。意大利画家习惯用木炭条来涂抹刺孔稿本，如米开朗琪罗、达·芬奇和拉斐尔等人的作坊留存下来的带孔草稿，都因反复使用黑色炭粉而带有模糊的灰色。[73]

色粉是吐蕃地区画坊的重要工具。敦煌这种图像复制法出现在9世纪，正值吐蕃统治敦煌期间（786—848），说明这一技术可能习自吐蕃画师。此前千佛像的绘制需要在壁面打出格子，早期的西千佛洞（距敦煌约40千米）和莫高窟都能见到这些格子的痕迹。可以佐证这一推测的是，刺孔施粉流行的区域恰好都是吐蕃文化的辐射地区，如西夏黑水城出土的11世纪至13世纪绘画，也采用类似的制作方法，而恰好这一地区也深受吐蕃影

[69] "昉不假朽画，奋笔立就，皆丈余高。"（周昉不借助粉本，提笔便能快速完成绘画，画都有一丈多高。）参见（宋）刘道醇《圣朝名画评》，拉赫曼译本，页37，1.12r。该书又名《宋朝名画评》。

[70] "朽"意思是"腐烂的"，早期注释指尸体腐烂后残留的骨头或树叶腐烂后的叶脉。因此，"朽"可意指绘画作品的框架或基础，即底稿。参见诸桥辙次《大汉和辞典》，第6卷，页14439、16364（变体）。诸桥辙次还将"朽画"定义为炭笔草图。笔者认为此处更文学性的翻译更接近其义，即指被毁或被覆盖的粉本。

[71] 这种做法至今依然延续，1992年11月笔者在青海地区所见，寺院壁画作坊依然在粉本上拍打红色基粉。

[72] 西安附近的唐代皇陵，其墓室壁画中粉本和上层粉本区别明显。墓室壁画的观者只有亡人，画匠未必会同在庙里画壁画那样精雕细琢，因为寺庙壁画是给活人看的。墓室壁画上色轻率、少有精雕细琢。有些墓室壁画可见裸露的底稿，甚至可以看出并没有打底稿、初始的墨线即为终稿，如西安地区的章怀太子（李贤）墓和懿德太子（李重润）墓。参见陕西历史博物馆编《唐墓壁画珍品选粹》，页44、64。

[73] 参见[美]卡佩尔《拉斐尔作品〈圣体辩〉的另一个粉本》及其《再议圣彼得大教堂米开朗琪罗绘耶稣受难像粉本》。

[74] 已知两件绘画作品，一张现已遗失，转引自[俄]奥登堡《喀拉邦佛像材料（西藏唐卡图谱）》，另一件现藏圣彼得堡的俄罗斯科学院东方手稿研究所。

[75] 数据来自P4517.2-6、P4518.29、S.73（1）、S.73（2），其中，S.73（1）高54.4厘米。

[76] 笔者测量了莫高窟第44、152、172、196、437窟的千佛像尺寸，第196窟要追溯到大约893年至894年，其他石窟晚约一百年。选择这些洞窟，一部分原因是准入限制。晚唐时期（848—907）千佛图一般画在洞窟坡顶，隋代（581—618）以及北宋初期（10世纪晚期），千佛像多出现在石窟四壁的下半部分。而第61窟窟顶的千佛像完成于947年至951年，每个都是10英寸（25.4厘米）宽，17英寸（43.18厘米）高。

响。[74]可以说，刺孔施粉曾广泛见于9世纪至13世纪的中亚地区，至今依然流行于敦煌周边的藏区作坊中。

晚唐五代的窟顶装饰中，画师舍弃了源于墓葬壁画的道教题材，而选用千佛图。虽然千佛图不是装饰窟顶的唯一题材，但却是最流行的。借由刺孔施粉的广泛使用，窟顶图像规格几乎相同，而墙壁图像则是徒手绘成的——因为它们的宽高存在变化。佛陀在每幅图像中皆端坐莲上，头顶宝盖；同样的图像反复出现。宝盖与袈裟的颜色和装饰纹样不断变化，又使得画面呈现出多样性。画师使用有限的孔雀绿、红、黑、白等颜色，通过改变头光、身光和台座上纹样搭配，营造出多变而丰富的效果。这些变化来自画师临场灵光闪现。毕竟所有画幅里都包含了上千重复的图样。

此外，佛陀的姿势也交替出现两三种常见的手印。参见图2.30中第196窟（893—894）局部和彩图16的第146窟（920—940）局部。第一种手印是禅定印，双掌叠置，掌心向上置于腿上。第二种是右手掌心向上做说法印，有时也执莲花，左手掌心向上，食指和拇指相触形成一个圆圈。出自藏经洞的一件粉本上的手印与第196窟所绘的佛像在细节上相同。第三种形式是触地印，右手向下指向地面，以召唤地神见证成佛。

现存藏经洞发现的刺孔粉本，与第146窟、第196窟窟顶的千佛图尺寸一致。其中七件作品属于敦煌晚期，平均高度为25～41.6厘米。[75]尽管有些石窟（如第199、427、197窟）使用的图式偏小——约9～16厘米，但9世纪末至10世纪的大部分石窟主体图式大至30～45厘米不等。[76]壁画成品的平均尺寸和刺孔粉本实际尺寸的差异，原因在于上色。画师沿墙上留下的红点痕迹勾线

**图 2.30** 千佛图案: 局部 / 壁画 /
敦煌第 196 窟, 窟顶 / 文物出版社

后, 施以重彩以完成人像。上色可使佛像的尺寸增加
4～5厘米。10世纪下半叶至11世纪西夏时期, 在石窟四
壁装饰千佛图案, 这一位置是6世纪晚期千佛图诞生之
初流行的装饰位置。这段晚期的四壁千佛像, 其单个尺
寸是历史上最大的。

　　这种技法的另一例是一张大的刺孔稿本 (S.73[2],

[77] 壁画的复制品见伯希和旅行笔记第4卷，页228；以及敦煌文物研究所编著《中国石窟敦煌莫高窟》第五卷，图版52—53；[英]韦陀《敦煌：鸣沙山石窟》，图版142—143。第146窟千佛像参见敦煌文物研究所编著《中国石窟敦煌莫高窟》第五卷，页50。斯坦因藏画72号在敦煌保存之最大尺寸粉本，参见[英]韦陀、[英]龙安妮《千佛洞》，图版70；及[英]韦陀主编《西域美术：大英博物馆斯坦因搜集品》第二卷，图版78，图版138。

[78] [美]胡素馨《创造的方式：敦煌艺术家的速写和复制技巧》，页195—198。

54.4厘米，尺寸最大的刺孔稿本），西夏时期可能用来成组绘制佛像。莫高窟第61窟（947—951）中，窟顶仿华盖垂幔与千佛图交界处，五个一组的佛像反复出现，覆盖了整个壁面。这张刺孔稿本可能就用于该窟窟顶装饰施工。这是为翟氏修凿的功德窟（翟氏是曹元忠的夫人，曹元忠约944年至974年在位）。窟顶四角为四大天王；这些画像不在粉本中，它们肯定是画匠在垂直的浅龛内手绘的（浅龛内彩色的矩形榜题框里有题记）。第146窟相同的位置上，也绘有类似的四大天王。[77]

之后在11世纪，千佛图又开始被绘于石窟四壁上，千篇一律的尺寸使它与窟壁上其他的图像形成鲜明对比。而要高效、精细地画完这种高度重复的图样，施粉就比其他技术略胜一筹。[78]千佛像完全一样，这就与窟壁上的其他图式大不相同。其他图像的比例根据石窟大小、叙事需要、中心人物发生变化，画幅大小也各窟不一。如前所述，手绘壁画不像刺孔那么统一，可以调整图像尺寸。窟顶壁画是石窟装饰的难点，斜面尺寸不易测量，而借助施粉技术，可以在窟顶留下轮廓线，巧妙地解决窟顶绘画的难题。这种条件下，画匠必得仰脖抬头作画，角度极不舒适。如果没有标准工具作为衡量，几乎不可能保证尺寸精确。

借助刺孔制作整齐划一的图像，有利于进一步塑造佛陀完美、稳定和全能的形象。在刺孔粉本中央点上墨，帮助上下图像对称。另外，有些刺孔粉本（如 P. 4517.2、彩图14）增加了刺孔围成的边线，这些方形的边线围绕在每个佛陀周边。除了边框外，有些刺孔四角附有记号，便宜了施粉过程（P. 4517.3）。借助刺孔粉本复制图像，可以更顺畅、高效地完成窟顶绘制。

刺孔技术使得核心图样实际上变成了"可移部件"[79]。虽然现有证据和9世纪至10世纪绘画实际条件都说明，这种工艺可能仅限于大空间的窟顶壁画创作。但学者们推测，佛教视觉文化中反复出现的一些代表性元素，如许多小幅绢本或纸本佛像，可能也是借助刺孔完成的。[80]在位置不高的墙壁上，刺孔施粉比手绘更机械化，但是我们不应该认为刺孔施粉无须技巧。用粉扑拍打刺孔之后，整个窟顶布满了由红点组成的网格。如果没有一位能看懂底稿并知晓如何运用多种颜色的专业画师，这些粉点将形同虚设。刺孔粉本证明了专业作坊的存在。这些作坊有一批训练有素的画师，他们自如运用工具方法，熟稔工艺流程。几十年的绘画创作中，他们摸索出适当的工艺流程和解决方案。这些前期的粉本资料，所有权应该属于固定服务于当地官府的这些作坊。

另一件时代早于敦煌千佛的吐鲁番粉本，则具有专门用途。这件粉本发现于哈拉和卓的故城，初唐时这里被汉人称作高昌。[81]粉本正反面各有不同的花卉，其中一边是朵荷花，花蕊中生出带着璎珞的缠枝。一条直线将粉本右侧边缘划分开来，这样做可能比较容易在壁面上用粉本定位，方便反复使用。将此粉本与吐鲁番丝织品中的花卉纹样对比可知，这件刺孔粉本可能是一种频繁出现的纹样。[82]为确保丝织品图案设计的一致性，刺孔粉本成为绘制纹样时的理想工具。这些丝织品可能来自专业作坊，其所生产的丝物是"丝绸之路"的经济支柱之一。在中国西部和亚洲腹地的东部考古遗址中发现刺孔粉本，表明了这种专业艺术生产方式的存在。

[79] 雷德侯在《万物》一书中，通过强调灵活、可移动的部件，将不同媒介的产品联系起来。

[80] 参见[德]雷德侯《地藏十王》及[美]方闻《超越再现》。

[81] 从复制品来看，并不清楚到底是只有一只粉扑尚存，还是另有两件沿轮廓线打洞的线稿。根据有关文献判断，仅目录no.65有打孔。参见黄文弼《吐鲁番考古集》。进一步研究也许能厘清这个问题，但这些物件可能不幸已遗佚。中国国家博物馆(原中国历史博物馆)传说有相关藏品，但1998年10月笔者去查访时并无结果。

[82] [美]胡素馨《再议吐鲁番地区的考古发现》。

## 构想与艺术实践

为创作壁画，画家调用了各种准备材料，这证明壁画创作是一种有组织的、高度发达的绘画传统，这也是9世纪至10世纪敦煌壁画艺术井喷的原因之一。上述的15个石窟及此前的分析案例呈现了这些成就。这15个石窟施工中都使用过的工具包括了刺孔和两种类型的粉本。刺孔如前所述，专门用于窟顶壁画。与窟顶不同，四面壁画需要手绘，因而需要上述两种类型的粉本，以保证创作的灵活机动，这与前述绘制窟顶上统一的装饰图案不同。粉本在装饰洞窟主体部分的使用，反映了手绘的过程。从手绘角度来看，两类不同粉本体现出的构思也全然不同。示意简图是巨幅壁画的概要指南；细节图则表现叙事故事里的关键人物。这两种类型允许画家将画面分成不同单元，反过来又促成佛教壁画不断累积的、逐片完成的生产过程。创作大幅壁画，不可能先在纸上照原尺寸整幅制作或研究细节；因每个石窟尺寸不同，对操作也产生了影响，在确保形式灵活的同时，还要对图像有整体构想。这些技术实践贯穿了整个归义军时期（851—1036）。尽管每个石窟的图像尺寸、题材和构图不同，但是壁画绘制的整个过程是一定的。同理，一些壁画可能总体来说没有什么相似性，但创作手法基本一致。因此，类同的不是视觉表现，而是壁画创作背后的流程。这种标准的创作过程，保证了这一时期敦煌归义军管理下的艺术生产越来越专业化，反映出这一时期绘画多受支持，地位有所提升。

第三章 —— 敦煌画稿的影响：粉本与白画

敦煌画稿厘清了一些单色画及创作准备材料中的其他重要类型。本章将探讨敦煌画稿与北宋后期（约1050—1125）木刻印本画谱及鉴赏著录之间的关系。10世纪以后发展的木版画谱产生于早期画坊的创作，但除敦煌文献外，这些实践及有关作品并没有太多记载。因此，研究敦煌画稿，显然有助于厘清中国早期绘画的相关问题。现存的大量敦煌画稿同时也让我们更理解自南宋晚期至元代（13世纪中叶至14世纪70年代）的佛教故事画。11世纪末开始，佛教艺术消费的重心转移到了东部沿海地区，这些地区的作坊也开始使用敦煌9世纪至10世纪发展起来的墨线画稿。相较于敦煌早期作品，晚期画师的作品更容易理解。本章将讨论三个主题：粉本与抄本、唐之后的壁画副本小样与即兴起稿相关的文人画风格。从敦煌画坊的材料看，文人画风格的发展肇始于早期白画的实践。

## 画谱、后世抄本与最早的画稿

《大正新修大藏经》收录的《佛说造像量度经解》成书于18世纪，书中佛陀的图像带有网格状辅助线，以便复制。这种几何分割图像的方法有利于作品由设计稿向最终的绘画平面传移摹写。也许有人因此得出结论认为，所有佛教作坊都依赖此方法，然而证据表明，9世纪至10世纪的佛教作坊并没有采用这种带有精确比例尺寸的稿本。实际上，《造像量度经》（T.1419）体现了从元代到清代喜马拉雅/西藏文化圈晚期的传统。[1]整体来看，《造像量度经》很可能已经打破了南宋晚期到元代初期画谱印本的传统。这种印本的例子之一是景

[1] 青海省西宁市郊的塔尔寺，将草稿印在格子纸上制成画家手册，封面标题为"新太阳藏画艺术自学手册"（未注明出版日期，笔者购于1992年）。熟练画家不需要借助网格线作画，训练较少或未经训练的画家中，现在这个手册广受欢迎。

[2] 参见汪庆正《明代版画及装册艺术》一文,载[美]李铸晋、[美]屈志仁编《中国书斋:晚明文人的艺术生活》,页56—57。元代画家李衎善画墨竹,著有《竹谱详录》。

[3] [美]毕嘉珍《墨梅:一种文人画题材的形成》。

[4] 参见[美]贾德《中国印刷术的发明及其西传》第二版,[英]杜希德《中古中国的印刷与出版》。

[5] [美]何惠鉴等《八代遗珍》,页342—347。

[6] 伯希和藏品中有一件类似画稿(P.3905);参见季羡林主编《敦煌学大辞典》彩图图版,页47。

定二年(1261)重印的宋伯仁《梅花喜神谱》,此画谱是专为南宋末年有志于从书法向绘画领域延伸的业余画家所作。[2] 在此书中,梅花代表秉性忠诚。从12世纪到14世纪,随着越来越多的中原疆域被北方游牧民族控制,这本画谱由此在文人圈子里成为没落王朝和文化的象征,并广为流传。[3]《梅花喜神谱》一书中没有具体的尺寸,但是在每一幅图旁都标注了针对画作的要求和建议——这些文字与《造像量度经》中佛陀尊像的网格线一样,旨在提供绘制指导。

附有文字说明的《梅花喜神谱》以版画的形式流传,再版复刻也十分便宜。早在8世纪时,雕版印刷已经率先在佛教中出现,至10世纪四川刊印了整部大藏经,但并没有资料显示画坊系统内外存在专为画师印制的画谱。[4]

17世纪的画谱表明,唐宋时期的范式与图样是后世绘画的重要元素。然而如17世纪的画家顾见龙(1606—1687)所绘粉本,则反映了不同于敦煌画稿的另一种绘画传统。他所画46张画稿册页,现藏于美国堪萨斯的纳尔逊-阿特金斯艺术博物馆(图3.1),其中有一本他的摹古画册。这些作品并不是底稿,而是临摹他人作品的画稿合辑。[5] 摹古时顾见龙会挑选出不同图像,概括每种风格的基本特征,并在每幅画旁边将其标识出来,如一张头部肖像旁标注"周昉画法"。他在其他一些地方也采用速记法标注颜色,给出创作此类题材的针对性指导意见。这些细节说明,顾见龙欲用这些画稿指导其学生或助手绘出不同的人物风格。在敦煌并未发现这类画稿,唯一相似的是一本手印集,可能是某位敦煌画院画师作画的参考(图3.2)。[6] 一般认为,多数敦煌画稿是画师

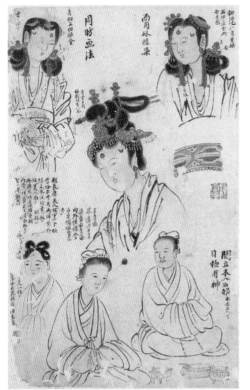

图 3.1　顾见龙（1606—1687）/《摹古粉本册》，页 38 局部和页 45 局部/纳尔逊—阿特金斯艺术博物馆藏，49—24，C21/纸本水墨/册页尺寸 36.8 厘米 × 29.2 厘米/纳尔逊信托基金购置，59—24 / 38 和 59—24 / 45

在绘画过程中的随手记录，他们起稿时心里也许并没有预设供养人、学徒或观者，这样说来它们更像画师的私人工作笔记。

　　另一份时间稍晚的画稿则完全不同于顾见龙的抄本——描绘了1689年康熙皇帝巡幸江南盛况的《康熙南巡图》长卷。[7] 此画稿每一段人物布局都很完整，尺寸也与成品相同。这些晚近案例说明，第二章论及的10世纪画稿代表了画坊作画的雏形，而在帝制中国晚期的画院创作中，画稿进一步得到完善、臻于成熟。

[7] 清代宫廷画家将这件粉本用于绘制康熙南巡图卷，系列共十二幅，其中五幅图卷及画稿藏在故宫博物院，部分图片载故宫博物院编《清代宫廷绘画》，页 54—80，图 16—32；其中聂崇正《清代的宫廷绘画和画家》一文，概述了清代宫廷画院。

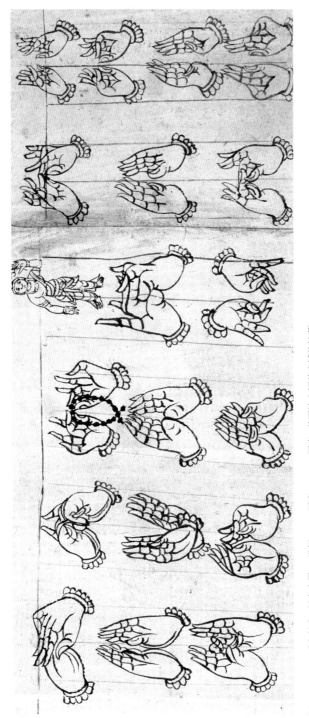

图 3.2　SP.83 手印粉本／纸本水墨／9 世纪／15.4 厘米×143.5 厘米／美国波士顿美术博物馆藏

图 3.3　起居图／纸本设色／新疆吐鲁番高昌故城早期，505—555／47.0 厘米 × 106.5 厘米

因为仅存一幅相关作品（图3.3），所以9世纪以前的画
稿外观和功能尚不明确。这件画稿出土于吐鲁番高昌
故城的一座北凉时期（397—439）墓葬，是已知现存最
早的一件供画坊画师使用的粉本或临本。有意思的是，
出土这件粉本的墓室并没有任何壁画。画师仅用淡彩
和墨线在纸上打底稿，分六个场景描绘了日常生活的传
统场景。高昌故城附近的两个墓室中出现了相同场景
的壁画。每个墓室都绘有男主人及其家眷、耕田、家畜
及粮仓等，但这些构成要素排序稍有差别；部分画面上
的家眷、马及耕田的数量也有所增减。北朝墓室壁画显
然力图表现五谷丰登、人丁繁盛的主题。其实，以家业
兴旺为主题的壁画在吐鲁番地区极为流行，画师很有可
能在接受委托后，将这类草图带去墓室。[8]这些细描关
键场景的画稿，或许正是画坊的重要资产。在中国及中
华文化主导的其他地区，墓葬装饰倾向于采用重复的传
统主题，例如，南京、四川和陕西等地的墓室壁画，各

[8] 笔者的《5—9 世纪的吐鲁番艺
术家》，2000 年版本是对该文
1998 年版本的补充。该画稿
和壁画参见新疆维吾尔自治区
博物馆编《新疆出土文物》，页
29，图版37；以及《中国美术全
集·绘画编·墓室壁画》，图版
52 和 53。

[9] [美] 司白乐《沉思古人：中国早期肖像画中的审美与社会问题》；及 [美] 梁庄爱伦《晚近中国墓葬装饰的形制与疑点》。

具特色，风格延续良久。[9] 尽管此后再没有发现早期其他画稿，但有关在当时艺术的活跃氛围中图像复刻的流程，上述墓室画稿之研究提供了重要信息。

## 敦煌画稿和全幅副本小样之问题

上一章研究了敦煌壁画的独特创作方式：9世纪的敦煌画师并不给整幅壁画打稿以为创作参考。从现存画稿来看，当时他们也不会为构图在纸上做详细标记。壁画完成后，他们也不会在纸上将构图设计记下来。正如前文所述，这可能是由于壁面尺寸太大：画幅最长可达12.19米、最高可达6.1米。从作为寺庙档案保存下来的大量敦煌画稿来看，画师在打稿时似乎并不考虑观众，只要草稿能在画坊里派上用场即可。尤其对于壁画草稿，其轮廓粗略、面容雷同、缺乏空间感，这都使它们无法被呈给供养人参详或首肯，但并不妨碍它们在作坊里发挥作用。

[10] 参见徐邦达《从壁画副本小样说到两卷宋画——〈朝元仙仗图〉》，以及黄苗子《武宗元和朝元仙仗图》，页58。

[11] 这幅道教壁画的摹本现存两件，一件是徐悲鸿藏品，另一件藏于王季迁家族，普遍认为后者时间更早，可能是壁画的真正副本。见 [美] 高居翰《中国古画索引》，页189。

著名的武宗元《朝元仙仗图》(约1050)展现了一张完整小样或曰壁画摹本的各方面特征 (图3.4)。据故宫博物院专家徐邦达鉴定，此卷属于壁画制作的小样或补充版本 (所谓"副本小样")，壁画甫一完成时即进行绘制，待原作损坏、需要重画时作蓝本之用。[10] 徐邦达与20世纪重要的美术史家黄苗子都认为，此卷是某幅现已不存的宫观壁画之副本。[11] 那么敦煌文献中有没有关于小样制作以及仅见的这件副本"小样"的有关证据？或许是9世纪末10世纪初的敦煌画师没有制作壁画的摹本存档，而更有可能的是，当时的画师或寺僧并没有保存壁画设计样稿的习惯。藏经洞遗物来自至少17座寺院，寺院文

图 3.4　武宗元　朝元仙仗图／局部／纸本水墨／1050／高 40.6 厘米／王季迁旧藏

[12] 之后粉本保存了画家的部分创作。北宋粉本虽未传世，但起稿是宋代画院的标准程序，宋徽宗时期尤为突出。见［美］张珠玉《宋代画院架构》，页39。11世纪白描规范之后，粉本和白画依然存在差别。

[13] 这种画法也是元明时期山西壁画的典型风格。

[14]《番王礼佛图》绘有多闻天王和其他诸神，该图是之后佛教手卷的另一种类型。纸本水墨，元代，传为李公麟所作。

书记录横跨9世纪末至11世纪初。难以想象，那么制作精良的副本小样未收到藏经洞中。如何解释这一现象与作为壁画微缩本的北宋长卷之间的张力呢？[12]

这幅长卷上，轮廓线条圆浑，可能临摹自壁画表层的描线，作品未完成有留白，浓重的线条等待着赋彩上色。[13]不过匀净有力的线条表明，它临摹自一幅完整的壁画。在9世纪至10世纪画坊的创作过程中，起主要作用的那些草稿更随意、没有排序。此卷风格特征也表明，它应该是壁画完成后的临本。画面出现了两种笔法，说明此卷有不同的使用功能。武宗元《朝元仙仗图》或许是文人对画师作品的模仿，而不是画师直接的创作。因而这幅作品可能也不仅如徐邦达和黄苗子所言是张副本小样。

这幅作品并置两种截然不同的笔法。画家用虚线勾勒出长卷底部花茎的大致形状和边缘位置，但在描绘优雅行进的仙班长列时，又用精妙的线条与细节来表达仙娥发髻头冠的质感。一类线条大致勾勒轮廓，另一类线条则像终稿那样下笔谨慎。这两种迥异的处理方式，通常会出现在类型完全不同的作品中——作坊草稿和面向观众的成品，而二者恰恰处于绘画过程的开头、结尾两端。

完成品的状态与等待后续上色的粗线轮廓之间存在张力，说明这幅作品与李公麟（1049—约1105）《孝经图》（图3.5）、马云卿《维摩演教图》（图3.6）和南宋佚名《百花图》（图3.7）这类着意精细勾勒的白描作品不同。[14]宋元时期的白描作品精致细腻，与武宗元的朴拙笔法全然不同。《百花图》线条精致典雅，体现了12世纪末至13世纪初白描作品的纯熟，当时的水墨画家不断追求简

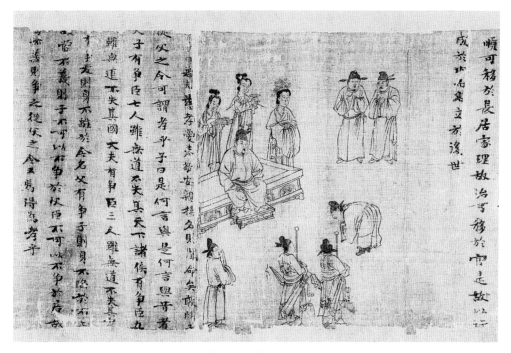

图 3.5 （传）李公麟（1049—约 1105）/孝经图/第十五章·谏诤章/手卷/绢本水墨/21.5 厘米 × 475.5 厘米/版权保留/
美国纽约大都会艺术博物馆/王季迁旧藏，唐炳源、唐温金美、唐骥千家族 1996 年捐赠（1996，479a–c）

致。[15]上述三幅白描作品线条精细，世所公认完成度
高，这些特征都不见于《朝元仙仗图》。《孝经图》用细
腻笔法营造大巧若拙之感，《维摩演教图》的细节处理
精致，可视为彼时同类作品的代表。而《朝元仙仗图》
中，虽然部分人物面部和冠饰的刻画同样精细，但大
部分画面的状态都说明此卷并未完成。

　　对比上述其他白描作品，如何解释《朝元仙仗图》
的未完成？这件作品似乎既不同于敦煌传统画稿，又
不同于元代精细的白描。一种解释是，它是为获得赞
助人认可而创作的壁画副本小样；另一种解释如徐邦达

[15]《百花图》藏在故宫博物院，
　　名为《宋人百花图卷》。台
　　北故宫博物院藏有一件类似
　　作品——赵衷绘《墨花图》
　　（1361）。图片见[美]何惠鉴
　　等《八代遗珍》，页91—92；或
　　加州大学伯克利分校照片档
　　案馆，29C4/1361.11/1。

图 3.6　马云卿／维摩演教图／纸本水墨／34.8 厘米 × 207.1 厘米／北京故宫博物院藏

[16] 徐邦达《从壁画副本小样说到两卷宋画——〈朝元仙仗图〉》。

和黄苗子所说，即宋代画师可能会制作副本小样，以给寺庙存档。这些作品应可作为独立作品进行流通。[16]这或能解释这类画卷的常见构图为什么可以在早期壁画中找到。《朝元仙仗图》很可能是一件幸存作品，反映了壁画题材如何转型进入卷轴画。虽然创作这类作品，最初可能是为了记录壁画构图，它们因应接待赞助人的场合，而并不在壁画实际创作的场所中流动。某种程度

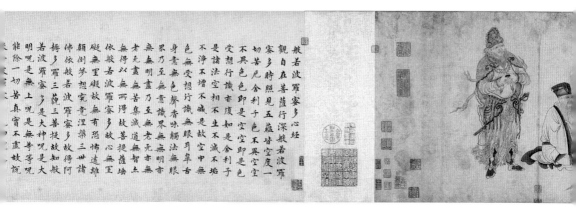

上，这解释了为何在壁画创作已大幅减少的元代，会集中出现佛教主题的白描长卷。[17] 这些长卷构图中，将以往大尺幅的壁画浓缩成卷轴形式。[18] 这些卷轴的创制源自起稿，吸引了寺院和画行之外的鉴赏家。也许正是由于北宋画家对唐代画稿的模仿，使得白描在11世纪成为一种独立的风格。从这一点来看，白描与9世纪敦煌画稿的功能完全不同，它已经脱离了画坊。

[17] 用蜡纸传模移写的逸事，说明宋以前可能已有翻传旧本于壁。（宋）刘道醇《圣朝名画评》，拉赫曼译本，页41, 1.15r；[美] 高居翰《画家生涯：传统中国画家的生活与工作》，页94。

[18] 对现存维摩诘和文殊菩萨辩法的文书研究，参见[美] 魏盟夏主编《末法时代：中国佛教图像（850—1850）》，页349—354。

图 3.7　佚名 / 百花图 / 纸本水墨 / 南宋 / 13 世纪 / 北京故宫博物院藏

## 维摩诘经变画稿

现存大部分敦煌画稿都属于第二章讨论的类型，但也有例外。这些例外比上文讨论的图像更完整，但我依然认为它们只为画匠服务，而不像后来的白描那样用于鉴赏。两件敦煌画稿与成品构图相似，但依然只是概图，而非壁画构图的精确记录：它们省略了关键的细节，大片的构图没有被描摹出来，画面处理随意，还有一些私人标记。其中一件随意摘取了维摩诘经变图像中的某些关键场面。[19]《维摩诘经》以文殊菩萨与维摩诘居士的神通辩论为中心(图3.8)。南北朝时期的佛教艺术中，维摩诘经变已经非常普遍。这个故事可能使中国的隐士产生共鸣。这些隐士常被描绘成解衣盘礴、无拘无束，但又智慧绝伦的形象。该题材在敦煌9世纪末和

[19] T.474，T.475.《维摩诘经》包含与《大乘顶王经》相关的主要构图元素，T.478。

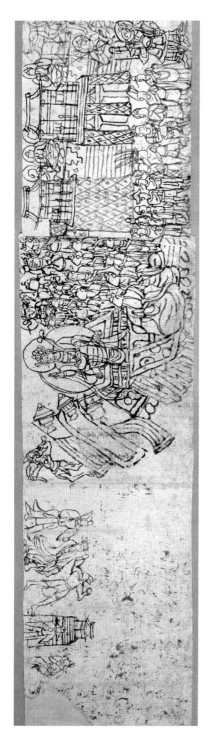

图 3.8　维摩诘经变 / 粉本：全貌，正反面 / SP. 76 / 纸本水墨 / 9 世纪末至 10 世纪 / 31 厘米 × 127.0 厘米 / 大英博物馆藏

[20] 敦煌地区的早期表现，参见[美]何重华《敦煌第249窟：维摩诘经的再现》，经文的汉藏译文，参见[美]瑟曼《维摩诘圣教：大乘经书》。

[21] 中国古代采用甲子纪年法，周而复始，因此无法确定这件10世纪作品的确切时间。

[22] 墙长8.51米，但如果除去甬道，只有5.74米——甬道占据四分之一；宽只有5.09米，但去除下方不相关的内容后，宽度只有2.90米。见附录一。

[23]《三界九地之图》很可能描绘的是《华严经》相关场景，将整面壁画内容浓缩在近约一英尺（约30厘米）宽的纸张上，可以想象困难之大。现在是一件长长的薄卷轴，这件文书曾经是用两张纸粘贴在一起的。须弥山是古印度神话中位于世界中心的山，《华严经》有对九世界的描述，圆柱形。卷轴上，须弥山约2.5米高，白描法绘制九地，附近小字表明楼的位置（楼子）。五代时期壁画上绘制的须弥山，大多高约4～7英尺（约121～213厘米），如第61窟，北壁从西数第四格《天请问经》及南壁从东数第二格《妙法莲华经》；第6窟，从东数第一格《妙法莲华经》。P.2012绢画，正面和反面，附录忏悔文参见饶宗颐《敦煌白画》第3卷：图版56—57，图版66—69。

10世纪依旧盛行，常出现在石窟东壁，对应西壁的劳度叉斗圣变。[20]这一时期地方节度使主持开凿的15个石窟中，有11个采用了这样的布局（详见第二章）。

这幅维摩诘经变的画稿（图3.9a-b）应完成于917年或974年，用富于变化的线条勾勒了重要人像的大致轮廓，次要角色则加以简略。[21]画面以碎纸黏合而成。一般置于图像左右两侧的两位主角，被分别画在正反两面。草稿中还粘连着一位媪妇写给僧人、希望帮女儿说亲的书状，之后再连着另一幅韦提希夫人的画像。这张维摩诘经变是典型的稿本样式，简率地表现了壁画内容，因为壁画的尺寸和纸张有限，篇幅往往不成比例，如此卷长1.27米、宽0.31米，与第146窟的画面相比小很多，画稿长度仅是壁画的七分之一，宽度则几乎是十分之一（彩图17）。[22]二者画幅如此不同，很难想象单单一幅画稿就能为画师提供绘制相关主题所需的全部信息。显然，画稿集中关注画面的整体构图并表现重要特征的细节，这样才能帮助画师对壁画进行全面把握。[23]

维摩诘经变壁画尺幅虽大，故事却相对简单。两位主角分坐高台之上，身边信众云集，文殊菩萨身后的建筑暗示其从天而降，正要去维摩诘处问疾。大多数情况下，文殊菩萨和维摩诘相对而坐，这是论辩常用的场景。在故事场面的图像里（如观无量寿佛经变中韦提希夫人的十六观），画稿上会出现一系列松散排列的情节场景，帮助辨识经变内容。这时画师往往会省略处处可见、反复出现的中心尊像，重心放在故事情节（如第二章讨论的）。但在维摩诘经变的画稿中，着力表现的是两位主角，弱化了叙事细节，也不再强调附加场景。

画面右侧的文殊菩萨及前来听法的信众看向左侧

图 3.9a　维摩诘部分（反面）/SP.76/纸本水墨/31 厘米 × 127.0 厘米 / 大英博物馆藏

图 3.9b　文殊菩萨部分（正面）/SP.76/纸本水墨/31 厘米 × 127.0 厘米 / 大英博物馆藏

[24] 另外两件画稿可能也与《维摩诘经变》壁画有关。P.2993 也许描述了前去听法的国王，P.4049描述了正在发问的维摩诘。墨笔纸本，9世纪，法国国家图书馆。

的维摩诘，暗示着维摩诘身后也聚集了随众。但画师只粗略标出了人物位置，大量人物连面孔都没有绘制出来。法坛上放着各色器物、铺着流苏布，奇怪地向上倾倒。维摩诘旁边的佛案则要稳当许多。他面前的随从都被仔细描绘出来，其中一位菩萨正在倒出钵内的金币。画面顶部的一组信徒则仅用轮廓线勾勒，除草草几笔表明头饰的存在以外，再无其他刻画。[24]与笔法精到的《朝元仙仗图》相比，这件粉本较为无序。因此与画师用数字标记场景次序的示意图类似。构图的总体要素被随意安排在一幅卷轴的两侧。画面如此简略，可见只能是画坊在起稿阶段的参考材料；它既不能引导学徒完成一幅壁画，也无法在日后壁画受损时帮助修复。虽然画家在画面上就布局做了较为全面的标记，但是画面被拆分成一幅画稿的正反两面。换言之，构图依然被分割成部分，而非一个整体。

## 图样和风格的变迁：唐代粉本对后世绘画的影响

唐代绘画在各方面都启发了后世画家的创作，尤其是起稿。若干令人信服的例子可以表明，后世画坊受到了唐代粉本的影响。虽然这些影响的产生途径尚未确证，但唐代风格和图样的再现，说明这些粉本深为后世画家追捧和临摹。图样从唐画演变至宋画之上，其原始意涵也许已发生巨变。例如《九歌图》(图3.10)，这幅手卷依据关于萨满仪式的民歌绘制，其中一处呈现了人群聚集于林中。[25]仔细观察这群避于荒山野岭的人，作者描绘时刻意使这些人物的线条充满张力，他们的姿势、表情及堆在一起的效果，都与劳度叉斗

[25] [美]倪豪士主编《印第安纳中国古典文学指南》，页347。

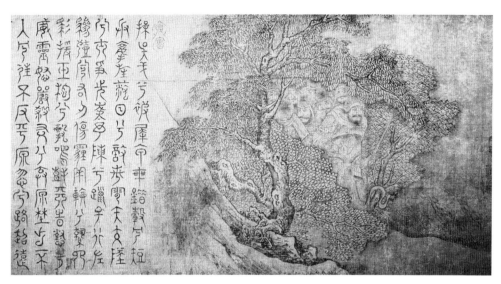

**图3.10** （传）李公麟/九歌图/局部/e.SH−137−e/绢本水墨/27.3厘米×654.6厘米/台北故宫博物院藏

圣变画稿(见图2.15)中的一些人物神似。[26]这幅9世纪的画稿，表现的是一群外道被舍利弗的飓风打败。他们惊慌失措、乱作一团，帷帐下的脸上显露着绝望。笔触调和而随性，利于呈现动感以及捕捉人物形象的瞬间。就即兴而言，宋代《九歌图》和这幅唐代画稿之近似，足以表明《九歌图》作者曾经借鉴唐五代画稿的图样。劳度叉斗圣变画稿看似随意，但仅限于风格而非具体笔触。

　　另一个展示即兴感的例子是《道教水神》的一处细节。这是一件明代画作，表现民间传说中的风神和水神等诸多鬼怪随从疾速前行的场景。一位帮水神和风神去维持自然秩序的"好"鬼，正在鞠躬行礼(图3.11)。这种滑稽戏谑的姿势，十分近似于9世纪莫高窟第196窟（893—894）劳度叉斗圣变壁画中的一个外道形象。他弯下腰透过双腿间隙望向观者(彩图29c)。哪怕我们没有

[26] 《九歌图》有多个版本，如克利夫兰艺术博物馆收藏的张渥(活跃在14世纪60年代)作品；王季迁藏品#Y-CW-101-10，加利福尼亚大学伯克利照片档案室29C4/nd.11/10；另一件是纽约大都会艺术博物馆藏的赵孟頫(1254—1322)作品。

图3.11　(传)元代何澄／下元水官图卷／手卷／纸本水墨／明代(1368—1644)／尺寸49.9厘米×263.5厘米／美国华盛顿弗利尔美术馆，史密森尼学会藏／查尔斯·弗利尔捐赠，F1917.185

[27] 芝加哥艺术学院也收藏了一件匿名的描绘杨朴的作品。颜庚(活跃于1300年)和颜辉(活跃于13世纪末14世纪初)用相同画法绘制钟馗两个主题的场景。颜庚描绘的是钟馗嫁妹，颜辉绘制的是雨夜出行。这两件作品都刊印在《八代遗珍》中，页111—112。关于《钟馗嫁妹图》，南宋画家龚开所绘最为知名，现藏弗利尔美术馆。参见[美]罗覃《中国古代人物画》第二卷(弗利尔美术馆50周年馆庆特展)，页142—144，图版35。同主题的其他作品也有传世。

这段场景的画稿，也可在这幅明代作品中找到敦煌画稿中的风神形象。明代《道教水神》中，风神站在风车后面(不见于图3.11)；敦煌壁画中他站在最右面，正释出一股风。后世画匠或许正是受益于便携画稿，才能将过去的主题挪移到自己的作品当中。后来的粉本如顾见龙之摹古粉本，体现了这一过程。

　　元代为新创作而传移图像十分普遍。《杨朴移居图》的部分场景也出现在《钟馗嫁妹图》中。钟馗生前曾考中进士，殁后专门捉鬼。他护送乘坐喜轿的妹妹前往夫家，途中有乐队伴奏——同样的轿子也出现在《钟馗中元日伏魔图》中。[27]因此上述三例中，同一图形运用目的各不相同。怎样解释同一图形在不同构图中的运用呢？不同时空的画家要流转设计、交汇神思，画稿是最可靠的方式。作坊则以摹本的形式将作品收集起来，可

用于创作的每个环节并流传后世。最有趣的例子当属
伊朗德黑兰国家图书馆展出的托普卡皮·塞赖画稿集
(the Topkapi Serai sketch album)。[28]这是一本波斯的设
计样式集，但其内容源于中国。在元代，蒙古人曾统治
亚洲大部分地区，在中东也曾建立汗国，中国的图样被
传抄至波斯，在不同的情境下得到重新利用。

　　除了佛道题材的叙事画，敦煌粉本还说明，文人画
类似草稿、刻意朴拙的特点，是画家主动而为，意在于
完成品中呈现创作的初始阶段。这是中古时期单色画最
重大的转变。这种朴拙画法其目的之一，在于以简笔带
出下笔之初心。唐五代时期，随手绘制的画坊草图非常
简单随意，有助于理解宋代人物画中的简笔白描，以及
早期文人山水画中刻意营造的质朴之气。前者是职业
画家仔细考究的作品；而借由后者，业余爱好者（画技
并不娴熟）得以尝试水墨，或是强调个人风格中的抽象
元素。

　　文人画家在11世纪修正和发展了唐代绘画风格，
不同于以线条和色彩为主导的绘画传统，他们开创了
新的审美形式。在这一阶段，白描扮演了新的角色，
不只用于创作初期绘制草图。文人画家如士大夫苏轼
（1037—1101）和米芾（1052—1107）偏爱风景题材，如
水墨的竹、石、树，在各自画论中，他们为这些主题赋
予了深层意义。这些宋代画家学习了画匠随手速写的
部分方法，借以带出古意、直抒胸臆。[29]然而，这些文
人画家虽然风格上依赖画坊笔法，却仍然切割自己的
即兴创作与画匠创作。他们的这种区分关乎利益，而
对工笔与颜色的鄙夷主要是由于阶级分野所致。宋代
人物画家如李公麟，进入了文人画家的圈子，社会地位

[28] ［奥地利］格鲁布、［美］西姆
斯编《"中国与伊朗：四部伊
斯坦布尔影像集中的绘画"
学术讨论会论文集》。

[29] 米芾认为李公麟在某些程度
上追溯吴道子。参见［美］卜
寿珊、［加］时学颜合编《中国
早期绘画文献》，页213。

[30] 11世纪、12世纪的文人画家也许见过唐五代时期寺庙画坊中职业画家的粉本，职业画家线条的流动性和逸品风格，给这些文人画家的笔墨提供了新的启发。

[31] 现存几个《孝经》手卷的其他版本包括：赵孟頫跋《宋人书画孝经》，现藏台北故宫博物院；密歇根大学图像档案馆m/f no.2930。乔仲常（12世纪上半叶），白描师法李公麟，乔属于苏轼的圈子。

[32] 苏轼书法作品《黄州寒食帖》，参见[美]方闻、[美]屈志仁编《怀抱古昔：台北故宫博物院中华瑰宝展》，图版66。

高于画匠，但他也擅长创作精细的白描(图3.5)。他那些富于个性、有时甚至显得怪诞的白描，在当时已被认为是完成品。这就说明在11世纪至12世纪，白描已经被公认为一种风格。[30]而敦煌画稿的价值则在于，它们开了后世画风变革之先。

比较敦煌画稿与李公麟《孝经图》、苏轼《潇湘竹石图》或乔仲常《后赤壁赋图》就会发现，宋代单色画都不是"草稿"或者随手所绘。[31]在《孝经图》"谏诤章"等场景中，李公麟为了凸显质朴的效果，大量借助仿古元素，譬如对人物童稚气质的刻画，和构图处理上稍微倾斜的布局。许多刻意营造朴拙画风的例子都表明，后世画家热烈追捧这种即兴风格，尤其是在北宋。画家最终选择放弃繁复的技巧，取而代之的是简练的线条与精巧的构思。另外苏轼《枯木竹石图》及前文所述类似的《潇湘竹石图》，也都是通过潦草笔法、朴拙物象，以及看似匆忙绘就仿佛半成品的方式，来强调表达主题的过程中，风格所扮演的重要作用(图3.12)。[32]这些画可能确实是业余创作，但这种平常感是刻意营造出来的，虽然线条简略、粗粗勾勒，但画中竹石仍被公认为是完成之作。敦煌画稿虽然也有这种质朴，但它们是准备过程中的草稿而并非最终成品。前代用于快速勾勒壁画轮廓线的方法，被后代画家用来即兴表达。画家受意识形态和审美影响，钟情于这种朴素和不经修饰的质感。敦煌画稿有助于理解白描人物画的新形式特点及11世纪文人画兴起的景况，此后文人画一直作为美学理想的范例，直到20世纪才逐渐打破这一现象。

敦煌画稿全面呈现了画家的不同兴趣，阐明了10世纪至13世纪间创作观念的重要转变。单色画直到11

图3.12 （传）苏轼/潇湘竹石图/手卷/绢本水墨/此作可能出自苏轼之后金代画家之手，尾跋时间是1334年/28厘米×106厘米/中国美术馆藏

世纪初几乎全部都用在起稿阶段。底稿的即兴风格是画坊中佛教绘画初始阶段的衍生品。画师的笔触被层叠的华丽色彩和图样所掩盖。壁画成品的效果才是最重要的，个人体验与记录倒在其次。待上色完成后，画师用浓墨将重点轮廓线加粗并突出。其中最珍贵的那些画作还有最后一道工序，是在其上进行"贴金"。如今青海的画家每年仍然创作数以千计的唐卡销往海内外，每件作品的价格根据其制作耗时来计算。完成一件作品，通常需要1~3个月的时间。我们可以通过画面雕琢的精细程度来判断一件作品的耗时长短，精美的细节往往需要花费大量的时间。[33]然而，宋代文人画家则不同于这些集体创作的作坊画匠，对他们来说最重要的是绘画行为本身，上述其他特质则无足轻重。

敦煌早期画稿和后来的白描之间存在转变的另一证据，则来自宋元晚期职业画家的创作。这是两幅表现维摩诘与文殊菩萨辩法的作品，一幅是金代马云

[33] 对神圣的描绘对象，点睛标志着绘像完成。

图 3.13　元 / 王振鹏 / 维摩不二图卷 / 绢本水墨 / 39.5 厘米 × 217.7 厘米 / 美国大都会艺术博物馆藏

卿（活跃于12世纪30年代）的《维摩演教图》（图3.6），另一幅是元代王振鹏（活跃于1280—1329）的《维摩不二图》（图3.13）。晚唐以降，李公麟于11世纪与其他画家一道开创了白描风格，但发展到13世纪专业画家笔下，白描已经变得精致且华丽。而敦煌画稿中人物分布杂乱、粗笔草就（图3.9a–b）。这类简笔画稿，只是作坊在准备时的参考。10世纪的壁画粉本和元代手卷的区别在于后

者是单色画成品。早期只用于绘画起稿阶段的笔法，变成了11世纪至13世纪的白描风格。曾经的即兴草稿变成了独立的艺术门类。

其他同样经历此种发展的主题还有元明时期的《番王礼佛图》《搜山图》和《揭钵图》。[34]尽管这些图像没有画稿存世，但是它们的构图说明了相似的图像演进渊源。

[34] 关于鬼子母主题的作品和研究，参见 [美] 孟久丽《鬼子母的表现手法及中国画"揭钵"之主题》。

综上所述,在9世纪,墨线起稿依然是壁画制作工序中的一环。唐代的单色画稿尚未被看作成品;敦煌石窟中一些漫漶的壁画露出了黑色的底稿。不上色的作品在当时是新鲜而有实验性的。[35]直到宋代,单色画才被认作一种独立的风格。[36]因此,唐代草稿不应与后世完备的单色画风格相混淆。[37]到了北宋,唐代画稿的风格成为前代杰出绘画的代表,画家提升了画稿在绘画艺术中的地位。[38]11世纪,文人画家如李公麟等人或直接受此启发,发展出被称作"白描"的单色墨线人物画。元代作品里精湛的线描画作,便是基于宋代对唐代起稿传统的再发展。这些画稿不时被鉴赏家所提及并激赏——如元代的夏文彦和汤垕,生活在14世纪的他们极为赞美高古画作。[39]唐代画风在帝制晚期依然传承有绪。下一章中,我们将通过另两种画稿,进一步讨论敦煌画坊的实践:幡画和仪式中的画稿。

[36] 白画包括所有的单色画作品。白描画法则是用线条勾描形象而不冗饰。饶宗颐认为白画和白描是同一件事情,我不认同这种观点。饶宗颐引方薰(1736—1799)云"世以水墨画为白描,古谓之白画",得出二者一样的结论。参见饶宗颐《敦煌白画》第1卷页x。

[37] 他们不应该仅通过墨色混淆画稿和单色画,如东大寺建寺时最为人知的菩萨经幡(现藏正仓院)。尽管东大寺这件经幡不同寻常,但在敦煌也有相同的风格,其中包括一件绘有黑色画像的奶黄色缣丝,也有其他材质如银墨色丝绸和红色或靛蓝麻布。所有类型看似都是成品,绘有佛像或菩萨像;它们也许是悬挂在寺院或龛窟外面,用平整黑色线条绘制,如东大寺奠基仪式中的经幡,尽管这种类型在佛教作坊所有产品中占极小的比例。见[法]韩百诗、[法]樊隆德编《伯希和考查丛书之十五:吉美博物馆所藏敦煌经幡与绘画》中MG.17675、MG.17791、EO.3648及EO.11228,图版33、34、182,页72—73、354—355。

[38] 参见[美]班宗华《中国人物画的残存、复兴与经典传统》,及[美]何重华《古代典范的永存》。

[39] 汤垕和夏文彦都肯定了古代粉本的价值和艺术水准。见[元]汤垕《画论》页60,[美]卜寿珊、[加]时学颜合编《中国早期绘画文献》,页256;[元]夏文彦《图绘宝鉴》(成书于1365),收于《画史丛书》第三册。

第四章 —— 幡画与仪轨图：另两种画稿

敦煌藏经洞发现的画稿对壁画史研究意义重大，说明了在壁画大量创作的时期，画师是如何进行艺术实践的。本章将转而关注敦煌出土的另两种单色画稿。这一时期的绘画主要是壁画，但也绘制了相当数量的幡画。幡画常被或卷或叠、收捡起来，只在特定场合展示。壁画和幡画的绘制过程区别较大，画师为两者准备的画稿也有所不同。绘制壁画时，画师们需要处理较大的空间，他们合作在墙面上绘制数以千计的图像。这些画师大多徒手作画，画稿也反映了这一点，以灵活多变的片段细节图和侧重于调度大面积全局的示意图为主。画师在绢上绘制小幅作品时，则以全然不同的方式使用草稿。他们多借助其描摹人物形象或界定尺寸大小，以在空白画面中画出单个人物。第三种类型的画师则将绘画作为宗教表达的形式之一，以图像指导经文的理解或记诵。本章将探讨后两种绘画——幡画和仪轨图——的草图，廓清这两种画稿的线条特点，以及专业画师和业余僧侣画师之间的区别。首先，我们来区分壁画和幡画的创作方法。

## 幡画的画稿

绢本或纸本的小件绘画，其画稿多为单个图像。与壁画画稿相比，这类画稿的笔触雅致精准，服装、姿势及布局等细节也较完整。此外，壁画画稿常将多个场景浓缩在一页或几页拼合的纸上，幡画画稿则相对简明而有条理。幡画的画稿或用于对临，或用于直接拓写。草图和底稿的笔触已相当洗练，这或许是因为起稿阶段画师身体和精神与物料之间的关系。画师多借助窗户或

[1] S.45参见[英]韦陀主编《西域美术：大英博物馆斯坦因搜集品》图版16，页314—315；[英]韦陀、[英]龙安妮《千佛洞》，页9。

[2] [宋]赵希鹄《洞天清禄》，28：51a-b。"摹临"一条与复制有关，"墨稍浓则透污元本，顿失精神"，由此可知当时摹临已广泛使用。南宋佚名《十六罗汉图》上有墨点，高居翰认为是临摹者所为，该图现存弗利尔美术馆，参见[美]罗覃《中国古代人物画》，图版20。

其他光源，临摹制作一系列相似的作品，需要专注于线条绘制；然而画师在石窟或寺庙里作画时，需要不断地移动以把握更大的空间。石窟大小有所不同，画稿又只能展现局部，画师必须随机应变、徒手作画。另一方面，幡画成品往往与画稿大小一样，而石窟或寺庙的人物大小则根据内部空间的尺寸进行变化。许多幡画在尺寸和形状上几乎相同，但在石窟中却找不出一模一样的两幅壁画。

　　与壁画画稿相对随意的构图不同，幡画画稿通常构图严谨，人物大小与实际多少一致。幡画材料有几种类型，呈现的线条也优劣有别，墨线或匀整稳定，或些微发颤。最为人知的例子是一幅9世纪末的毗沙门天王画像(图4.1a)，毗沙门即守护北方的天王。天王像几乎占据了整张纸幅，长戟置于对角线上。凝练的线条勾勒出人物和服饰，细密描绘出饰有铺首的腰带、铠甲上的护胸及宝冠上的莲花。天王身后左侧有大批侍从和猛兽(图4.1a为局部图，未包含这部分)，线条松散、勾勒微颤、服饰简洁。这幅作品令人印象深刻，它与斯坦因藏品中一件赋彩描金的幡画极为相近(图4.1b)。[1]这幅作品的服饰上许多细节都与画稿如出一辙，反映了画行在传移摹写时的高超技法。例如，二天王的头冠上缯带飘动，将宝塔托至云间的右手以四分之三侧面角度进行描绘，以上皆一一对应。面部也几乎相同。然而有趣的是，尽管二者内容大致相同，画稿比幡画却要大得多。

　　据赵希鹄(活跃于1195—1242)《洞天清禄》(1242)记载，"临"和"摹"是复制绘画的两种常见技法。[2]"临"是指画家将画稿置于空白纸的一侧，然后依样绘制；"摹"则是将白纸直接覆于原作之上勾勒轮廓线。还有

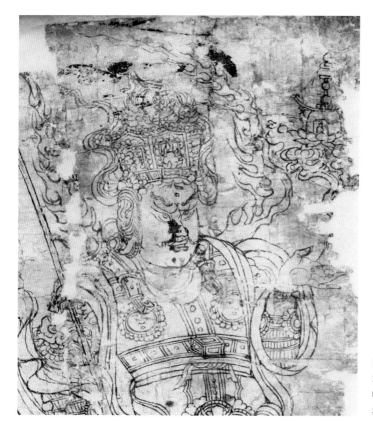

图 4.1a　毗沙门天王画像局部/
P.5018/画卷右侧/9世纪末/整
幅尺寸28.5厘米×75.3厘米/
法国国家图书馆藏

一种技法是用熨斗将蜡汁熔化、滴在纸上，进行传移摹写，这一方法在前代也有使用。[3]"临"和"摹"两种技法绘出的线条不同。"临"的过程中可能会对原人物的位置进行修改，勾出的线条较为放松。毗沙门天王画稿中，侍从的线条和天王像相比看起来更放松，也许采用了"临"的技法。侍从的位置与最终成稿有所差别。另一方面，复制作品虽几可乱真，但线条可能会受拓写的影响略显呆板。虽然目前尚无法确定北方天王画稿与幡画的前后次序，但两者应出自同一画行。还有一幅吉美博物馆藏的作品（MG.17666），画稿中毗沙门天王正

[3] 刘道醇在《圣朝名画评》记载一则与壁画临摹有关的逸事，拉赫曼译本，页41，1.15r；高居翰在《画家生涯》94页也有转引和讨论。这种用蜡处理过的半透明纸张在敦煌并无保存，但是在纳尔逊–阿特金斯艺术博物馆珍藏了系列画稿。可能绘于清代，由李雪曼（Sherman Lee）收藏。蜡纸也可能用于拓画，见（唐）张彦远《历代名画记》，英文版见[美]艾惟廉《唐代及唐以前绘画文献》，《莱顿汉学》第8期，页191。

图 4.1b　毗沙门天王/S.45/绢本设色/9世纪/整幅尺寸37.6厘米×26.6厘米/大英博物馆版权所有

[4] MG.17666，见[法]韩百诗、[法]樊隆德编《伯希和考查丛书之十五：吉美博物馆所藏敦煌经幡与绘画》，图版192；[法]吉雅思、[法]苏远鸣、[法]戴仁等编《西域美术：吉美国立亚洲艺术博物馆之伯希和收藏》第二卷，图版77。

率领眷属渡河，许多细节与这两幅相同，如靴子后面的飘带、长戟及身体前倾的姿势。[4]这可能是一件出自同一画行但表现较自由的画稿，但显然不是上文中斯坦因藏品中幡画的直接稿本。

画师在绘制壁画时，不能像在作坊里画幡画那样临摹，因为壁画绘于墙上，无法移动。如第二章所论，壁画画稿说明壁画描绘更随机和概略。从画稿来看，幡画与壁画创作方法显然迥异，各种局部情节被草草勾勒于壁画图稿上（图2.4），而毗沙门天王画稿则以细线精绘而成。画面和创作形式的不同决定了线条的差异。壁画只要求在造型、表情及空间方面大略近似画稿即可，而幡画则要求精确再现，几乎不会轻易改动人物造型和服饰。空间也区分了这两种画稿的功能。由于壁画面积较大，画师常估算空间来调整人物数量，以此对画稿进行大致的模仿。对画稿场景进行编号，是在墙壁上创作人物群像的一个有效解决方案。现存大乘佛教幡画中（下文也包含了密教图像），有好几套包含单一造像的幡画，画家贴着作品表面细致描摹，这种方式更加精准。因此很容易识别纸本水墨画稿和幡画成品之间的关系，两者构图相似，相比壁画成品与画稿，其造型更为接近。

有一幅菩萨像画稿采用了少见的四分之三背侧像（图4.2），尽管残缺不全，但仍可以想象出成品面貌。该画稿腰部以下已被裁断，因此我们无法确定其下半身姿势。而它的躯干、面部及头饰，都与一件斯坦因的藏品几乎无差（图4.3）。画面左侧还有幅小稿，画着一手持盛有莲花的琉璃碗；这些内容也出现在画面主体之中。幡画中菩萨也表现出相同的姿势，右肩向前探出，左臂略显笨拙地往后伸。除缠绕前臂的飘带略有不同外，其余区别不大。右肩或后背上的披帛下垂的形式相同，发型和头饰稍有差异，但头部皆微微倾斜，凝视琉璃碗，鼻梁高耸，嘴唇丰厚，该幅幡画应受到了前述画稿的影响。这尊菩萨的特征，与印度和喜马拉雅地区流行之古老的笈多艺术有关。尽管画家没有刻意摹画某些元素如绕过右臂回转的披帛，但鉴于幡画与画稿的其他元素相似、大小几乎相同，可以推测两者之间存在联系。[5]

[5] 至少另外两件作品似乎来自同一种异域模型。S.104 图略有不同，菩萨头部后面的手臂举着一朵装饰珍珠的莲花。另一件是藏在吉美博物馆的EO.1170，图版见［法］吉雅思、［法］苏远鸣、［法］戴仁等编《西域美术：大英博物馆斯坦因搜集品》第二卷，页18。

**图 4.2** 手持斑点琉璃碗的菩萨像,四分之三背面像/残片/P.3050/墨色纸本/9世纪或10世纪/32.6厘米×25.1厘米/法国国家图书馆藏

另外两件描绘同一人物的作品说明,当临摹者没有完全理解原作或画稿中的线条时,摹线会过于简率,导致人物刻画扁平。在一件9世纪至10世纪的绘画中(S.104),临摹者似乎将琉璃碗里的莲花误认成一种常在头饰上出现的扇形花朵简易版。[6]发卷也不太自然,导致莲花附近大块图案的缺失。另外背部衣褶更添繁

[6] S.104,参见[英]韦陀主编《西域美术:大英博物馆斯坦因搜集品》图版49—2;[美]胡素馨《8—10世纪中国唐代画家生涯》,图138下部。

图 4.3 手持斑点琉璃碗的菩萨像，四分之三背面像／S. 113／绢本设色／9世纪或10世纪／52.0 厘米 × 17.5 厘米／大英博物馆版权所有

图 4.4　手持斑点琉璃碗的菩萨像，四分之三背面像／S.120／绢本设色／9 世纪或 10 世纪／58.0 厘米 × 18.0 厘米／大英博物馆版权所有

复，是为了回避以这种少见的角度描画身体。这种小心机在另一件菩萨四分之三侧身像中被发挥到极致（S.120，图4.4）。其后背搭了一块布，回避了难画的背部。脸部和以奇怪姿势弯曲的左臂则正对画面，说明轮廓线可能另有来源，画家也许并未准确理解原作。

　　绢画的画稿若是与成品有区别，通常体现在减少一些衣褶细节或人物肖像细节变化。一幅9世纪至10世纪的千手观音画稿，展现了画家如何在创作时修改人物(图4.5)。画家将手持物由竹枝换成莲花，这两种持物在现存幡画中都能见到(如S.117，图4.6)。可以从多种角度来解读成品与画稿之不同处——其一，基本要素相同。头发在顶端结成扇形发髻，长发垂肩；身佩璎珞，垂至

**图 4.5** 观音像，残片，背面/P.4082/墨色纸本/9世纪或10世纪/39.4厘米×28.1厘米/法国国家图书馆藏

图 4.6　持莲菩萨像 / S.117 / 绢本
设色 / 9世纪 / 70.5厘米 × 17.5
厘米 / 大英博物馆版权所有

腹部；缯带自头部垂至后背，形成类三角的形状；均蓄有胡须。其二，二者可能绘制于不同时间，画稿也许是为完成另一件新作而绘，时间稍晚。这些画稿表明传移摹写及设计尝试中存在很多可能性。有时对图样呈现和内在流动性的犹豫不决，会贯穿到在绢上起底稿的阶段。最早纪年(729)的敦煌幡画作品上(彩图18)，画面上方的残损揭示了很大的改动。[7]画家一开始可能打算绘制僧侣的正面肖像，但最后改成了四分之三侧像。一般来说，幡画家会重新安排服装、面容及表情细节，但很少对整体设计进行重大改变。研究两套几乎相同的菩萨像可以说明，创作者能通过细微变化让人物面貌截然不同。

斯坦因藏品中的两幅菩萨像(S.125和S.136，彩图20a–b)互为镜像。这两尊菩萨不同于类似姿势的其他作品(图1.6a–b)，其面部朝向不同。彩图20a中菩萨朝向右侧，而另一件朝向左侧。两尊菩萨均转向与持物(摩尼宝珠和熏炉)相反的一边，缯带前宽后窄，凸显了身体的扭转。两尊菩萨的尺寸几乎相同，从头光到莲花座的高度分别是52.7厘米(彩图20a)和52.3厘米(彩图20b)。其余细节也表明二者源自同一画稿，如扭动的腰肢、身前飘带下的衣褶弧度及各色璎珞，等等。在保持轮廓相近的基础上，画家修改了衣饰，以丰富人物外观。左边菩萨彩带交错，右边菩萨的外衣则在单色织料上装点圆形图案。二者姿态互为镜像，持物和衣饰变化多样，说明画家把创作时间主要放在丰富造像细节上。可以想见，这两件作品应该摹自同一画稿，无论是将绢覆在画稿之上复制，还是把画稿放在绢后对光复制。[8]

敦煌藏品中可以找到诸多相似的成对幡画(图1.4和图

[7] [日] 松本荣一《关于敦煌出土开元年间的绘画》。

[8] 1999年6月，笔者在青海同仁县见到师徒传授过程中采用的这种技术是非常有效的。

[9] 这些着袈裟的画像分别是：黑边袈裟菩萨像（EO.1414），尺寸76.0厘米×18.0厘米；红衣袈裟菩萨像（EO.1399），尺寸73.5厘米×18.3厘米。另有三幅菩萨装画像，分别是MG.17769、EO.1399（P.112）和TA.159（现存东京国立博物馆），尺寸分别是71.0×17.4厘米、81.4厘米×17.0厘米（含三角形的华盖高10厘米）和70.0厘米×17.3厘米。图版见［法］吉雅思、［法］苏远鸣、［法］戴仁等《西域美术：大英博物馆斯坦因搜集品》第二卷，图版36、35和34；亦见［法］韩百诗、［法］樊隆德编《伯希和考查丛书之十五：吉美博物馆所藏敦煌经幡与绘画》，图版154、153。

[10] 顾恺之画论英译文，见［美］卜寿珊、［加］时学颜合编《早期中国绘画文献》，页33；曾幼荷《再议谢赫六法之"传移模写"》。

[11] ［宋］刘道醇《圣朝名画评》，页41。南宋人张世南（？—1230年后），在《游宦纪闻》谈及另一种临摹方法，"硬黄，谓置纸热熨斗上，以黄蜡涂匀"，见于［宋］张世南《游宦纪闻》卷五，2a。

[12] 这些画稿是劳伦斯·席克曼（Lawrence Sickman）晚年在中国为纳尔逊–阿特金斯艺术博物馆收集的。

1.5），其中吉美博物馆藏的两幅幡画（图1.6a–b）尤其值得关注。二尊菩萨形象相同但持物不同。此处，菩萨的尺寸和姿态也是相同的，但画家巧妙地调整了服饰细节以区分二者，主要体现于服装的局部变化。一位菩萨是僧人装束，身披福田衣；另一位则身着典型的菩萨装，衣饰华丽。这两尊菩萨共有五件相似作品存世。它们的比例也几乎一样：每件如换算成相同尺寸，长宽上相差不过2厘米。此外在藏经洞至少发现了10套共24件几乎相同的作品，这说明了幡画复制的方法已得到广泛传播（见附录四）。[9]

这些几近相同的幡画大小一致，只在颜色、服装和持物上稍有变化，说明画师进行了批量复制，至少两件起做。留意画师在这种生产体制中的实践和习惯，可知重复使用相同图样是最经济、最有效的经幡制作方法。画师受雇完成某一具体项目，生产一定量的画作，按议定的价钱取酬。而这些类同的作品应是同时绘制的。早期文献中虽曾提及如何进行临摹，但说得并不清楚。东晋画家顾恺之（约345—406）曾提到摹写；其他人也曾谈到如何通过画格临摹，不过这可能是更晚近时才开始使用的方法。[10]例如，刘道醇（？—1056）在《圣朝名画评》中指出，绘制壁画会使用画格技术。[11]而清代画稿中有一种纸是半透明的，类似于蜡纸，它们可能用在木刻中摹写图样。[12]而如上所述，最直接的摹画方法可能是将图样置于画面下方或后面对光临摹。天气晴朗时，只要画面干净无损，则很容易能透过它看到要临摹的图样的细节。[13]

有些画稿线条特别清晰浓重，这可能是作坊批量复制时的母本，用于大量生产幡画。现藏于大英图书馆的一幅大型千手观音画稿(图4.7)，与S.14幡画颇似(彩图19)。这可能是一件关键草稿，画师以此为底本，根据不同的委托要求进行调整。因此S.14绢画中添加了榜题、璎珞和袍服。画稿与幡画的图像尊格一致，均命名为"大慈大悲观世音菩萨"。尤为关键的是菩萨神韵一致。他面如满月，头戴化佛宝冠；稍有些头重脚轻，身体微微倾向持宝瓶的手臂方向；衣饰略有不同——在幡画中披帛自肩而下缠绕在手臂上，在画稿中则是直接下垂。这个差别表明，幡画不是直接传摹画稿，后者可能最早只是小样，在绘制幡画轮廓时作为参考，最终画家还是改了手臂的位置。实际上，画稿允许小幅调整，仅是作坊的参考，委托人每次定制造像时都可以据此选择图样。画稿中省略了供养人的形象，更加灵活；根据不同的委托，供养人的数量和性别可能会有所调整。

　　这幅绢画是910年七月十五在盂兰盆会(又称"鬼节")，由供养人张氏为逝去的四位家人供养的：她的父母、姐姐(画面左侧比丘尼)和弟弟(试殿中监张有成)。[14]画中一则榜题道出了供养人的心愿：希望父母可去西方极乐世界，这个愿望亦与盂兰盆会这一特殊节日契合。据此来看，这类救苦救难观音像的画稿保存在作坊中，供画师参考和客人挑选，这位张氏便是一例。

　　有时画稿不一定都能与现存的相同绘画直接挂钩，但仍可以关联类似主题作品，如一幅绘有年轻毗沙门天王的画稿(P.4518.34)。[15]其衣饰上的细节如饰有缯带的头盔、颈部甲胄上镶嵌的璎珞，也出现在一幅9世纪下半叶描绘持国天王的作品中。这两幅作品中的人物体态、装束及面容风格相似，说明出自同一时期。[16]需要注意的是，作为四方守护神的四大天王是作为一组图

[13] 如前文所述，笔者曾于1999年在现代佛教作坊里观摩作画过程，也能解释这些作品似乎是镜像。将设计稿翻转，绘制相同内容但反向的图像，在一些现存的敦煌系列作品中有此特点。南宋张世南记载在福建、四川等地游历时所见所闻的《游宦纪闻》，称这种方法为"响榻"。"响榻谓以纸覆其上，就明窗牖间，映光摹之。"见于[宋]张世南《游宦纪闻》卷五，2a。可以想象，纸张上涂一层蜡膜，再在上面刻画，便可以将画复制在上面。

[14] [英]韦陀、[英]龙安妮《千佛洞》，页34—37；[英]韦陀主编《西域美术：大英博物馆斯坦因搜集品》第二卷，页301。

[15] 参见饶宗颐《敦煌白画》第3卷，页44，图51；[美]胡素馨《8—10世纪中国唐代画家生涯》，图146；[美]胡素馨《创造的方式：敦煌艺术家的速写和复制技巧》，图20。绢画是EO.1172a, c.。

[16] S.112，见[英]韦陀主编《西域美术：大英博物馆斯坦因搜集品》第二卷，图107；另外类似作品有S.106、S.129、S.108、S.137、S.138、S.107、S.112。同上书第一卷，页61—65，图版107、108。

图 4.7　观音像/S. 9137/墨色纸本/10世纪/27.1厘米×126.4厘米/该图经大英博物馆许可使用

**图 4.8** 一佛二弟子和二菩萨像/P.3939/墨色纸本/10世纪/29.4厘米×50.8厘米/法国国家图书馆藏

像存在的,完成时很可能是四个一组。这件毗沙门天王画稿也许曾与另外三件天王的画稿一起保存在作坊中。当作坊接受委托时,对应尊格的画稿会被拿来展示以供参考,并可用于复制订单,这些订单里也有可能要求绘制一组四大天王。

现存一幅画稿为一佛二弟子二菩萨,可能是画坊在绘制幡画中净土图像之中心尊像的参照(图4.8)。佛陀身上那些修改过的痕迹表明,画家处处在描线上追求精准。这种匀整的线条是敦煌绘画轮廓线中最常用的。这些精细线条往往被颜色和上层轮廓线遮盖起来,我们一般看不到,其实在幡画绚丽的色彩下这类线条非常普遍。[17]如描绘弥勒净土的幡画(图2.7)中,居中的人物组合线条精细,显示了一种与工笔画稿类似的绘制方法。有一幅罕有的未完成地藏十王像幡画,呈现出幡画制作时

[17] 剥落的颜色显示黑色底稿出自晚唐五代时期的壁画作坊。这些后来新绘制的部分通常采用红色画稿,服饰或其他细节用黑色线条勾勒,因此黑色底稿被覆盖。图版见[法]吉雅思、[法]苏远鸣、[法]戴仁等编《西域美术:大英博物馆斯坦因搜集品》第二卷,图版68(EO.1133)。

[18] 斯坦因藏品，藏于新德里印度国立博物馆，墨色绢本，10世纪。[日]松本荣一《敦煌绘画研究》第二卷，图版109。

[19] 相同构图亦见于一幅绘制完成的绢画上，见[英]韦陀主编《西域美术：大英博物馆斯坦因搜集品》第二卷，图版24（S.23）。皆为10世纪的作品。

[20] 吉美博物馆收藏有另一件金刚手菩萨，图版见[法]韩百诗、樊隆德编《伯希和考查丛书之十五：吉美博物馆所藏敦煌经幡与绘画》，图版200（MG.17774a）。

[21] S.123尺寸为64.0厘米×18.5厘米，EO.1172b为72.0厘米×17.0厘米。前者藏于吉美博物馆，因无祥云上面的华盖，尺寸略小。宽度有别是因为EO.1172b的黑色边框被裁剪过，而S.123仍保留边幅。许多作品在构图的长度和宽度上是相同的，但边缘细节有所不同（彩图20a-b）。如，S.118和S.125中的地藏菩萨画像整幅高度分别为58.1厘米和54.5厘米。例如果测量地藏菩萨（从头到脚）的高度，仅几毫米之差，分别为37.6厘米和37.3厘米。

如何勾勒草图。[18]所有的主要轮廓线都使用深色。从其他类似构图作品来看，这一步之后会上一层色彩，最后再用墨色精细地勾描一次轮廓线（这次墨线经常会覆于人物周身红色之上）。[19]

对于某些特定形象如金刚力士，画家会大胆采用粗线凸显肌肉的强健，通常画家不会遮盖这些线条，反而会强调，以达到夸张的效果。现藏于大英博物馆和吉美博物馆的两幅风格一致的幡画，都保留了这种在画稿和起草阶段常见的粗线，如金刚力士稿本（图4.9和4.10）。[20]有趣的是，三幅幡画（彩图21、图1.4和图1.5）中的人物虽细节各异，但高度和线条结构相同。[21]首先在S.123中，用大量红棕色阴影来表现肌体，加深轮廓线，使得人物形象更威武，例如，以块状棕色阴影表现肌群，让观者生出雄健之感。其他细节使得画面栩栩如生。在另外两件作品（吉美博物馆藏EO.1172b，即图1.5和MG.17774a）中，画家绘制的人物形象基本一致，但通过更改一些小细节来使图像有所差异。例如，第一幅作品里，左脚大脚趾生动地向外翘起，缯带飞扬；而第二幅吉美博物馆藏幡画则人物脚趾微蜷、缯带内翻。我们再来看另一种画稿，这类画稿不仅用于起稿，亦用于筹备宗教仪式。

## 宗教仪式的草稿：仪轨图

僧侣为确保人物形象表现准确，会与画师一起工作。多数画师显然不通过阅读佛经来构思作品（详细讨论见第五章），而参考本书所介绍的画稿。然而有一类画稿显然不仅仅是画师的参照。这些墨色或朱色的画稿是完整的仪轨图，会直接用于指导宗教活动。也就是

图 **4.9**（右）绘制在残损经文背面的金刚手菩萨
各式各样画稿，局部，背面／P.2002／墨色纸本／人
物绘于 861 年或 921 年／23.1～23.4 厘米 × 446.0
厘米／国家图书馆藏

图 **4.10** 金刚手菩萨／残损经文背面的金刚手
菩萨画稿，局部，背面／P.2002／墨色纸本／人物
绘于 861 年或 921 年／23.1～23.4 厘米 × 446.0
厘米／国家图书馆藏

说，回顾经文时这些画稿是直观的辅助说明。9世纪至10世纪的中国绘画中，单色画只作草稿用，但这类作品是例外，它们专供仪式。在这些画作上，艺术行为及其衍生品被结合在一起。此类用于宗教实践的画稿大多以密教或大乘佛教为主题，水准远超画师绘制时的草稿。最常见的图像有曼荼罗和陀罗尼。在画面上，单色图案的四周缠绕着复杂的祈愿和仪式注解。与其他有关材料相比，大量这类法书性质的注释显得极为不同。但是在密教绘画过程中，也有一类草稿区别于仪轨材料。敦煌遗珍里有此两种密教图像。后者有时用文字注记颜色；有时则会点上一点颜料。这些特征在其他敦煌单色画稿中十分罕见。说明这些画稿注释、金刚乘修行及密教造像的特殊需求之间相互关联。即幡画画稿必须绘制与成品尺寸类似的图像，务求线条精细、构图清晰；而密教稿本则要求画师进行更多步骤，以注记诠释完成品。这些稿本注释十分详尽，包含更多人物和画面。下文要研究这两种类型：密教主题幡画之画稿，以及仪式中使用的单色画。

首先，一些曼荼罗草稿显然是为创作而绘制。很容易将这种图像与其他密教素材区分开，因为对更关注视觉效果而非文本的画师来说，这才是有用的材料。从这个角度来看，曼荼罗画稿与其他幡画草稿无异。例如，金刚界五方佛曼荼罗 (S.173, 图4.11)，对人物的描绘尤为细致。缜密的线条绘出画面中心的毗卢遮那佛，以及周边呈放射形的八尊佛菩萨像，外围是空白方形，为其他图像预留了空间。画稿四周绘有守护四方门户的愤怒相金刚，金刚之间填充了各式法器。推论这件作品仅用于画坊起稿的原因有两点：其一，画面中心偏左的位置（毗

图 4.11　五方佛曼荼罗 / 阿弥陀佛或毗卢遮那 / S.173 / 墨色纸本 / 9 世纪末 / 44.8 厘米 × 43.2 厘米 / 大英博物馆版权所有

卢遮那佛的左下方）上有一块纸片补丁，绘有供花天女。从照片上很难辨识，但能看到第一条内环墨线被补丁遮挡，画师以更漂亮的形象遮挡了原先的笔误。通过粘贴纸片覆盖部分画面，以修正草图中的细小错误，这足以说明有技能娴熟的画师参与其中。显然画师极为在意细节精准，画面统一，也许是为了便于摹拓。在草图上贴补丁，是中国画院体系中常见的修正办法。例如，绘于1689年前后的《康熙南巡图》草图（故宫博物院藏），在准备工作接近尾声时，画师用贴纸的办法盖住了画卷上一个画错的次要人物，并在其上重绘了一个新形象。纵然两件作品相隔800年，这种修补表明二者出自类似的画坊。上述例子与下文将要讨论的其他曼荼罗画稿差别非常大。

另一说明这幅毗卢遮那佛像用于绘画而并非仪式的证据在于，其与一件曼荼罗设色幡画（彩图22）非常相似。这件幡画的主尊是居于画面中心的四臂观音菩萨，周围辐射状三角形里为其从属。但在这幅曼荼罗的上方，五方佛、两侧的千手观音和持摩尼宝珠的六臂观音组成了另一个曼荼罗。除去两边的观音，这组画像与前述画稿中心布局相似。尽管幡画曼荼罗中的画像位置部分重置，但整体构图与画稿是一致的。带大象、狮子及其他两尊猛兽的是愤怒金刚，被置于长方形的通道上。四位手持花环的飞天填补了圆圈与方形之间的空间。四角分别绘有金刚杵、带鱼的托盘、带新月形底座的三叉戟。供养人一般被画在曼荼罗成品的下方，但画稿中并未出现供养人。正如前述观音菩萨画稿，S.173可能也是作坊作画的参考。因此，笔者将画稿与作于910年的幡画联系起来，这些幡画中增加了题记和张氏家族的供养人

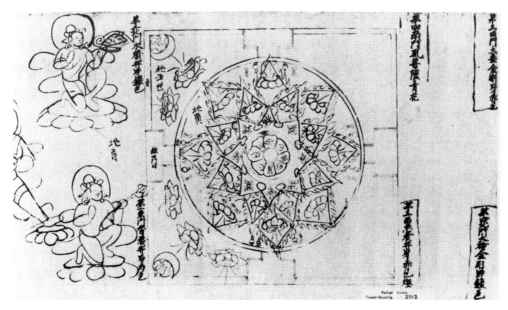

**图 4.12** 坛城曼荼罗画稿／P.2012／墨色纸本／整幅尺寸 29.4～30.0 厘米 × 513.7 厘米／法国国家图书馆藏

形象。这些新增内容提供了创作动机等细节，填补了主体图像中缺失的内容。

因为这种内在的复杂性，曼荼罗可能需要由另一批受过完整教育的画师来完成。在一幅长卷画稿上，这类要求十分明确。正面包含四块曼荼罗，其间穿插着无关的押韵词句 (P.2012，图4.12)。[22] 这些仪轨示意图可能用于忏悔。[23] 其重点在于图像体系，包括需要多少神祇、各自的持物和手印是什么；相比而言，构图布局和艺术水平倒成了次要问题。与五方佛曼荼罗中所有人物都在对应的位置上不同，这张画稿将人物绘于曼荼罗四周，通过题榜来区分。曼荼罗主体也只有大概轮廓。花、金刚杵等法器在成品中勾画精细，而在画稿中则较为粗糙。四面法轮的具体位置通过注记来标明，而没有具体图像体现。画稿的另一部分中，画师用文字标记颜色，在

[22] 关于该文书，见 [法] 苏远鸣等合编《法国国家图书馆藏伯希和汉学基金：敦煌汉文手稿著录》第一卷，页10—11。

[23] [法] 郭丽英《5—10世纪中国佛教的忏罪与悔悟》。

[24] 这个卷子在中间一分为二,翻过来将两件背面沿垂直边缘连接起来,呈现的是另外一幅描绘《华严经》三界九地(被认为是证达菩萨位的阶段)(P.2012)。画家再次用文字而非图像传达信息。用文字标别月、"南阳"、天人、亭台楼阁和菩萨。国家图书馆所编目录认为,这张画稿可能是一张纸本彩色墨印的画稿,但在左侧缺少与这个主题相关的九方曼荼罗。这种构图也出现在绢画和石窟窟顶的斜披上。见[法]吉雅思、[法]苏远鸣、[法]戴仁等编《西域美术:大英博物馆斯坦因搜集品》第一卷,页51—67。

[25] 观世音菩萨的第三幅画(P.4518.11)也有这些相同的色点。图版见[美]胡素馨《8—10世纪中国唐代画家生涯》,图70;及《敦煌画师、写字人及其他艺术家的手工与绘画》。

缩略的密教人物和持物上标注了"地黄""地青"和"地五色"。这些画稿不同于前文讨论的幡画、壁画及窟顶壁画画稿,它们反映了一套用于制作宗教仪式图像的规则。这些仪轨起初用于指导观想而非创作。[24]画师使用文字代替图像来表达信息。

这种诠释图像素材的方法,可以与另一件功能不同的曼荼罗画稿作比较。这幅金刚界曼荼罗画稿(彩图23)不同于前文所述用文字标注仪轨图像的位置和色彩,而是真使用了少许颜料。在这幅曼荼罗和另外一幅可能为密教愤怒相明王的单色画稿上,间缀有蓝、红、绿、黄及棕色的色点,也许是为作坊画师或学徒提供的指示。密教图像中的配色方案非常关键,因为色彩传达的图像学信息十分重要;同时冥想也要显现具体的色彩。因此在绘制曼荼罗时,每个部分必须根据特定内容去绘制。[25]笔者大胆猜测,这些不同的色点可以确保即便主力画师缺席,图像也可以正确上色。这些不寻常的色彩提示也可能用于制作沙画,这是一种藏传佛教传统中常见但无法留存的绘画形式。总而言之,依据这些指示创作的艺术品,应该会被用于仪式。

还有一类曼荼罗图像涉及另一套可视的仪式。这类作品中有一件(S.172),画面中心是一朵莲花,花瓣则被抽象成法轮状(彩图24和图4.13)。画师在画稿上为学徒做了注记,建议改变图案样式。在画稿左侧(标有"南"),画师标注:"此方画下头神,其手印移向西方。"画师标注应拿掉法器,腾出空间来加上与之相配的手印。相同的说明文字重复出现在另外三个方位基点的入口处。动词"用"意指并非作画,作画一般用"画"或"绘"。这种类型的草图很可能是用来指导沙画绘制,沙画通常是

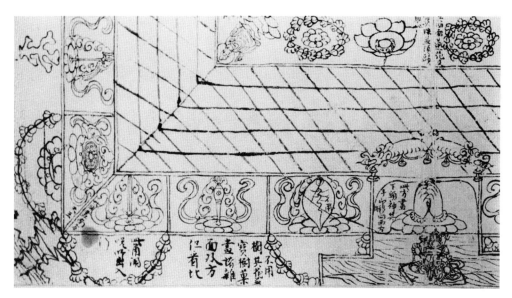

**图 4.13** 莲花中心曼荼罗图：左侧局部（南壁）/S.172/10 世纪/整卷尺寸 58.5 厘米 × 57.5 厘米/作者拍摄/经大英博物馆许可拍照

由僧侣来完成的一种仪式。

如前文所述，其他曼荼罗草图并非用于绘画，而是仪式。现藏大英博物馆的 S.173 是敦煌藏品中少有的朱墨画稿，它可能用于诵读陀罗尼经，因为在画面中心写有经文（参见另一件作品 S.5656）。[26] 画像、金刚杵、莲台都只是简单勾勒，但是画面绘制精确，表明这件作品是成品。其他与禅修实践有关的仪式文献是在宗教活动而非艺术实践中发挥作用。S.6348（图4.14）的边缘部分以及曼荼罗空白处写满了小字，这些文本综合了12种不同的祈祷和经文，推论它主要是为了满足识字信众的精神需求。在中古中国、吐蕃、龟兹及于阗地区，通过文本和图像向大日如来祈求，体现了佛教庇护平安的重要功能。另一件用于法会上的单色仪轨图（图4.15）被用作构建一个供奉陀罗尼经的仪式空间。在平面绘制的钵器、

[26] 另外两件有图文的完成的作品收藏在吉美博物馆（EO.1182）和耶鲁大学美术馆（1955.7.1）；两者都是绢画。另有一件罕见的藏文印刷品（P.tib.4216），用朱墨印制文字和图片，中央是黑色墨书的汉文曼荼罗。见[法]郭恩、[法]蒙曦《中国印象》，页38。

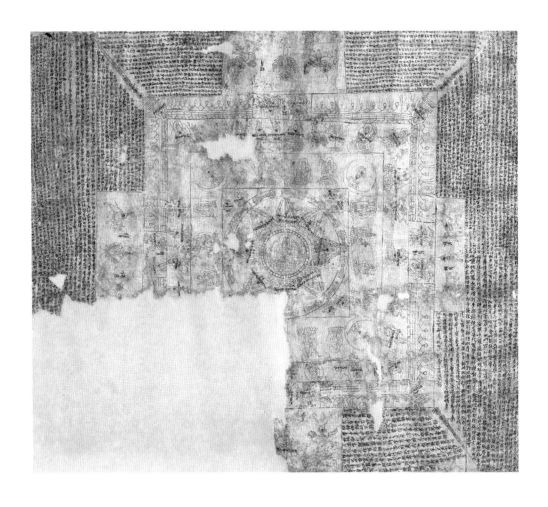

图 4.14　写有 11 段经文的曼荼罗图 / S.6348 正面 / 纸本设色 / 654.0 厘米 × 76.2 厘米 / 经英国图书馆许可使用

瓶子旁标注了汉字，以表明容器里应有的物品，如水、香或灯油。除咒师的座位和香炉的位置之外，四个基准方向也被标注出来。

仪式经文也可以是印制的。印有陀罗尼画及经文的印刷品便变成了加持品；它们可以大量快速复制。980年制作的大随求陀罗尼图像中 (S.249, 图4.16)，即用形制相同的极小梵语字母写成环状文本，几乎无法用于仪式中念诵。这件陀罗尼及类似的其他作品被大量复制，以满足世俗信众不断扩大的需求；在敦煌藏经洞中就保留

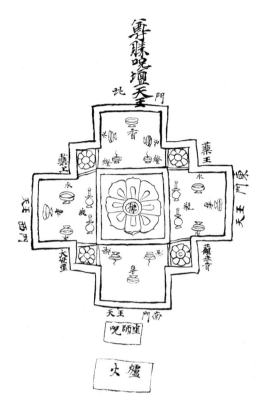

**图4.15** 佛顶尊胜陀罗尼曼荼罗图/S.174/墨色纸本/10世纪/
44.0厘米×30.5厘米/大英博物馆版权所有

了一些类似的印本。[27]这些陀罗尼图像很可能不用于寺院仪式，而是作为护身符广泛传播。敦煌发现的这类陀罗尼经版画，时间上从10世纪至11世纪早期。[28]但是我们可以推测，在密法修行中，僧侣应该采用复杂的文本和仪轨图，依据特定仪轨手工制作，这不同于大量印制的版画，后者代表了面向信众的通俗表达。然而，这些版画可能被赠予信众，作为其布施给寺院织物或粮食的回馈。在下一章中，笔者将重点关注讲唱、文本及图像之间的交融。

[27] 法国国家图书馆藏有这件经文的准确复制品(TH2)，另一件梵文陀罗尼藏品(TH1)见[法]郭恩、[法]蒙曦《中国印象》，图版39。

[28] [法]戴仁《大随求菩萨真言初见》。

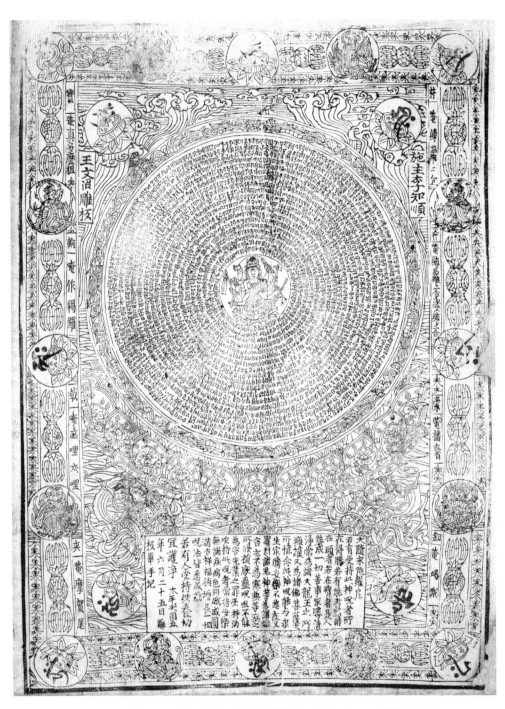

图 4.16　大随求陀罗尼／八臂观音／画面中心和边角为梵语陀罗尼经文，间缀汉字／S.24／雕版纸本印刷／D.980／41.7
厘米 × 30.3 厘米／大英博物馆版权所有

第五章 —— 表演：讲唱与视效

壁画师创作思路的关键，在于其徒手作画过程中转眼即逝的瞬间。前文从材料出发分析了画师的绘画实践，以粉本为线索讨论画师的艺术空间与理论。本章将重点研究绘画中的演出场景。8世纪至9世纪的唐代艺术风格中，出现了一些地方特色。这一时期寺庙壁画日渐增多，画师因此更能描绘表情、身姿及流行风俗等视觉现象。寥寥几笔的草稿，可以表现逼真神韵，提高直观感受，这种技术广泛流传。草稿的这些特性凸显在，画师对人物动态高度集中的某些题材兴趣浓厚。他们思路灵活，能针对变化的环境随时调整，使之契合图像中的这些表演、戏剧和动作主题。

从这些有关礼仪、风格与技术表现的主题入手，本章将要讨论讲唱叙事和民间传奇如何进入壁画。这一时期的中国及中亚绘画中，艺术与表演的关系极为密切。题材、赏评、草稿，以及寺院和坊间的讲唱，都说明戏剧元素风行于现实和图像世界。这些元素在劳度叉斗圣变壁画中体现得淋漓尽致。第二章列举了15个例子，接下来将研究这一主题的具体内容。

首先要关注故事的起源或其社会背景。中古时期的中国和中亚东部，抄经与绘画是分开的。抄经生和画师职衔不同、处理不同的材料；尽管抄写经文和绘画都需要使用毛笔，但现存史料表明，二者分工明确、各自独立。[1]除用于宗教仪式的僧画草图外——这需要两重角色兼具——画师的参考材料一般仅限于各作坊中流传的粉本。据此判断，画师不太可能通过阅读经文来创作劳度叉斗圣变，应该只是参考了作坊粉本。但如果是不太为人所知的讲唱文学呢？画中的榜题与"变文"类似，这是一种成熟于8世纪的、具有表演性质的新文学

[1] 虽然巫鸿引经据典地讨论了变文或经变故事与壁画特性的迥异，但认为是画师书写了这些榜题。然而现有材料表明并不支持这一推断。见[美]巫鸿《什么是变相：兼谈敦煌叙事画与敦煌叙事文学之关系》，页159、188。

类型。有些变文是今天小说的雏形。变文是否有可能勾连文字和绘画两个领域？如果其从事者并不共享这些资源，相似的内容又是如何同时出现在文学和绘画中的？本章将讨论画师如何基于讲唱进行创作，并阐释其如何跻身于表演者、讲经师及抄经生中，共同成为讲唱传统的一部分。"劳度叉斗圣变"这一主题极为流行，同时见于经文、讲唱文学、草图及壁画中，足以评估画师在佛教叙事中所起的作用 (彩图9和彩图10)。

## 历史编纂和叙事来源

借由民间文学及正式经本中的诸多现存记载，三幅劳度叉斗圣变长卷及十五铺壁画(860—980)的内涵更加丰富。劳度叉的故事现存于佛经、榜题及民间文学文本中。民间文学也就是变文，其之所以重要，原因有二：其一，劳度叉斗圣变的变文出现于9世纪后半叶至10世纪，与十五铺壁画的绘制时间重合。[2]一般认为，变文是中国民间文学的源头，反映了和故事讲唱有关的地方言说模式。其二，地方变文一如绘画，与口述传统有关，而口述可看作第四种文本。这种口述常见于故事表演及经文俗讲中(考虑到讲经更为正式，也可以将其单列为第五种文本)。这种口述没有留下物质遗存，但它们的存在贯穿于所有图像呈现中。

至少有十位学者曾研究过劳度叉斗圣变不同写本之间的关系，结论多有矛盾。[3]回顾过去百年有关之文献，最重要的结论是：劳度叉斗圣变研究不仅提出了许多有关民间文化和表达的根本问题，一定程度上也反映了学界对中国古代民间文化的研究现状。我据此划定

[2] 英译见 [美] 梅维恒《敦煌通俗叙事文学作品》，页 31—84。

[3] 诸多研究如秋山光和、蔡伟堂和李永宁、欧阳桢、金维诺、金冈照光、梅维恒、松本荣一、石听泉、樊隆德及巫鸿等。他们的论述将在相关段落中进行引述。

相关经变画的研究问题，重点关注图像表现和讲唱文化之间的关系——这一中国绘画中的问题有待进一步研究。讨论的中心是口头传播的讲唱文化如何影响了绘画及呈现。但我不认为这些壁画是僧侣讲经的道具。

对这个广泛流传于中亚地区的故事，早期研究将其追溯至5世纪《贤愚经》中的"须达起精舍"一事。一般认为，须达起精舍是劳度叉斗圣变的出处。[4] 20世纪20年代，高楠顺次郎和莱维鉴于《大正新修大藏经》的编纂，对《贤愚经》5世纪至13世纪各译本之间的关系进行了深入研究。他们对比了新整理的千年来各种反复出版之经院印刷文本。[5] 然而伯希和与斯坦因对敦煌的考察以及大量运至欧洲的文书，改变了这一研究进程。因为敦煌文献和壁画作为中古文化的重要组成部分，完整保存在一个几乎未曾被破坏的环境中。[6] 其中许多甚至大部分的文本是手抄卷。即它们多是独一无二的、有差异的个体手抄本，而不像《大正藏》辑录佛经那样是反复出版的印刷品。敦煌遗存的发现和流散，拓展了研究的领域，它不仅提供了《贤愚经》的未知版本，还提供了极有趣的变文——年代稍晚、带有僧侣及供养人的姓名，反映出这部经典在民间的普及程度。[7] 这都赋予敦煌文献前所未有的意义。特别是莫高窟第17窟藏经洞中的民间资料，显然不可能再仅仅将其视作佛教传统和经典，相反必须将形形色色的民间佛教纳入想象，其繁荣不仅区别于印度传统，也不同于中国城市中那些朝廷赞助的寺庙。[8]

斯坦因与伯希和在考察中拍摄了上千件壁画照片，为研究提供了新的图像资料，其中就包括莫高窟和榆林窟中6幅劳度叉斗圣的经变画，促成了石窟图像的比较

[4] T.202：10，418b—421b.［日］高楠顺次郎《汉藏两版智愚故事》；［法］莱维《中亚的〈贤愚经〉》。

[5] 事实上，作为《大正新修大藏经》的编纂者，高楠顺次郎研究《贤愚经》得益于对经文的熟悉。

[6] 伯希和誊抄了第146窟和第55窟的"劳度叉斗圣变"榜题，尽管这些文字和其他有关敦煌的田野考察笔记（18个"劳度叉斗圣变"题材壁画的石窟，14个有榜题，这些榜题文字也包含在内）直到20世纪80年代才出版。见［法］伯希和探险队编《吉美博物馆馆藏伯希和探险队榜题与壁画》第9卷，页1—6；第1卷，页14—29（第146窟/P.8）；第4卷，页22—28（第55窟/P.118f）斯坦因到过榆林窟，并拍摄了第32窟北壁上的"劳度叉斗圣变"绘画。关于斯坦因的报告，见［英］斯坦因《西域考古记》第2卷，页549—560、603—607、791—1088，图213（第55窟），图233—234，236（第146窟）；第3卷，照片，图245（榆林窟第32窟）。

[7] 石听泉罗列了十三个版本的敦煌本《贤愚经》，参见［美］石听泉《敦煌佛教叙事文本》，页70，脚注82。

[8] 佛教传统的博大精深，体现在脱离轮回的佛传事迹、佛陀涅槃后两千五百年的传承，以及佛教在亚洲地区的传播。参见［美］洛佩兹主编《佛教修行》第3卷。

[9] [日] 松本荣一《关于敦煌出土开元年间的绘画》第1卷，页201—211；第2卷图版67a—71b。

[10] 该文书是为表演准备还是某人凭记忆事后书写，尚未定论。从修辞风格和书写流畅度来看，这卷过于字斟句酌，并非作为口头表达的提示。尽管如此，欧阳桢和梅维恒都认为P.4524为俗讲者所有并使用。见欧阳桢《口语：变文中的口头叙事》，页49、162；[美] 梅维恒《唐代变文：佛教对中国俗讲和戏剧产生的贡献之研究》，页115、121。梅维恒后来改变了想法，相比这些壁画作品，推测该文书可能要晚两个世纪。他认为该卷是表演者凭记忆书写，并非用于表演。见[美] 梅维恒《舍利弗与外道六师斗法：一件变文图卷的口头与视觉侧面，p.94524》，页41；石听泉做出判断，质疑该文书缺少了俗讲者材料常见的书写或有同音异字错误。见《敦煌佛教叙事文本》，页62。

[11] [法] 樊隆德编《舍利弗与外道六师：法国国家图书馆藏中文抄本4254复制件》，页1—32；梅维恒《舍利弗与外道六师斗法：一件变文图卷的口头与视觉侧面，p.94524》，载《亚洲专刊》III第8卷第2期 (1995)，页1—52。

[12] [美] 梅维恒《绘画与表演：中国的看图说话及其印度起源》，页2。

研究。松本荣一是首位借助新图片材料研究劳度叉斗圣变的学者，他开辟了现代佛教艺术史，侧重于图像与文本之间的图像学联系。[9]

1954年，法国学者樊隆德（Nicole Vandier-Nicolas）发表了有关劳度叉斗圣变起源的论文，首先将这个经变故事及其绘画与敦煌地区的俗讲文本联系起来。她的研究为延续至今的劳度叉斗圣变研究提供了基础。樊隆德对P.4524绘图长卷做了深入考证，认为这幅图很可能曾为劳度叉斗圣变的说书人所有。长卷背面写有唱词，正面是劳度叉和舍利弗的论辩场景。这些画很可能是为了现场表演而绘制，可能是现存证实属于说书人的唯一作品。而文字看来似乎是在即兴讲唱中随手写下的记录。[10]樊隆德的文本考证及梅维恒对该长卷特点的研究有力证明，这种地方化版本的劳度叉斗圣变故事应该源自看图说话的讲唱传统。[11]梅维恒致力于研究《破魔变文》（即劳度叉斗圣的变文）的来源和形式。他推测，大唐与中亚地区常见的这种看图说书传统应该来自印度，是佛教世俗化的表现。[12]巫鸿考证了"变相"这一概念的含义，认为壁画未曾用于讲故事。如本章所述，壁画应可作为了解说书讲唱、传奇故事及石窟寺外其他活动的参照。

如第二章所述，劳度叉斗圣变的情节非常引人入胜。舍卫城的须达多长者皈依了佛教，他想购买祇陀太子的庄园以营建精舍，但祇陀太子认为价格不合理，因而引起冲突。当地外道借此挑战佛教的权威。外道，即在"道"之外，指宗教异见者，也有偏离或异于文化正统的意思，这些异教徒也是政治上的障碍。上奏国王后，国王下令让六师与佛教徒当场比试法术，获胜者可以在祇陀园修建精舍——这一情节是整个故事的缘起，同样重要的是，画家在画面右侧边缘依次安排了这座院落、修筑计划和国王的裁断。它们尺寸较小，说明其起到补充说明的作用，以及与此前的事件处在不同的时间点(图2.12)。佛教徒找来舍利弗为斗法做准备(画底中心)，舍利弗处于天界的佛国(左上方)。最后他用甘露水战胜了外道首领劳度叉，然后从画面的上方边缘飞出，绕一圈后又回到了故事开端。画面边角为补充情节，正中为舍利弗与劳度叉斗法的主战场，主战场正中呈现了正在做决断的国王(彩图25)。斗法中的舍利弗与劳度叉体量较大，位于画面两侧，包围了中间六次斗法的场面。图像中心由故事的缘起和台座上的两位大体量斗法者组成(图2.19)。

这类丰富的叙事，因其对民间文学发展的重大意义，而在20世纪20年代的白话文运动中颇受中国学者注意，他们希望从中国人的共鸣出发，追溯讲唱文化和白话的源头。[13]1957年王重民等编的《敦煌变文集》，是将唐代文学视为中国民间文化源头而进行的数十年研究成果的结晶。[14]但问题的关键在于，这些佛教主题相关的文本是否算得上经文。这些文本为方便普通人理解，简化了佛教概念。[15]劳度叉斗圣的变文《破魔变文》基本属于这一类型，但以三种不同方式呈现；这就给理解这类文本与讲唱的关系带来了麻烦。上述三种方式分别是：其一，带有唱词的长画卷，可以一边阅读一边看图(P.4524)，标题中带"变"字；其二，未附任何图片、制作背景不明的变文；其三，讲经时使用的其他变文(P.2187)，标题为"押座文"(长篇经文的简短介绍)。[16]变、变文以及押座文给普通人提供的究竟是经

[13] 短篇小说家和散文家鲁迅是20世纪20年代白话文运动的推动者。该运动旨在推动中国文化和发展俗文化，包括木刻版画和用白话文书写的小说，以取代大多数场合下仍在使用的古体。

[14] 王重民等编《敦煌变文集》。

[15] 向达《唐代长安俗讲考》。

[16] 现存六次斗法变文的文书。(1)最完整的一件文书被分成了两段，一段现存国家图书馆BJ.1589(曾为罗振玉所有，后由胡适珍藏)，另一段现存大英图书馆S.5511，两者皆出自10世纪；(2)天福十四年(949)的S.4398已大部分不可辨；(3)P.4615也是一块残件，10世纪后半叶，包含了一位贵族成员的墓志铭；(4)罗振玉收藏的另一个版本，内容载其《敦煌零拾》一书；(5)S.4257.2；(6)P.3302(也包含其他壁画的榜题)。后两件不仅是变文，也誊录了斗圣变壁画中的题文。
金冈照光对P.2187进行了详尽研究，《敦煌的文学与文献》，载《讲座敦煌》卷十一第四章，页369—375。P.2187(944年)曾被归为变或变文；金冈照光认为是押座文，镇压四座的开场白。

[17] 关于如何区分变文和佛经俗讲文，见白化文《什么是变文？》，[美]梅维恒译，载《哈佛亚洲研究》第44期第2卷（1984年12月），页493—496。

[18] 我认为，秋山光和引用的是目前公认的斗圣变标准文书（如今分成两件，S.5511和BJ.1589）。见[日]秋山光和《平安时代世俗画的研究》，页389—467。

[19] 榜题的誊录（壁画情节概要、供养人身份及历代游人的题记）是成立于1944年的敦煌艺术研究所从事敦煌研究的重要部分。

[20] 李永宁和蔡伟堂对比了S.4257.2《破魔变文》和第13窟的榜题，因此，他们没有采用秋山光和的誊录文进行对照。见李永宁、蔡伟堂《〈破魔变文〉与敦煌壁画中的"劳度叉斗圣变"》。

[21] 秋山光和的研究反映出当时的普遍观点，壁画是讲经时使用的。参见其《平安时代世俗画的研究》xxxi，页427；以及李永宁、蔡伟堂《〈破魔变文〉与敦煌壁画中的"劳度叉斗圣变"》，页187—189。

[22] [美]巫鸿《什么是变相：兼谈敦煌叙事画与敦煌叙事文学之关系》，页190—191。

文介绍，还是纯粹娱乐？[17]哪个传统最能反映民间文学中的口语化特点？变文文本长卷和劳度叉斗圣变中的榜题存在密切的对应关系，因而使得这一问题更加复杂化。

在一些关键处，壁画与上述口头／书面传统之间存在着矛盾或缺佚。秋山光和是首位将绘画长卷、独立变文及标记了关键场景的榜题联系起来的学者，他的一系列研究，确证了变文和壁画之间存在密切联系。通过比对敦煌第55窟、第146窟的榜题与变文文本中的句子，他论证了上述观点。[18]中国学者转录了所有该题材的榜题，对这一看法进行了补充，但强调变文和壁画榜题有出入。[19]李永宁和蔡伟堂通过更多题记，证明斗圣变的榜题并非直接复制于变文。[20]他们还明确指出，当时并不会在石窟内用壁画向普通人普及佛教知识或提供娱乐。[21]两位学者认为，壁画中故事相对混乱，使得讲经者在石窟中无法有效地向观者传达故事情节。如第一个场景出现在画面中心偏下的位置，第二个场景却发生在壁画的右上角。三十多个场景，似乎是随机散落在壁画中。李、蔡对场景进行编号，指出叙事的复杂性，强调讲唱者几乎无法将壁画作为叙事道具。从文本顺序来看，图像的叙事散乱不连贯，这表明画师在创作中应该没有参照变文；否则画师会按照清晰连贯的线性结构组织壁画内容。巫鸿受到这两位学者研究的启发，指出斗圣变的榜题有别于变文内容，更可能是绘画作品启发了文学创作。因此，他颠倒了"影响"的双方，认为壁画才是变文的源泉，画师启发了文本创作。[22]

这些研究提出了几个关键问题：其一，写手和画师是（不同场合）这个故事的共同创作者，双方是否有互动？如果存在，又是怎样进行的？其二，画面叙事情节错乱，缺乏与文本逻辑相似的图像逻辑，画师为何要创作这种整体很难解读的作品？其三，画面是如何表意的？其四，绘画是否必须有与文本一样的叙事标准？其五，如果否认变文和榜题之间有直接联系，那么绘画是否依然为讲唱表演的产物？

坊间研究聚焦于变文、佛经和榜题的区别，而秋山光和主要关注斗圣变的粉本。[23]但他并没有尝试将斗圣变的粉本与壁画联系在一起。该题材的流行如何导致了标准图像的出现，这个问题仍待解决。

欲回答上述问题，必须充分重视图像；回顾过往研究，壁画本身很少受到关注。整体来看，虽然学界分析《破魔变文》各有侧重，但都强调重建包括榜题在内的文本之间的语言逻辑。文本是分析所有材料的基准，如最新研究认为，文本的逻辑和次序是研究故事诸表现形式的稳定内核，图像也不例外。李永宁和蔡伟堂指出，壁画并未遵守讲唱文本的逻辑，但实际上他们未曾注意图像本身的次序，因而削弱了图像的意义。而对起源于早期佛教文献的民间文学来说，这些壁画却意义重大。

与其把文本看作独立于社会和历史之外的封闭系统，不如侧重讨论讲唱中的转型如何影响了图像，或许进而可以厘清故事的演进。"劳度叉斗圣"以全新的方式融汇了文本与图像，包含视、听、说等多种传统——这就要求我们改变过去绝对以文本为主导的研究方式。[24]第六章会讨论9世纪末至10世纪期间中国美学思想的转向，其中更注重自然表达，如表现日常生活的风俗场景。变文与绘画的思想转变颇为类似，这种新出现的文学题材特别注重使用口语化的词汇。

[23] [日]秋山光和《劳度叉斗圣变白描粉本与敦煌壁画》。从广义上讲，秋山光和、李永宁和蔡伟堂都借用了金维诺对《破魔变文》和壁画的早期研究，金维诺的《祇园记图考》和《祇园记图与变文》发表于1958年。

[24] [美]沃尔特·翁《口语文化与书面文化：语词的技术化》是一部重要的口语文化理论著作。

图像通过夸张的姿势突出了人物的动态，与"劳度叉斗圣"中的通俗化表达相对应。在这些壁画故事中，人物姿态有别于早期作品。画中人物处于一种新"俗体"之中，不断延展故事情节。尽管某些人物激情洋溢，塑造夸张变形，但因神通以日常场景呈现，人物姿态合乎情理，故而令画中的神奇世界更为可信。这个故事中，非经文的部分都用于现场讲唱（或抄录于这种讲唱之后），这种现场性在绘画中有所表现。故事的图像表现了现实中时间相继的瞬间性（与故事的文本叙述相反），可以解释为何视觉空间会被分成不同的断章，如六次斗法 (图2.19) 的情节相对独立，是分别绘制的。此外劳度叉和舍利弗相对而设，意味着存在一个类似舞台的空间；其间的六次斗法仿佛同一情景里的多场演出。考虑到这个故事起源于俗讲——无论是僧侣讲经还是普通讲唱——图像的最初来源可能与这种文本传统存在联系，无论图像与文本孰早孰晚。换言之，如果注意到俗讲或讲唱对画师创作的决定性影响，可以推测出文字是其构图的一种补充，而不是关键。视觉和文本表达之间存在相关性。文本里处理早先故事的瞬时情节，其中出现的动作描绘是分析构图的重要元素。[25] 正如所见，人物姿态似可说明画师也许借鉴自表演者的台上动作。这种图像的张力，既反映在画师对不同时刻不同情节的描绘，也体现在它们于更大构图中如何呈现。

依图像逻辑梳理讲唱文化的因素，会带来对绘画制作方式和关键场景意义的更多讨论。对制作方式和内容侧重两方面的研究，凸显了画师作画不同于书写创作的重要意涵。

[25] 相比书面语，叙事的口语化更具优势，见 [美] 乔尔·库佩斯《表演中的权力：印尼松巴岛宗教仪式讲演中尔语宗教演讲的文本权威性的创造》，页2—5。

## 讲唱及故事的出现

各种证据都表明，"劳度叉斗圣"的故事脱胎于口头讲唱和经文俗讲。对绘画研究而言，这可能是有关这一故事历史讨论中最重要的方面。即使是佛教经典如《贤愚经》中关于其最早的记载，也是经过文学加工的。据6世纪初《出三藏记集》记载，《贤愚经》是于阗流传的佛教故事合集，该经的体例及经目记载的传译过程皆可证明之。[26] 455年，河西凉州沙门慧觉在于阗般遮于瑟大会辩经说法。尔后他在回凉州之前，于高昌停驻，将在般遮于瑟大会上听到的胡语讲经译成了汉文《贤愚经》。其间得到了另外七位僧人的协助。[27] 这部经书创作时的实际环境暂且不表，《贤愚经》十三卷共有69则独立的小故事，看点各异，来源应各有不同。这些故事涉及本生故事及因缘譬喻等，结构非常松散，相互之间没有任何叙事联系。[28] 或者说，鉴于多数故事主题相关，都是在讨论善恶因果，因而被命名为《贤愚经》。也许起个"贤愚众生故事集"这样的标题，更能准确反映其内容。每个故事都以"如是我闻"开篇，突出了其口头传播的特性，虽然这在佛教经典中颇为常见。[29] 当然，《大正藏》每部经文的开篇也都有这一引语，但在《贤愚经》里，这句话起到了分割故事段落的作用。其中，第48个故事与本研究直接相关。这一品名为"须达起精舍品"，之后作为劳度叉斗圣变，多次出现在绘画作品和讲唱文学中。《贤愚经》的每个故事皆独立成篇，因此该品与其前后品之间没有太大关联。[30]

5世纪《贤愚经》的"须达起精舍品"包含"寻园"和"斗法"两个故事，二者篇幅类同，在讲唱及文本中应

[26] [南梁] 僧祐《出三藏记集》，相传成书于约506年至512年，T.2145；55.67c. 相关文字转引自 [美] 梅维恒《绘画与表演：中国的看图说话及其印度起源》，页39—40。

[27] [美] 梅维恒《绘画与表演：中国的看图说话及其印度起源》，页39—40；[法] 戴密微编《大正大藏经总索引》第31卷，页245；[法] 西尔万·莱维《中亚的〈贤愚经〉》，页312—313；[日] 高楠顺次郎《汉藏两版智愚故事》，页458—459；[日] 秋山光和《平安时代世俗画の研究》xxxi，页394；[法] 樊隆德编《舍利弗与外道六师：法国国家图书馆藏中文抄本4254复制件》，页2。

[28] 高楠顺次郎整理了全部的69个故事，参见其《汉藏两版智愚故事》，页448—452；他认为《贤愚经》为本生经或譬喻经的一种，页447；[法] 莱维《中亚的〈贤愚经〉》页313中，认为这部经源于譬喻经文献（后续影响的源头或本因）；[法] 樊隆德编《舍利弗与外道六师：法国国家图书馆藏中文抄本4254复制件》页2认为归属律藏。《贤愚经》收录于《大正新修大藏经》"本缘部下"；[法] 戴密微《大正大藏经总索引》第31卷。

[29] 如是我闻，T.202：10，页419—423。

[30] 须达多建祇园精舍的故事早于慈力王施血救生，晚于波罗奈人身贫供养，T.202：10，418a，422b—423a. [日] 高楠顺次郎《汉藏两版智愚故事》页449将这些故事收集在第二和第三部分，编号13至15，与大正藏的次序不一致。

[31] 大致梳理须达多建祇园精舍的历史文献。与"劳度叉斗圣变"两位主角完全有联系的两部经（虽然T.202: 10《贤愚经》出现六位，而这两部经出现了四位）分别是T.1450: 7《根本说一切有部毗奈耶破僧事》和T.191: 12《众许摩诃帝经》。见欧阳桢《口语：变文中的口头叙事》，页158—159；[日]松本荣一《敦煌画研究》第一卷，页201—211。其中一次斗法出现在《大唐西域记》（T.2087,"室罗伐悉底国"条，记载玄奘法师印度取经见闻），这部唐初著作成为明代古典小说《西游记》的创作素材。

[32] 精舍选址的故事，在多部经文中作为长篇叙事的部分出现。记中也有出现，人员有所不同，但形式上都没有斗法。两件敦煌文书（P.2344和P.3784, 9—10世纪）《祇园图记》便是例证，选址环节如何演变成一个独立故事。P.2344和P.3784。参见[日]秋山光和《平安时代世俗画的研究》，页433—434，图174—175。

[33] [美]巴斯维尔编《中国佛教疑伪经》第17章多处。

该都是独立存在的，[31]因为这两个故事也经常单独出现在如《法华经》等其他经文中。[32]"为佛陀说法寻找精舍"和"与外道斗法"两处应是各自流传的。我们几乎完全不能梳理文本变化的准确脉络，因为在讲唱和记录中故事在不停地发展演变。简而言之，《贤愚经》记载的"须达起精舍品"，仅是5世纪时这个故事的记录；"寻园"和"斗法"的故事前后都可能有很多版本，其中大多数都在无法还原的口头俗讲之中。但可以确认的是，"须达起精舍品"及收录这故事的《贤愚经》，都不是什么来源明确的译本。没有证据说明汉文文本之前即存在包括其中所有情节的独立梵文文本。整部经文也并非都是舶来故事，实则是河西走廊的本地产物。这是中国中部平原和狭义的西域地区（今新疆）之间的缓冲区。包括"须达起精舍品"在内，《贤愚经》的体例也表明，这本经书是对寺院俗讲中所含故事的结集，带有强烈的口头叙事色彩。

再有文本传播的语境问题：对《出三藏记集》中有关慧觉曾在于阗参加五年一度的般遮于瑟大会的记载，或者可能对其准确性提出质疑。本土杜撰的汉文伪经，一般会宣称自己"源自"中亚以增加可信度。[33]似乎有多种语言并存的中亚在梵文（印度）"原始"版本和汉文版本之间调解，经文真实性也就无从质疑了。在《贤愚经》僧侣译文的虚构故事中，这些说法都可以找到；中亚的两座城市中，不同民族的高僧借用不同语言展开了热烈交流；于阗对敦煌文化意义重大，各教在这里相遇；同在中亚的高昌，作为翻译地担当中转站的角色。甚至可以质疑慧觉这次远行是否确实存在，文本可以轻易在甘肃被杜撰出来，并像其他许多广为流传的汉文文本那样，冠以于阗—高昌这类与"高级宗教"相关的"体面"来源。从该书的流传、纯熟的汉文语法以及其并非完全译本等元素综合来看，凉州僧侣慧觉应是《贤愚经》的主要作者或编译者。[34]虽然尚无学术研究谈及这一点，但笔者认为，或许这本经书的作者，其本地身份赋予了故事与敦煌的紧密内在联系，可能有助于解释这个故事为何会在敦煌地区的文献、俗讲和图像中流行甚久。[35]

从这个角度来说，《贤愚经》属于伪经，即为非域外来源的经文杜撰一个异国来源，以期增加经文的权威性。[36]这类本地经文往往涉及特别中国化的问题，如祖师崇拜等，还包括大量在讲唱文和敦煌壁画中流行的故事。[37]讲唱文学的出现和发展，都与寺院经文密切相关，但对象更为广泛、听众以普通人为主。显然，中国佛教传统能深入地方实践并在民间叙事中持续发展，这是其最有意义和活力的部分。它们常以佛法正典的面貌出现，但这不能说明有多少人读过纸本文献；相反可能是其故事在讲经中非常流行，辅以文字记载佐证。

有关"劳度叉斗圣"故事的传译记载，印证了上述这种假设的传播方式。这本故事集之中，每个故事都以"如是我闻"开头，这一句式说明故事来自俗讲，尽管它是梵文中很常见的惯用语，但毕竟表明在成书之前，就存在一个口述版本。在般遮于瑟大会上，河西沙门耳闻目睹了诸多生动辩论后，又耗时数月学习了胡语，最终编纂了这本故事集。[38]6世纪对这次旅行的记载如下：

> （般遮于瑟之会）三藏诸学，各弘法宝，说经
> 讲律，依业而教。（昙）学等八僧随缘分听，于是竞

[34] 这并不表明，僧侣们借阅的材料中没有于阗国的口头文献。

[35] 1901年至1988年期间，研究《贤愚经》的大多数学者认为该经源于印度，如［日］高楠顺次郎《汉藏两版智愚故事》，页453；［美］梅维恒《绘画与表演：中国的看图说话及其印度起源》，页40；而樊隆德则在《舍利弗与外道六师：法国国家图书馆藏中文抄本4254复制件》页2认为该经源自中国。

[36] 目连地狱寻母是中国俗文化中最家喻户晓的故事之一。更重要的是，这个故事见于佛经P.2185《佛说净土盂兰盆经》和T.2858《大目乾连冥间救母变文并图》，并非源自印度。参见［美］巴斯维尔编《中国佛教疑伪经》第19章，页28—30。"劳度叉斗圣变"故事的演绎与目连故事相似，二者都最终与本土传统相关并广为流传。

[37] 这些经文通常涉及孝道和来世，在佛教传播之前即为中国人所关心，不同于印度佛教徒的生死观。如T.2887《父母恩重经》，P.2003、S.2815、S.3147《阎罗王授记经》及T.365《观无量寿经》。

[38] 出自僧祐《出三藏记集》，转引自［美］梅维恒《绘画与表演：中国的看图说话及其印度起源》，页39—40。

[39] 出自僧祐《出三藏记集》，转引自 [美] 梅维恒《绘画与表演：中国的看图说话及其印度起源》，页 39—40。

[40] [美] 马克瑞《对话与早期禅宗的转型》，页 340—341。马克瑞指出直到 10 世纪辩法才在禅宗文献中出现，这印证了我的观点，5 世纪经典中的对话只是初始形式。

[41] 参见 [美] 白居惕《将佛陀带到人间：论佛教〈语录〉文体的出现》，页 62—65 多处，及页 71、86。在印度尼西亚文学中，口头演说形式最具权威。参见 [美] 乔尔·库佩斯《表演中的权力：印尼松巴岛宗教仪式讲演中文本权威性的创造》。实际上，佛教传统亦是定期记诵经典。

[42] 欧阳桢和梅维恒都简要指出"劳度叉斗圣变"中劳度叉和舍利弗几次生动辩法的联系。参见欧阳桢《口语：变文中的口头叙事》，页 46 注 40；以及 [美] 梅维恒《唐代变文：佛教对中国俗讲和戏剧产生的贡献之研究》，页 202 注 103。

习胡音，析以汉义，精思诵译，各书所闻，还至高昌，乃集为一部。[39]

马克瑞（John R. McRae）在研究《辑录简答》时提到，对话录中描写禅师和学生交谈，并不一定是对事件的客观记录，而是对一些相似事件的仿拟，以此重释历史事件中人物如何开悟。[40] 尽管《贤愚经》采用了较为传统的文学形式，但还保留了讲经辩经的意识——这是一种口头叙事的早期书面记载方式。其中保留了僧人之间对话或辩论的感觉，令读者感觉活灵活现，如在眼前。随着佛教在中国的发展，出现了对"自然的"表达的偏爱。尽管文本不断被抄写复制，以心传心或口传心授的思想依然深植于人心，之后变成了佛经中标准的叙述结构之一。[41]

## 表演、辩经和吐蕃文化

虽然文本中白话译本成为标准样式之一，但口头辩经却成了传播佛法的主要方式。在于阗，辑录《贤愚经》的僧侣现场目睹了一系列生动的辩经，这与当地佛教悠久、寺院王室经常组织大型辩经的历史记载相合。[42] 从这个角度看，"劳度叉斗圣"的主题——两派信仰较量，一派信仰佛教另一派反对——让人想起那些与佛教相关的激烈辩论。因此，经文文体（近似对话）和内容（两位大师较量）都体现了宗教俗讲辩经中的诸多元素。戴密微对《吐蕃僧诤记》的研究中，介绍了 8 世纪拉萨的一次著名辩论，恰好佐证了本文对口头辩论和"劳度叉斗圣"之间关系的观点。

8世纪后期，政教合一的吐蕃王朝安排汉地僧人摩诃衍与印度僧人莲花戒进行了一场辩论，以定教派的高低。[43]当时，吐蕃佛教未来堪忧。摩诃衍和莲花戒代表两种针锋相对的宗教实践方法。他们需要回答同样的问题，以体现各自的修法之道。一方是中国禅宗直指人心、发自本性的顿悟，另一方则是来自印度高度学理化的渐悟。[44]10世纪的敦煌文献用对话体记录了这次论争，一问一答之中，尽显辩论的紧张感，令读者仿佛亲临现场，每轮问答结束方可稍事喘息。辩经说法的场景，以书面形式在这里被保存、演绎出来了。[45]

需要注意的是，口头叙事的标志是将回合片段变成文献中单列的部分：(1)提问；(2)第一次回应；(3)第二次回应，在下文有关绘画的讨论中会再次出现。作为后叙事时代的读者和作者，我们也许能设计一些更综合、更复杂的记录方法，但这种对话辩论中的"自然"交锋却是唐代首选的文体，以凸显宗教、政治及美学中的张力。辩论在本身关系就相当紧张的对手之间展开，对观众来说颇具趣味。安史之乱后（756年之后），佛教与道教、佛教和非佛教及儒释道三教之间，其在宫中各自的拥趸经常会就各自的信仰传统进行对峙或辩论。[46]绘画中对峙结构频繁出现，就表明这种构图颇受观者好评。上述文体的读者和见证辩经张力的观者既然都明确表达了这种偏好，他们也都参与了对立张力的型塑过程。[47]

前文提及8世纪晚期的拉萨辩经，也许有助于理解9世纪至10世纪"劳度叉斗圣"这一主题在敦煌地区的重要性和流行程度。就在这次辩经前后，吐蕃军队占领了甘肃西部的大部分地区，包括敦煌在内。吐蕃对河西走

[43] [法]戴密微《吐蕃僧诤记》，页9—13。

[44] 吐蕃人最终选择后者，不接受顿悟观念。这两种传统区别之处不再赘述。关于主张静中思虑的禅宗和有着复杂仪式的印度瑜伽行中观派，见[美]鲁埃格《佛之性灵及从比较角度看"渐"：论印藏佛教的传习》，页56。

[45] 吐蕃僧诤是否如P.4646所述尚待考证。见[美]鲁埃格《佛之性灵及从比较角度看"渐"：论印藏佛教的传习》，页56—67。因为这种辩论的目的并非关键，问题在于，9世纪至10世纪时敦煌的某位作者认为宗教辩法中使用诸如口耳相传事件的词语，毫无疑问反映出当地寺院某种程度的活动。这位作者乃前河西观察判官朝散大夫殿中侍御史王锡，文书影印图版见[法]戴密微《吐蕃僧诤记》版，页1—32。

[46] 关于三次辩法，见[美]蔡涵墨《韩愈与唐代对统一的追求》，页129及页319注24。关于禅宗辩论风格，见[美]马克瑞《北宗禅与早期禅宗的形成》，页73—74、页95。

[47] 鲁埃格和马克瑞的佛教研究观点大相径庭，意味着哲学上的分道扬镳是允许的甚至是受到鼓励的。参见[美]鲁埃格《佛之性灵及从比较角度看"渐"：论印藏佛教的传习》，页136；及[美]马克瑞《对话与早期禅宗的转型》，页362。

[48] 关于甘肃吐蕃史，见[美]白桂思《吐蕃在中亚——中古早期吐蕃、突厥、大食、唐朝争夺史》。

[49] 吐蕃当局通过将囚犯改编为寺庙差役或寺户，增加了敦煌地区寺庙的人口数量（P.3918；S.0542）；他们也经常布施灯油，这显然是当地民众的一个重要风俗。参见姜伯勤《唐五代敦煌寺户制度》，页9—12。关于吐蕃的社会管控，参见荣新江《通颊考》，页294—297。

[50] 张议潮统辖十一个州，参见荣新江《通颊考》，页282。

[51] 关于节度使称号的材料，参见[加]蒲立本《安禄山叛乱的背景》，页140—152注32。对节度使称号演变的更深入研究，见荣新江《沙州归义军历任节度使称号研究》页32各处。

[52] 史苇湘《关于敦煌莫高窟内容总录》，页194。

廊的军事占领，学界已有研究[48]。广德元年（763），他们曾短暂攻下了唐代都城长安；尔后收缩到陕西西部，直到大历十二年（777），每年秋季他们仍会劫掠当地，以切断唐朝牧场和草场的通路。建中四年（783），唐与吐蕃签订平等条约，此后直到847年至849年，今宁夏和甘肃地区都归吐蕃管辖。吐蕃领土虽然辽阔，但在当地统治记载存留最多的地方是敦煌。这里保存了大量的经济政治文书。从中我们知道，吐蕃大力资助了甘肃的佛教寺院，借此促进其在敦煌的军事影响，其间亦通过系统性的通婚，加快了多民族融合，以确保其统治。[49]唐大中二年（848），军事首领张议潮夺回了汉人对敦煌地区的控制权，并宣布当地重新效忠唐朝。在新的亲唐环境下，抵抗吐蕃的立场日渐明确。张议潮奉命管理其他民族（如龟兹、吐蕃、羌、龙、嗢末、吐谷浑），汉人地位更高。[50]张议潮接替吐蕃管理敦煌时，其封官为归义军节度使，说明是与吐蕃进行军事对抗的地方力量。[51]张氏家族及后梁乾化四年（914）至宋景德三年（1006）期间的曹氏家族，自视汉人血脉（但他们与于阗和龟兹皆有通婚）；其官方语言、政治制度以及社会结构都遵从汉俗。张议潮家族定下之政治体制的重点，是确立以汉为内（正统），而以胡人为外。

这些统治家族正是劳度叉斗圣变壁画的主要赞助人。有学者指出，这一题材的流行可能是某种政治隐喻。该主题表现了两种现实力量的敌对，而不是教义上的决斗。[52]曹氏家族统治下混居的多民族包括大量的吐蕃人。即使在907年唐朝灭亡之后，曹氏家族依然保持着强大的汉地认同。当中国进入地方割据时期，敦煌成为独立政权，边陲心态日益强烈。敦煌统治者对艺术广为布施，特别是曹元忠（944—974年在位）时期画院印制了文殊菩萨、观世音菩萨和毗沙门天王的版画。在未知的强大外敌阴影笼罩下，敦煌统治者四处强调自己是这里的主人，这种心态在一系列版画图像中清晰呈现出来（P.4514.6[1]，947年8月4日）。[53]在雕印观音图像的榜文上，称曹元忠"观察处置、管内营田、押蕃"[54]。打败吐蕃一个世纪之后，"押蕃"一词仍指代外部威胁。实际上，大量吐蕃人仍生活在敦煌，意味着内外对立的隐喻越来越频繁地用于文艺作品中，因为当地内部实际上没有团结一致。

另外在石窟中，我们发现和敦煌通婚的于阗国公主的供养像，于阗国位于敦煌以西，是"丝绸之路"的南面要塞，时常威胁着敦煌（图1.2）。[55]石窟入口处的供养人行列之中，身着民族服装的于阗女性特别突出，这样的塑造可以突出结盟的作用。[56]这些形象都呈现出了明确的政治立场和文化认同，在边界交叠和民族杂糅的环境中，这种鲜明立场显得尤为引人瞩目。劳度叉斗圣变最早出现在晚唐862年至867年开凿的第85窟，一直流行至10世纪80年代吐蕃撤离敦煌之后。尽管没有材料明确记载这一题材对张、曹两个家族有什么意义，但劳度叉斗圣变在他们赞助的诸多石窟中颇为突出，可以推测这一题材对供养人群体应该意味非凡。图像中的投降外道即变文中溃败的"魔军"，这种隐喻在张、曹家族统治的动荡时期很容易理解。[57]在汉地文化传统可能无法延续的时期，这一题材试图从文化上建构权威增强控制，并促进统治地方化。与汉地传统的关联，变得对统治家族尤其重要——尽管已有学者指出，曹氏家族可能不是汉人而是粟特后裔。

[53] 毗沙门天王等画像的复制品，以及毗沙门天王多被认为是护法之神，见［法］郭恩、［法］蒙曦《中国印象》，页53—56。

[54] 观察处●置*管内营田押蕃。证明了我的看法。见［英］韦陀、［英］龙安妮《千佛洞》图版108、页101—106。●是现代变体，*中古文字的现代变体；诸桥第543号。

[55] 莫高窟第98窟和第61窟即为重要例子。后者参见［美］王静芬《重思敦煌第61窟〈五台山图〉》。

[56] 莫高窟第61窟其中一位供养人画像是曹延禄妻子于阗公主和随从；在曹延禄之前，曹氏家族曾有迎娶于阗公主的先例。参见《中国美术全集》，页60，图168；荣新江《通颊考》，页294。

[57] 破魔军。P.4524，文字见［法］樊隆德编《舍利弗与外道六师：法国国家图书馆藏中文抄本4254复制件》图文影印，最后一页。

舍利弗和婆罗门劳度叉之间的斗法，与敦煌本地民族相关（彩图7和彩图8）。唐宣宗大中二年（848），敦煌和吐蕃之间的冲突基本结束。但在莫高窟和榆林窟的15个石窟壁画上，汉人的胜利以隐喻的方式又持续上演了120年。唐代在绘画上凸显多元的方法，是将汉人单列出来。9世纪中期绘于莫高窟第158窟的壁画上，众多国王目睹了佛陀的涅槃。未开悟的众人尚不能理解涅槃的意义，正号啕痛哭。[58] 除了一位以外其他都是外族，他们的身份可以从服饰辨别出来。这种设置是为了表现佛陀涅槃对世人的影响。而程式化的绘画表达中，外族国王情绪外露，悲痛不已；而汉地帝王则更为冷静从容。其实石窟中侧右而卧的大佛，本身也是汉地式样。这铺壁画相当有意思的一点是，它创作于吐蕃统治时期，吐蕃国王被描绘成中亚地区的领袖。遗憾的是这一图像已不在洞窟中了。尽管这一洞窟修造于约790年至820年，属于吐蕃统治时期，但汉人观念上的"他者"依旧发挥着作用。这表明尽管供养人的身份已经改变，但当地画师仍维持着原来的艺术传统。

华胡之别（汉族和外族，"胡"有"野蛮"之义）在长安并不鲜见。比如唐代著名的文学家韩愈（768—824）进谏灭佛，这一运动在842年至845年武宗灭佛时期达到顶峰。这次灭佛既是一次排外活动，也是反宗教运动。从印度传来的佛教信仰，与政治膨胀和经济仇恨交织在一起。韩愈反对佛教理由之一在于外来神祇面前中国的附庸地位。韩愈恼火中国皇帝居然列于"蛮夷"之下，毕竟佛教来自胡地。[59] 韩愈的观念代表了大多数汉人的看法，他们认为在文化上自己比野蛮未开化的域外和国内其他民族更加优秀。如果说文化差异尚且显

[58] 影印件见《中国美术全集》第十五卷，图99、100。

[59] [美] 蔡涵墨《韩愈与唐代对统一的追求》，页85、129。

得相对中立(并不一定与845年灭佛运动中的政治与经济考虑有关),民族隔阂则非常明显。例如,唐代墓葬中为表现墓主人的日常生活景象而放置陶俑,其中中亚乐工留着络腮胡子,身着胡服,动作夸张。这些写实特征与富有汉人特点的宫廷舞伎(体态丰满,宽袍广袖,凤眼熠熠)形成对比,凸显"蛮夷性"。[60]画师不仅区分了汉人与胡人,还进一步呈现了胡人中的大食、回鹘和粟特等不同外族的差别。华夷之别渗透在审美、政治等各个层面上。这也是为何劳度叉斗圣变中,外道的形象显得颇为"痴心"和愚蠢(即"驴骡")。[61]尽管外道的愚痴很大程度上与其异教徒的立场有关,但也与其胡人身份关系密切。

敦煌的情况尤为复杂。在这个西北政权中,并不存在反对佛教的派系,佛教也没有文化意义上的敌人。但从劳度叉斗圣变的壁画中可以清楚地看出,斗法中出奇制胜的僧人舍利弗明显是汉人形象,坐于台座之上静观全局(彩图26)。表情狰狞的劳度叉及其眷属,则是高鼻隆额,身体魁梧,显然带有胡人或梵僧的特征(彩图7和彩图8)。失败的一方明显是外族或胡人。在民族混居地区,居民对不同民族的外貌差异及有关政治势力比较敏感,因而也很重视用艺术或文字来体现这种细微差别。敦煌供养人在洞窟中赞助这一题材,关键场景的政治威慑、权力交锋透过壁画展现出来。一旦明确了观者身份,劳度叉斗圣变这一题材在敦煌的政治和社会意义也就清晰起来。在劳度叉斗圣变壁画和记录8世纪拉萨辩经的文献中,国王都作为最后的论战仲裁者出现——不管这是史实还是臆造(彩图9和彩图10,画心)。[62]作品重在呈现辩法过程。尽管辩论的核心应是信仰问题,但辩论结果却指向俗界。"劳度叉斗圣"故事的变文中

[60] 这里本应点明身份,但唐朝皇帝的嫔妃众多,且多与政权有密切联系。

[61] 文本的誊录见[法]樊隆德编《舍利弗与外道六师:法国国家图书馆藏中文抄本4254复制件》图文影印,最后一页;转译自欧阳桢《口语:变文中的口头叙事》,页273—274。

[62] 斗圣变的决裁者是舍卫城国王(假想和虚构的)。755—794年(?)在位的吐蕃国王赤松德赞极有可能出现在了这次历史性的辩法之中。参见[美]鲁埃格《佛之性灵及从比较角度看"渐":论印藏佛教的传习》,页57、60。

[63] 祇园精舍无疑是奢华庄严的。婆罗门以耗资为借口，反对修建精舍。(变文中的) 他们反对大兴佛寺的理由与韩愈《论佛骨表》(819) 类似，韩愈反对佛教，显然不满朝廷对佛教事业的大量耗资。敦煌变文英译文见 [美] 梅维恒《敦煌通俗叙事文学作品》，页53、56、57；韩愈相关译文见 [美] 蔡涵墨《韩愈与唐代对统一的追求》，页84—86。

[64] 意义重大的改变在于对六次辩法的不断强调和先后次序。大风和大树这一组，是《贤愚经》的开场。经文中六次神通变现为：大树/风神；宝池/香象；宝山/金刚；毒龙/鸟王；恶鬼/毗沙门天王；水/火。T.202: 10, 420b-c. 文书 (P.4524、S.5511/BJ1589) 中神通变现顺序依次为：宝山/金刚；水牛/狮子；宝池/香象；恶鬼/毗沙门天王和大树/风神。因此，借用经文次序，现在对变文进行编号：3、新增、2、4、5、1。P.4524节选见欧阳桢《口语：变文中的口头叙事》，页269—273；S.5511/BJ1589的英译文见 [美] 梅维恒《敦煌通俗叙事文学作品》，页74—83；关于次序的差异，见 [日] 秋山光和《平安时代世俗画的研究》，页429—432。P.4524并没有最后化现为大树和风神。壁画中这些场景的"次序"并不容易确定，因为不是以线性文本进行编号或呈现的。

记载了对支持佛教的奖励。长老用黄金铺地来购买园子，并倾其所有建造精舍。他的功德及后世资助该类壁画的供养人的功德，反过来又有助于构建政权的文化自信和正面形象。[63]

舍利弗与劳度叉的论战，最早见于早期汉文佛典《贤愚经》，在河西地区流行了五百多年，其出现及发展与寺院的俗讲辩经和9世纪至10世纪敦煌供养人的政治要求相关。毕竟这一故事发源于该地区，或者说至少在这里，遇到了最激情澎湃的讲经人。图画、口头和文字三种版本的劳度叉斗圣变，在俗讲传统中平分秋色。社会和政治环境加速了它的流传，使之得以在俗文化中永存。这个故事广受欢迎，因而成为9世纪三种不同艺术门类共同的表现对象。

## 劳度叉斗圣变新形式的出现

劳度叉斗圣变 (5世纪时题为"须达起精舍品") 从《贤愚经》69个故事中脱颖而出，重新出现在9世纪的文献和图像中。这个故事在不同经文里的早期形态，有助于我们了解其起源。但其出现400多年后，劳度叉斗圣变已经发生了巨大改变。[64] 相比内容上的变化，这一题材出现新的表现形式则更有意义。经文放弃了某些口述色彩明显的叙述模式，并且有时和图像一起展现。最初版本明显可以看出这个故事来源于讲经。尽管早期文本似乎是听讲记录，但实质上仍用于阅读。这一故事新出现的本地书面文本，是对口述叙事的一种回忆。讲经时展现的图像，也被视觉表现的介入彻底改变，进化为生动活泼、引人眼球的壁画。这个阶段后期，新表现方式使这个故事出现了令人激动的根本变化。某种程度上，如表演手卷、扩充壁画和讲唱文本之类的新形式，成了贯通的整体。但图像和文字表达之间巨大的结构性差异，使得各自走上了不同的独立发展道路。

研究变文的学者一般认为，俗讲的文字记录可以追溯到公元800年前后，但目前尚无当时的纸本文献传世。实际上现存《破魔变文》最早的文本为公元900年前后的两段残片，大致与这一题材在壁画上流行的时间相符。文字记录和图像表达的共时性密切。[65]在某些文本中，抄经生所写的跋文无意中透露了故事和表演之间的联系。天福九年（944）十一月廿八日抄写的《破魔变文》经卷（P.2187），僧人愿荣出现在两段文字中，他既是书写者也是讲经人。[66]这一卷文记载了用于不同仪式的经文。第一篇题跋写到"冷凝呵笔而写记。居净土寺释门法律沙门愿荣写"[67]，第二篇则是"唐僧统和尚赞述四兽恩义颂"[68]。

愿荣是敦煌顶级寺院之一的僧官，也许他在俗讲之后记下了这一变文。讲演之后记下变文的例子，在其他记录中也可以看到。一位48岁的僧人在黄昏之际写下了讲经内容，并提到讲经时天气极为炎热，叹息不知何时可以归乡（P.2292）。[69]另一件关于目连故事的变文中（P.3107），亡者和主办僧人的名字是空着的，表明有时俗讲故事会提前写好，在仪式中反复使用。[70]这件也是净土寺抄录的。

这些都是讲经的例子。"劳度叉斗圣"的故事有些带有"变"或"变相"，表明在寺院之外的类似宗教场合或娱乐场所，观众可能也听过这个故事。因为这些文本具有偶然性（与荐福悼亡的节日或仪式相关），不存在

[65] 前文提及的《破魔变文》由大英博物馆藏S.5511和北京中国国家图书馆藏BJ.1589两部分组成，见［美］梅维恒《敦煌通俗叙事文学作品》，页31～84；王重民等编《敦煌变文集》。

[66] 欧阳桢认为称为"变"的文体不同于"变文"，是白话文更接近表演阶段的文学，变文是这些表演不断复述的内容。参见其《口语：变文中的口头叙事》，页157～158。梅维恒认为，"变"和"变文"两个术语具有可换性。参见其《唐代变文：佛教对中国俗讲和戏剧产生的贡献之研究》，页14。然而，请注意尽管称为"变"（字面意思是"变化"），秋山光和认为这是经文俗讲或押座文。参见《平安时代世俗画的研究》第11章，页371。

[67] "这"指的是题目改变的"劳度叉斗圣变故事——破魔变卷一"，P.2187。这个复合词的第一个词语"破魔"与"泼墨"谐音。泼墨是山水画的一种技法，自唐代普遍使用。见［日］宗像清彦《唐代水墨风景画的兴起》。

[68] 榜题英译文见［美］石听泉《敦煌佛教叙事文本》，页49、88。石听泉指出，虽然其他学者认为是僧侣传播了变文，显然证据不足。

[69] ［美］石听泉《敦煌佛教叙事文本》，页47、88。

[70] ［美］石听泉《敦煌佛教叙事文本》，页50。看似这些文本供画师个人而非供养人或出资人使用。

[71] 姜士彬对这一问题有深入研究，见［美］姜士彬《伍子胥变文及其史源》上篇，页101—104；欧阳桢《口语：变文中的口头叙事》页156—157多处；［美］梅维恒《唐代变文：佛教对中国俗讲和戏剧产生的贡献之研究》页36—72。石听泉认为大多数变文过于程式化，起提示作用；即便用于表演，也不被大多数观众所理解，从而它们只能成为文学作品。参见其《敦煌佛教叙事文本》，页44—45。

[72] 这段变文出现在BJ.1589的后半段，图版见［美］梅维恒《敦煌通俗叙事文学作品》，页30，图版2；对术语解释更详细的讨论及相关研究综述，见此书页27—28。

两个完全一样的文本。比如三件关键文本之间就存在差别：BJ.1589/S.5511、S.4398及P.4515。这些《破魔变文》的文本，应为讲经人或识字的听众所写，可能抄录自讲义或听讲笔记。

对上述文本，学界最大的争议在于其与俗讲表演之间的相对区别。学者似乎一致认为，"变"相比"变文"更加口语化。[71]变文可能是比俗讲更正式的版本，至少在愿荣的例子里如此，他在严寒之中撰写了这一故事（P.2187）。鉴于这些俗讲记录的作者和读者，对本研究来说重点在于这些文本呈现了口头辩论场景和讲经的真实样态。变文的赞文部分中，常以"若为"引导颂词，借此引起听众兴趣。[72]这个词的意思是"我们如何知道这一点"或"这是如何化现出来的"。这句话会出现在赞文接近结束、经文开始之前，标志着文体变化，或许也说明将要过渡到图像展示。

《破魔变文》与俗讲密切相关的一点是对这个故事不断地重复。讲经人调整唱词和讲词的顺序，循环进行宣讲，表明这些故事在很大程度上都是用来听而不是读的。重复的部分作为关键线索以提醒听众。重复可能也与展示图像有关。现存长卷中，只有一件作品既有文本又有图像（P.4524）。如前所述，文本只出现在背面，而且这些文本并不是故事的完整内容，只有唱词部分。讲词大概由讲经人在表演或说法时凭记忆进行补充。这件文书没有讲词记载，但在其他没有图像的俗讲文本中却保存下来；这些俗讲文本中，可能会有文字重复。如在完整的《破魔变文》（S.5511和BJ.1589）中，俗讲者或撰写者将每次斗法介绍两遍，一遍写在讲词部分，一遍写在唱词部分，因此在阅读这些故事时，读者会觉得内容过于重复冗杂。[73] 只有理解文本、俗讲及图像展示的关系，这种重复叙事才合理。

长卷 P.4524 正面是图，背面是词，从观者角度显然看不到背面那些文字。然而图像与文字之间存在对应关系，约隔一尺就会出现一段唱词，或许对讲唱者来说，这是一种提示或参考，接下来的讲演需结合画面进行。[74] 在讲演中，随着画卷的打开出现唱词，说明唱词不会一次性全部出现。当讲经人看到这段唱词，他可以结合这段完整图像进行唱诵。[75] 所以文字和图像是对应的，尽管它们分别在画卷的正反面。作品会在画面背后写字，只能说明两面都有观众。在表演过程中，可能只在重复唱词时才会展开画卷。[76] 画卷展开意味着时间的流逝，固定的唱词中，关键细节反复出现，并辅以表现斗法紧要场景的图像。这些都可以帮观众记住核心情节。[77]

尽管画卷如何使用仍有悬而未决之处，但我们可以确定，在某些情景下图像表达和口头叙述会交织在一起。虽然没有其他类似材料传世，但画卷表明9世纪至10世纪时，结合故事与图像的佛教俗讲非常流行，此后中国应该再没有出现类似文艺形式。诚如梅维恒所言，看图俗讲的出现与佛教传播的需求有关。以印度的故事作为原型，孕育了结合图像讲唱故事的传统，进一步论证了"劳度叉斗圣"在俗讲中的流行始终是其特质。[78]

## 从俗讲到图像

我们已经研究过如何调整文本以适应画面榜题，那么图像又如何表现这些俗讲内容呢？一段图像对应一节文字，这种结构一致使图像也存在一定的重复。

[73] 例如，梅维恒对S.5511和BJ.1589的翻译，参见《敦煌通俗叙事文学作品》，页79—80。龙和金翅鸟部分(下文将讨论)只是作者如何在十分有限的空间里表达情节的个案之一。

[74] 如前文已述关于劳度叉斗圣变的文献综述，专家质疑，该手卷到底是表演者所用，还是供有钱的虔诚佛教徒使用的消费品。如前文提到的，甚至有种可能是表演者完工后凭记忆做的复本。这个问题可能是悬案，但我认为讨论到最后却毫无意义。石听泉描述了表演者如何使用变文底本及其他类型的白话文。俗讲者的脚本被转化成手稿，以满足有文化的观众对书面版本的需求。参见《敦煌佛教叙事文本》，页54—55。

[75] 然而，P.4524没有对应凤/大树的文本或图片。尽管该卷后面已残损，但最后部分看似完全没有外道抵抗大风的丝毫提示。对此，可能有三种解释：(1)最后残损部分(彻底破碎)包含这次斗法；(2)该卷没有包含大风这次斗法；(3)画家和俗讲者将凤/树这一节放在了卷首(卷首也已经残损)，5世纪经文中，该卷即出现在前面。我认为，证据支持第三种可能。

[76] 欧阳桢做过相关研究，参见《口语：变文中的口头叙事》，页49。

[77] 这是唯一一件中国现存的俗讲文书。但因为它的不确定性，假设文本和实际表演之间存在联系，我们只能猜测它曾如何被使用。

[78] [美]梅维恒《中国文学上的叙事革命：本体论的先决条件》。

**图 5.1**　劳度叉斗圣变场景 3，正面 / 狮子战胜异道的牛 / 场景 3，背面：变文的文字（该图片看不到）/ P.4524 / 纸本设色 / 约 9 世纪初至中叶 / 全卷 27.5 厘米 × 571.3 厘米 / 法国国家图书馆藏

比如 P.4524 中，每八寸或每一段图像故事的主角都会重复出现。重复部分包括聚集在讲帐里的外道、围绕在舍利弗台座周围的佛教徒及画面中间的国王。图像的变化出现在这些固定元素之间。举例来说，巨牛和狮子搏斗、用牙撕咬，舍利弗从右侧看过来，劳度叉在左侧，国王坐在劳度叉后面的帐篷里（仅小部分可见）(图5.1)。一棵树将画面与下一段重复的内容区分开来，下一段也是相同的构图；替代了狮子和巨牛的部分，代之以大象吸光水池中的水。画师为讲唱者绘制的画卷，将故事内容分段呈现，随着画卷一段段展开，观众可以看到连续发展的情节。换言之为了适应俗讲的需求，图像表达也调整了内容。画师当然也可以选择其他叙事方式来组织画面，但也许都无法有效适应俗讲观众的需求，他们需要在图像中反复看到主角。从 P.4524

画卷中看到，讲唱者的图像只有关键场景。如果画卷
只在唱词部分出现，那么图像可以作为小结出现的标志
(唱词内容在讲词中已经出现过了)，并作为一个视觉
背景，观众可以借此厘清故事的关键脉络。[79]

斗法场面引人入胜，视觉形式舒服和谐，这些主要
通过在每个场景中重复主角以及主角之间的剧情变化来
实现。想象一下，视觉表现的情节和口头讲述的故事在
俗讲中交融在一起。劳度叉变出毒龙似要破空而至，舍
利弗变出金翅鸟，直擒毒龙，抓首啄眼，使之溃败(对比彩图
9中的壁画，以及图2.19的场景4)；劳度叉变出夜叉鬼，在舍利弗化
出的毗沙门天王面前战栗发抖(图2.19场景5)；劳度叉化出
宝山，舍利弗又变出金刚力士，手抡宝杵砸向宝山，顷
刻之间石飞山毁(图2.19场景1)。这些图像不仅充分展现了
各段情节，而且形成了感染力很强的统一结构。

这一时期，逐渐从静态的佛像转向关注叙事性题
材，这与重在呈现激烈动作的倾向一致。即使观众不了
解内容，叙事性题材对他们也颇有吸引力。肉搏斗法
开始吸引眼球。而以往画师更重视斗法结束之后佛陀
在祇园说法的场面。[80]唐咸通九年(868)雕版的《金刚
经》卷首图像，便表现了佛陀在祇园说法的场面，佛陀
庄严静穆，四周信众围绕。[81]这幅图像只是《金刚经》卷
首，极有可能是为寺院僧侣创作的，至少针对能阅读经
文的读者。劳度叉斗圣变的观者，则对佛教故事的剧情
更感兴趣。在《金刚经》扉画中，释迦牟尼佛表现为四
分之三正面像，他坐于供桌之后，上有宝盖，周围各色
人物——弟子、菩萨及国王等。这幅图以宣讲三宝的
佛陀为重点，而非周围事件。这是典型的佛教插图，反
映了传统图样。从某种意义上讲，静态讲经的场面是视

[79] 关于唐代表演文学中动态的方面，见[美]姜士彬《宝传中的目连：〈目连宝传〉中的表演情境与宗教意涵》，页94—95。

[80] 秋山光和强调在《金刚经》中佛陀精舍讲法如何是对这个故事最完整的参考，但没有讨论这次斗法。见[日]秋山光和《劳度叉斗圣变白描粉本与敦煌壁画》，页3。

[81] 尽管现存中国最早的印刷品是唐至德二年(757)四川的《陀罗尼经咒》，但此卷《金刚经》(大英图书馆S.8210，翟林奈在《大英博物馆藏敦煌中文手稿录》标记为P.2)作为最早的雕版印刷品广为流传。

觉上的提醒，说明后面经文是佛陀宣讲的佛法化身。相反，劳度叉斗圣变的壁画和讲唱长卷都没有出现讲经场面，佛陀讲经只是故事中的诸多情节之一，而图像表现则侧重生动有趣的斗法场面。事实上壁画中很难发现佛陀的身影，讲唱长卷中也没有他的形象。与经文直接相关的图像和发轫于讲唱的故事，在中国佛教艺术中归属于不同的传统。劳度叉斗圣变的变化缘于9世纪末佛教艺术的创新，当时人们对激烈紧张的斗法颇感兴趣（劳度叉斗圣变壁画选择性地进行了描绘）。[82]因此新构思的壁画和手卷作品由尊像表现转向动态场景，对经文内容则一笔掠过。同时代的《金刚经》体现了一种批量印刷的新模式，但其中的绘画风格的渊源却比壁画与手卷更为古老。

尽管出现于5世纪的劳度叉斗圣变历史悠久，但有若干理由表明，这一题材在9世纪晚期又有了全新发展。画师和讲唱者多多少少都（孰早孰晚尚不可知）在讲经或至少在讲经用图像中更关注斗法的场面。从视觉表现上看，焦点则似乎完全转移到了斗法，9世纪中后期的壁画着力表现了最后一场斗法，这也是所有斗法中最引人注目、最有戏剧性的一场。绘画中对激烈动作的强调与变文有所不同。变文没有图像，比佛经更重视斗法，但它仍然将三分之二的笔墨用于描述寻园、与太子争辩以及国王介入等情节。壁画比9世纪中叶的讲唱长卷晚20～120年，其中斗法场景依然突出。然而这些表现形式之间存在巨大差异。讲唱长卷是讲唱者在颂念唱词时的辅助工具，而变文则包含完整的讲词和唱词，应该是俗讲之后完成的作品。既有图像又有唱词的P.4524介于演出临场和更正式的叙事表达之间，而壁画

[82] 这种发展在晚唐五代时期的艺术是大势所趋。参考薄松年1991年10月2—4日于加州大学伯克利分校所做的《中国的民间艺术》系列讲座。

不仅有讲唱文学也有视觉图像。890年前后这一题材的壁画开始出现于石窟中时，它们将俗讲中所使用的长卷永久定格下来，一如变文永远记录了俗讲的口述一样。变文是俗讲更有文学性的版本，壁画也是讲唱长卷更沉稳的版本。我并不认为讲唱者在石窟中表演时借助壁画，恰恰相反，壁画是俗讲长卷那种延续性叙事表现的固定版本。和变文一样，壁画也是俗讲之后的产物，保留了讲唱长卷图像的内容和结构。

　　从俗讲进入壁画或变文时，文字描述和图像表现都需要发生改变，以适应新的艺术形式。[83] 俗讲中起到提词和展示作用的长卷，变成更持久的壁画。咸通三年（862）开凿绘制的第85窟中，画师对如何在固定墙壁上最有效地表达故事，进行了特别设计。以最后一次斗法为框架，加入了多个场景(彩图9、10，分别为第196窟和第146窟)。这种构图确定之后，接下来的120多年间几乎没有改变。面积固定、尺幅更大的壁画与长卷不同，非常适合表现这个故事。劳度叉和舍利弗与整面墙壁差不多高，成为各个场景共用的核心人物。他们坐于各自台座之上，体量庞大，二者之间则是斗法发生的场地。他们形象奇妙，杂糅了瞬时情节和尊像静穆。即主要表现他们参与的最后一场以大风结束的斗法。劳度叉和外道的形象颇为生动，被风吹得东倒西歪。然而劳度叉和舍利弗的体量，使他们得以参与全部的斗法中去，在这些斗法叙事中他们的存在都没有直接呈现。经画师的重新加工后，所有其他场景都被融合在最后一次即第六场的斗法之中，与第六场斗法相比，一切前情都变得微不足道。画师大胆地采用新方法诠释这个故事。讲唱长卷中仅在两个主角之间简单勾勒斗法的情况，但在壁画上，飓

[83] 唯一一件与壁画构图接近的绢画碎片是大英博物馆的敦煌藏品，包含两个被大风吹倒的外道尖叫、扭曲的部分画像。他们躺在堤岸上，俯瞰被大象吸干的水池——这是舍利弗与劳度叉六次神通变现之一。这个情景与壁画中间偏右位置相系，实际上，这成为画面的中心，左、右和顶部的相应画面均已消失。我们无从得知与壁画相同的是否是件挂轴，或者是否存在多件类似的便携版本。绢画残片见[日]秋山光和《平安时代世俗画的研究》图版93。

风之中劳度叉及外道们的痛苦与狼狈都被具体地描绘
出来。

　　这一图像一开始并非如此。同一题材的两幅早期
壁画展示了9世纪上述理想图像的形成过程。西千佛
洞第12窟中一铺北周时期的劳度叉斗圣变壁画（约6世
纪），仍采用早期本生故事的形式，画面上依次展现了
很多场景（此铺总计有11个）。同一行各场景之间、上
下两行之间都没有太多空间间隔。虽然呈现在类似长
卷的横带上，但这些情节和概要都更接近带有情节次序
的佛经扉画。[84]画面表现重点在于体现虔诚的部分，如
为精舍选址而非重在戏剧性的斗法。敦煌莫高窟第335
窟（686）的佛龛塑像之后，有另一幅早期壁画描绘了相
同题材。[85]画师已开始采用后世图像中最核心的设计：
舍利弗和劳度叉相对而坐，二者之间表现零散的场景。
图像尺幅较小，表现场景也相对有限，但画师削减了多
余细节而集中展示了六次斗法。[86]通过将过去部分类似
的本生故事场景绘制在一幅图像之中，画面主角和情节
场面似乎依然没有多少联系。这一题材适合大尺幅壁
画的表现形式，直到9世纪中后期才出现，彻底地取代
了原本壁画和长卷上的构图。画师的这项创造，也许受
到了宗教实践中俗讲辩论的启发，也与更重戏剧性的传
统和石窟主要墙面的绘制面积更大有关。

　　经历了早期图像之后的两个半世纪，9世纪晚期的
壁画除了构图上有探索，对动作和姿态的关注也是全新
的。其俗讲渊源似乎也说明对动态和戏剧性动作的表
现有了更多可能性。壁画捕捉了可以入画的戏剧性动
作。各种神通场面频繁出现，让人想起俗讲中描述的各
种法术。正如壁画上半部分表现的小场景——舍利弗

[84] 莫高窟第12窟之前标记为第
10窟。见金维诺《祇园记图
考》，页382，按两条线布置场
景。参见［日］秋山光和《平
安时代世俗画的研究》，页
439，有摄影照片、图表和榜
题的誊录。

[85] 这幅壁画是在佛坛背面的壁
龛中发现的，不同后来修建的
石窟壁画，890年至980年期间
壁画都是贯穿后壁（西）或左
壁（北）的。这幅壁画图版见
［日］秋山光和《平安时代世俗
画的研究》，页408，［美］巫鸿
《什么是变相：兼谈敦煌叙事
画与敦煌叙事文学之关系》。

[86] 舍利弗位于（观者）右侧，劳度
叉在左侧。这与表演文书相
同，但与后来的壁画位置相反。

飞跃湖面，激起的湖水淋湿了劳度叉，观者由最初的提心吊胆转为获胜的喜悦。

　　构图的其他部分也充满戏剧性，以在壁画中凸显故事的主题表演。画面以六次斗法为中心，国王居中端坐，区分两派阵营。右侧围绕舍利弗的台座摆放了各色道具——梯子、绳索、柱子及钉子。一个外道正在表演翻筋斗，另一个外道拽着绳子飞了出去，上身赤裸，摇摇欲坠，似乎很快就要摔向地面(彩图27a)。他的双腿好像倒挂在某条线上，下面一个同伴正挥动榔头加固座帐(彩图27b)。在座帐底部，一个外道爬上另一个同伴的肩头；他手里拿着盘绕的绳子，试图抓住帐顶，以加固正在向地面倾斜的座帐(彩图27c)。在另一侧，外道们像杂耍艺人般将身体绕在梯子上。其中一人勉强用双手抓住梯子，身体已飞了出去(彩图27d)。鼓手奏起胜利的乐章(彩图9，图2.16)。这些姿势表现出大风之剧烈，充满动感，衬托出场景的刺激。这些人物的表现已经超出了说服外道皈依佛法的主题，所展现出来的运动感和灾难的暗示，鲜在中原、吐蕃、于阗和龟兹等传统中见到。动作姿势的准确说明画师也许曾经观看过这一主题或相似主题的表演，并努力用图像捕捉那些戏剧性的场面。

　　画师热衷于探索身体动作的无限可能性——或推、或拉、或尖叫、或乱窜、或东张西望，做出种种姿态。第146窟中，两个外道被大风卷起，一人面朝前，挺起肚子(彩图27e)；另一个面朝后，身体向后倾斜，伸出双手维持平衡。四个临风而立的外道女性，手臂姿势略有区别，似乎更着力表现上半身的运动(彩图9右下方，图2.17)。人群的各种姿势可以在杂技和舞蹈中略窥一二。

　　画师吸收了喜剧动作和幽默的表达方式，打破了绘画平面的稳定感，使严肃的主题变得饶有趣味。三个外道奔向右侧的舍利弗，形象颇为可笑（彩图28）。左侧画面上有一个向前卧倒的人，身体遮住脸；另一人在仰面大口喝水，脸向后仰起和画面平行；第三个人倒立露出了短裤，透过腿间笑着瞥向观者，嘲笑自己的无知，观者对这种荒诞姿势则一定感兴趣（彩图29a-b）。鼓架下面站着一个外道，手里拿着从架子上抽出的一块木片，似乎要从画面中倒向观者方向（彩图30）。他仰头看向观者，因姿势夸张造成了不稳定的效果，甚至需要借助画面的其他人物才能确定这一形象的确置身于壁画之中。外道被定格的动作夸张有趣，让人想起杂耍与杂技表演，这些定格动作就像演员亮相的刹那瞬间（彩图31a-b）。

故事中的动作和情节，使人想起《西游记》生动的剧情，这部作品的译本以亚瑟·韦利（Arthur Waley，1889—1966）的版本最广为人知。[87]这部晚明小说脱胎于玄奘游记，他是7世纪时赴印度求法的唐代高僧。[88]《西游记》至少自元代以后，就已成为中国最流行的戏剧题材之一，对观众而言，其中的法术无疑是神奇的视觉体验。《西游记》第44回有一段佛教和道教的神通较量，酷似劳度叉斗圣变中的佛教和外道。[89]这次较量由禅定的斗法开始，孙行者变身蜈蚣咬了道士鼻子一口，扰乱了后者的坐禅；在隔板猜物的斗法中，国王也作为裁决者出现（如同劳度叉斗圣变），三藏一方获胜，因为孙行者已经将盒子里的宝物变成了破烂；佛教这一派甚至可以将对方的道童变成念经的小沙弥；最后，佛教一方击破了对方利刀斩头、剖腹剜心及赤身下油锅的幻术，获得了胜利。虽然吴承恩（约1500—1582）所著《西游记》成书于16世纪，但这种斗法故事更早的版本可以上溯至唐代，

[87] [明]吴承恩《西游记》。另有余国藩译本。

[88] 劳度叉斗圣变中的一次神通化现实际上在唐代玄奘《大唐西域记》有记载（T.2087大唐西域记，"室罗伐悉底国"条），意味着《斗圣变》与明代小说《西游记》延续了一些相同的戏剧和表演传统。早期纪事的译文见[英]托马斯·瓦特斯《玄奘〈大唐西域记〉》。

[89] [明]吴承恩《西游记》，页234—246。

玄奘游记或许是最早的文本。[90]封建时代晚期对《西游记》里神通法力的演绎，吸引了大量观众，而将故事改编成戏剧，则可能肇始于唐代。[91]大量证据已表明，为了吸引观众，讲唱者和俗讲人改编出情节跌宕的经文版本。[92]当然从墓葬中陪葬的那些小型伎乐来看，由杂耍、杂技和乐人组成的流行娱乐活动至少可追溯到汉代。[93]劳度叉斗圣变壁画上，大量眼花缭乱的动作呈现了演绎，借此表现故事里强调的神通变化。激动人心、瞬息万变的斗法场景，集中呈现在一个戏剧性画面之中。

通过对斗法场景的布局，加强了对高台的暗示。双方主角都坐在高座上，很像当时辩经的安排。斗法双方就像对坐在高台上，面向公众各展神通，令人想起僧侣与学者间机巧的问答应变。虽然表现成宗教的论争可能更为准确，但画面还是表现成一场决斗。劳度叉和舍利弗之间的斗法，不是口头辩论而是身体对抗，壁画借这一题材巧妙地表现出了喷涌的力量。舍利弗自己化现或用神通变出六牙大象、金刚力士、金翅鸟、旋风 (图2.19)。同样，劳度叉也化现为七宝池、龙、山、牛、树。晚唐的劳度叉斗圣变壁画中充满了身体力量。画师和作者都颇为关注强弱之间的真实对抗，这个故事演变成一种在不同层次上一决胜负的方式。

莫高窟第196窟劳度叉斗圣变壁画，以长满杂草的小山为背景，通过绿色和白色交替的条纹背景作为衬托，散落着一簇簇小花，暗示背景是在宽敞的户外 (彩图9和彩图10)。唐代的透视法在此发挥了作用。空间采用了程式化的表现方法。画面中的上方代表更深远的空间，两侧则被视为稍早的时间阶段。尽管在6世纪、7世纪的两幅早期劳度叉斗圣变中，事物也大体安排在一个平

[90]《西游记》珍贵的元代版本为日本西宫私人收藏家薮本浩三先生珍藏。1991年5月我有幸一睹。在明代小说之前，是以图像形式出现，证实了一条线索，即故事的口头版本与图像有着密切的历史联系。也就是说，书面叙事不能被理解，因为画面是被绘制的。书面叙事常常是出现在民间图像的早期版本。或者，它们至少有平行的历史。

[91]《西游记》20世纪的戏剧道具、皮影和戏剧服装，见 [美] 乔·汉弗里《美猴王：天宫遗泽》。

[92]誊抄文本强调了它们的存在。《目连缘起》中有作者叮嘱听众次日前来听经，"今日为君宣此事，明朝早来听真经"。见王重民等编《敦煌变文集》，页712，转引自 [美] 石听泉《敦煌佛教叙事文本》，页52、页68注47—48。

[93]汉墓出土的说书、杂技和其他艺人塑像的图版，见 [美] 林露斯等《中国故事：四川汉墓画像砖与考古文物》，页14—15、131—135、143—145。

[94] 唐代长安详细地图和另外一件年代更晚的明代西安图，见王仁波主编《隋唐文化》。页8—9（前言）。西安古城（即唐长安）的发掘报告，见宿白《隋唐长安城和洛阳城》。

[95] 清朝北京城的鼓楼和钟楼坐落在中轴线上，中间直接由马路相连。明代西安城，尚存的鼓楼和钟楼在中轴线的东西两侧。尽管没有更早的唐代钟楼和鼓楼存世，但是中国建筑注重对称性的原则渗透到长安的方方面面。中轴线两侧的东市和西市连同其他无数机构，有效地将城市空间一分为二。清代都城的详细地图，见[荷兰]莫伦、[荷兰]吴艾兰主编《紫禁城：中国宫廷文化，1644—1911》，页20—21。对于唐代至清代都城规划的讨论，见[美]夏南悉《中国皇城规划》，页1—28。唐代长安城的鼓楼和钟楼遗址，尚无任何考古证据。

[96] 钟鼓之声在《诗经》里被用来描述女性某种喜悦之情。"关雎"章："参差荇菜，左右流之。窈窕淑女，寤寐求之。求之不得，寤寐思服。悠哉悠哉，辗转反侧。参差荇菜，左右采之。窈窕淑女，琴瑟友之。参差荇菜，左右芼之。窈窕淑女，钟鼓乐之。"参见[英]理雅各译《诗经》第I卷，页4。

[97] [美]王靖献《钟与鼓：诗经的套语及其创作方式》ix，页16—18。

面，人物之间也有一些互动，但是后来的15铺壁画所呈现出的视觉空间观念与早期作品迥然不同。图像中加上了大风，这一元素使得画面的节奏更为和谐（壁画中右侧第三部分，物品被风吹得向右倾斜），所有人物之间的整体感、关联性得到增强。

9世纪至10世纪的劳度叉斗圣变综合体现了这一时期的文化逻辑。构图上除了参考激动人心的高台以外，还参考了中国城市。国王被设置为画面的中心，让人想起采用沿中轴线对称布局的中国古代城市。国王的位置类似长安最北端的皇家禁地。[94]无论是政治还是画面空间，画面正上方的国王好像站在权力之巅那样，俯视着一切（彩图9和10，画面中心）。劳度叉斗圣变壁画被钟鼓进一步分成左右两部分。六次斗法故事中一方获胜时便会鸣钟（敲鼓）庆贺。舍利弗获胜时，佛教徒会鸣钟；如果击鼓，表示外道胜利。可是鼓自始至终未发出过声响。这些道具也许在比拟都城主干道两侧所建的钟鼓楼。[95]对道具的选择，代表画面两侧是截然不同的两大阵营，一如有些城市或官衙被分为左右两个系统管理。因此描绘的左右两派也会让人想起文化上城市或政府的左右之分。

画家构想的劳度叉斗圣变，显然主要根据中国传统的仪式空间观念。图像注重对称结构，划分成更小单位，但又不是整体，这与印度仪式中的空间观念不同，印度范式更倾向于由外围向中心发展的环形结构（如同窣堵坡）。此外，鸣钟击鼓及左右分割是中国文化中传统仪式的一部分，最早可以追溯至《诗经》。[96]钟鼓之声可以增强文本讲唱者所表达的情感，调整讲唱者咏叹的音调、颂赞的节奏。[97]音律与盛宴、节日的关系在东周时期（前770—前256）的墓葬中已有表现，钟鸣鼎食，以飨亡者。[98]由此劳度叉斗圣变中的钟、鼓，应理解为带有象征和隐喻意味的标志。[99]具体的方位意识，则有助于确定神圣空间的边界。变文中，俗讲者用说来确定位置："佛教徒坐在东面，六道在西面，我即国王将坐在北面，官吏和诸人在南面。"[100]前文已讨论佛教和外道象征着政治体制中的汉人与胡人。而方位也存在隐喻。如果说充满动态的高台如同国家，那么公共空间的转化则与对错、善恶、胡汉、佛教和外道的观念有关。

## 劳度叉斗圣变壁画中的白话榜题

我们能从壁画中感觉到针对观者的特别设计，这与同样关注观众反馈的变文思路相似。用图像或声音传达信息时照顾观众，可以推测出变相和变文的表达存在本土化的趋势。对观众的自觉考虑，能从口语化的表达中体现出来；有关天人或神通的表现会自然参考夸张的动作，或者也可能借鉴戏剧中的演员。故事的演出需要公共剧场，正如这一题材政治文化的隐喻需要观众参与。朝廷利益引发的斗争象征性地反复出现在壁画中，哪怕没什么人经常参观这些石窟亦是如此。这些壁画是对既有斗争的仪式化解决方案。本土化并不必然意味着真要在石窟中组织面向观众的俗讲活动，也不意味着壁画面向中下层信徒。观者之中，既有当地政治领袖，也有普通百姓，因此不必区分观众的等级。[101]相反，变文的生动表述、变相的即

[98] [美]方闻主编《中国伟大的青铜时代》，图版77—90。

[99] 关于音乐的重要性，特别是国家、社会仪式上的鼓声，见[美]杜志豪《知音：中国早期的音乐和艺术概念》页19、24—25、45—47、51多处。杜志豪指出，音乐或艺术和谐被认为是人类思维对自然模式的反映。

[100] [美]石听泉《敦煌佛教叙事文本》，页70注83。在敦煌石窟，东西方向是被调换的，这样是为了使石窟象征性地顺应中国观念里的正确方位。称为石窟北壁的后墙实际上是位于西面，北面称为东壁，南面为西壁。尽管如此，即使考虑到这些调整，劳度叉出现在国王的左侧（观者的右侧），依然在东面。变文中的方位安排不适用于绘画作品。

[101] 实际上，行文上不分节的文字往往更接近表演作品，散文的描述无法用书面形式表达。以文书P.4524为例，其背面有不押韵的诗句；在表演之后才书写的这个故事的押韵版（变文）(P.2187)。这种形式的另外例子（口头表演时使用的诗歌和画面）是观音经变卷轴（《妙法莲华经》第二十五品），或者地狱十王图(P.2870和P.2003)。这些都包含生动的戏剧图像，图下记有文字(P.2010)；将绢画展示给观者时，可以对不同文化程度的人讲解，图下的文字也不会被发现。这种形式后来演变成"佛经册页"，用简明图像搭配通俗易懂的经文。(S.6983，观音经变；S.158*和S.212；P.4096和P.4098《金刚经》)。这些绢画的观者或赞助人很可能是半文盲的俗人（甚至可能是僧侣）。

兴状态，才能带来日常感或新鲜感。换言之，自然的呈现方式促进观众与视觉空间产生关联。描绘形象的生动则吸引观众理解戏剧情节，进而与图像中的两个主角和国王产生互动。

梅维恒认为，敦煌讲唱文化起源于印度的丰富佛教故事，当佛教与东亚文化融合之后，注重表演和讲故事的南亚传统产生了新的大众化叙述方式，出现了新的语言结构和词汇，以适应新的佛教故事。另一方面，杜志豪则认为，中国文化里早就存在充满活力的叙事文学。他认为，通俗文化在唐代的出现，可能是因为文人开始认可口头叙述及其他公共演出的形式。因此，讲唱文学的出现，只是文人开始关注民俗文化并记载下来的标志。[102]两种观点均有可取之处。佛教可能通过将口述与视觉图像联系起来，发展了这种早已存在的口头叙事传统。

无论佛教从中国文化中吸收了多少，劳度叉斗圣变壁画都确实在形式和内容上与通俗讲演有关。壁画反映了这一传统，其榜题借鉴了俗讲中的文字。与长卷只在背面附文不同，壁画以不同形式加入了故事讲唱的变文，还有讲经中的押座文和讲经文。现存壁画中的榜题出现在场景旁边，数量惊人，如第146窟中随着人物组群出现了80多处榜题(彩图10)。尽管壁画固定不动，但借助榜题，每个场景就像分段一样，类似于俗讲时的长卷分段展示。榜题可以看作俗讲中口头解说的保留。壁画与俗讲传统的关联，并非直接借鉴。讲唱长卷与俗讲一样，每场斗法都是分开描绘的，如图5.1所示的"狮子咬死水牛"。壁画是画卷呈现的记忆，如同变文是口述剧情的记载；将二者结合并固定在画面中，便形成了

[102] 参见［美］梅维恒《中国文学上的叙事革命：本体论的先决条件》；杜志豪的回应参见［美］杜志豪《论叙述革命》。

一种新文艺。晚唐以前的敦煌壁画，并没有出现将口头解说与人物活动的画面相结合。事实上，9世纪末壁画中开始出现的大量榜题，预示着一场将画面与文字结合的革新。

　　劳度叉斗圣变及其他壁画中的榜题用于指认或强调动作。榜题用于标记相应的情节，并以时间标记"……时"结尾。[103]"时"指"什么时候"或"那时"，其功能比字面意思更为抽象，类似于"当……时"。其作用在于突出节选的画面，与其他情节区分开来，而不是衔接所有画面。劳度叉斗圣变壁画中，图像与声音共同传达信息的张力依然显著。画面呈现的起源在这些大量分散的榜题中得以保存。如佛雷所说禅宗之"渐悟"，听觉信息在定义上植根于"中断的世俗所透露的信息"[104]。场景的叙事顺序可能除直接对话之外并不明显。壁画中各个场景之间经常缺乏顺序，因为观者可能在其他场合已经了解过相关信息，当他们看到图像之后，自然会回想起来。实际上榜题分散了观者的注意力，也割断了构图。如第9窟，彩色的榜题面积之大，几乎主导了画面。而视觉意象（壁画画面）是可以体验"连续性和空间的同时性"，因壁画的观看环境相对固定，所有场景都在一瞬间被呈现给观众。[105]虽然一眼可以看到整个图像，但这幅图仍由一系列松散连接的独立事件组成。增加画面生机感的，是视野中呈现的动感及戏剧性的现场感。

　　虽然劳度叉斗圣变较好体现了这一时期的新方向，但在敦煌同时期的其他壁画中同样表现了动感。莫高窟第61窟的"五台山图"中，也通过在日常场景中增加神通变化，呈现了相似的动感。大量的图案细节让观

[103] 已有学者研究榜题的语法结构，它们多以"……时"作为结语。参见[美]梅维恒《唐代变文：佛教对中国俗讲和戏剧产生的贡献之研究》，页82—86。然而，其他学者关注榜题里的文字并不表明壁画是石窟俗讲表演时的道具。也就是说，壁画本身并不是为世人讲经说法的对象。见白化文《变文和榜题》，页148。

[104] [南非]大卫·彻戴斯特《逆光的语词：信条的感知与冲突》，载《宗教学刊》第65卷第1期（1985年1月），页46—62。转引自[美]佛雷《中国宗教传统中的空间与方位》，页345注17。

[105] 同上。

[106] 屠夫场景图来自刘先和罗寄梅的照片档案，no.85：9a，普林斯顿大学艺术图书馆。

[107] [美]姜士彬《中国文化中的剧本表演：分析民间文学的一种方法》，页42—43。

[108] 画稿也可能是在营造石窟的另外两个关键时期制作的。一种可能是862年，当时最早的晚唐窟第85窟已经开凿。另一种可能是在之后的10世纪制作，赞助人要求在其他石窟绘制这一主题，也就是10世纪中叶，那时已开凿第23窟、第53窟和第55窟。

众能了解各寺的建筑布局。这些信息有助于观者想象朝圣途中的各个地点，生出崇敬之情，传达朝圣的魅力。其他内容包括日常生活场景，如屠夫宰杀时狗聚在他脚下等待抛下的食物（第85窟），还有耕地（第196窟，彩图3）及其他世俗场景。[106] 通过标志性画面周围琐碎的生活片段，画师似乎热衷于将现实与想象世界融合在一起。[107]

这类图像新颖有趣，画坊中少量保存下来的劳度叉斗圣变粉本（图2.13—图2.17）年代一般不早于9世纪60年代，这一时期，晚唐画师开始将壁画表现的重点放在动作上。壁画和文本的断代，对理解晚唐五代图像史的革新至关重要。我们已知只有绘画聚焦劳度叉斗圣变的六次斗法；不早于9世纪的讲唱长卷上，每场斗法被分开表现出来，以满足讲唱者需求。然而壁画则集中表现最后一次狂风的斗法，这一构图最早实例是开凿于862年的第85窟。粉本主要表现的是壁画的构图，时间不会比壁画更早。其次这种构图在862—867年第85窟和892年的第9窟之间有所缺失。900年前后此类主题的壁画数量显著骤增（表2.1）。第9窟开凿于892年秋，第196窟开凿于893—894年间，第146窟则是9世纪末或10世纪初，以及褪色严重的第72窟开凿于907年之前。此外，第98窟可能开凿于923—925年或更早。榆林窟第19窟和第16窟分别开凿于924—940年、936—940年。第108窟开凿时间是935—939年，第454窟开凿于939—944年。鉴于时间先后，这一粉本理论上创作于890—920年间。[108] 当9世纪90年代这种构图再次出现后，便在10世纪经久不衰、广泛流传。总体来看可以肯定，画师有规律地用这一主题装饰敦煌莫高窟和榆林窟的壁面——有时每隔5

到7年。

这一题材饶有趣味，或许激发画师重点表现飓风，增加画面的视觉冲击力。该题材在953年之后似乎极为流行。当时新开凿的石窟有第53窟 (953)、第55窟、第25窟 (974) 及开凿于980年之后的榆林窟第6窟和第32窟。其中许多石窟，在僧侣记载的劳度叉斗圣变经文讲座笔记里都曾出现，后者时间为944年十一月廿八日。观者记得经卷 (P.2187) 上布满了仪轨中的其他文字，作者是在极度寒冷的条件下写的劳度叉斗圣变文。另一变文 (S.4398) 写于949年六七月份；然而还有一件被分成了残缺的两部分 (S.5511和BJ.1589)，在10世纪中进行了复制。最后一件是写于10世纪后半叶的《破魔变文》(P.4615)。在940年之后有三个洞窟被翻新，包括第98窟 (940—950)、榆林窟第19窟 (962) 和第454窟 (976)。笔者认为，时间上文本的重叠 (即变文和讲经) 并非巧合。石窟开凿与这些文本的作用并不存在直接联系；实际上壁画不是文本的替代图像，洞窟也不是俗讲的场所。然而二者同在一个文化空间，共享了施主、寺院仪式及佛教故事的俗讲传统。按照时间线索或许可以推测，劳度叉斗圣变的俗讲 (借助图像或者不借助图像) 受到了大众的欢迎，这一主题在9世纪末开始广为流传，进而激励了之后90年间一系列壁画的制作。俗讲主题大受欢迎，使施主、画师和写手投入到创作更持久的艺术形式中去。至此我们看到了同一题材的不同媒介、不同材料和不同功能的作品。

## 画师、书手和演说者：劳度叉斗圣变的创作

[109] 秋山光和与巫鸿提出对立模式。[日]秋山光和《平安时代世俗画的研究》页422—426中，将权威性置于故事的文本历史之中；[美]巫鸿《什么是变相：兼谈敦煌叙事画与敦煌叙事文学之关系》页138—140中，通过展示变文文本与壁画榜题的区别来论证文本和图像的分歧。

[110] 关于如何区别铭文和变文的研究，及榜题修饰或创造新情节的具体实例，见[美]巫鸿《什么是变相：兼谈敦煌叙事画与敦煌叙事文学之关系》，页138—140、170—192。巫鸿指出这些"降魔变"壁画并不是用于俗讲表演，这一传统观点始于20世纪20年代鲁迅将变文作为白话运动的一部分。

[111] 敦煌画师不同于受过教育的画家，如10世纪的荆浩以及11世纪的文人画家。

要判断讲唱和图像谁先出现几乎是不可能的，尤其是"劳度叉斗圣变"这个主题。从目前成果来看，一派认为相关文本的出现早于图像，而与其相反的一派认为壁画和榜题独立于变文存在。[109]根据后者的看法，不仅壁画榜题中的文本异于当时的变文，而且壁画非常新颖，可能决定或改变了讲唱与变文的重点。[110]相比变文的书手，画师在创作中需要应对不同的内容组织结构，相应地从构图上展现出来，这和讲唱结构考量不同。此外如前所述，撰写榜题的人是誊抄者而非画师，画师不会直接参考变文作画。尽管认识到壁画和榜题区别于变文很有意义，但这不能说明图像与口头讲唱传统无关。相反笔者认为，其与口头讲唱渊源相同，考虑到讲唱的呈现过程（以连续章节表达），劳度叉斗圣变的图像和文本可进行类比。观众对这种民间表现形式的理解和依赖（这种表达是鲜活的、往复的、生动的）将两种叙事模式链接起来。尽管壁画与现场表演之间不存在直接联系，但如果民间故事来自口头传讲，则可以部分解释壁画的构图。

笔者倾向于区分画师和书手的工作：画师绘制壁画时会为榜题留出空白，而这些榜题由专门的书手来完成。画师的创作活动很大程度上独立于书手。画师曾阅读过哪些文本，我们不得而知，但显然他们不做誊写文本的工作；相反，他们所用的粉本类似某种手册，为相互沟通和图像信息来源提供了重要的指引。[111]画师和书手虽然在讲述同一个故事，但在寺院中他们分属于不同工种。这其中显然有以下几个原因，这种划分让我

们重新思考画师粉本的特质。[112]

首先，画师的底稿上很少写注记，他们反而在底稿上使用其他易懂方法指导构图。例如第二章谈及，他们用简单的编号系统表明画面顺序，在P.2868场景旁标注了数字"一"至"十二"(图2.4)。另一种有效的方法是在画面上点出各种彩点以表明颜色，如伯希和收集的两件粉本P.4518.33(彩图23)和P.4518.36。[113]这些做法意味着画师的文化程度不高。[114]我并不是说画师不会写字，而是想证明，唐五代时期的作坊里绘画和抄写文本的工作是分开的，也许在北朝之前就是如此。当画师的底稿材料中出现详细的文字指示或多行文本，一般都出现在某种特殊的单色粉本上——比如曼荼罗及其他仪轨示意图，它们则由熟稔佛经正典的僧侣和密教高僧书写(图4.12—图4.16)。此外，那种一看就是历经常年抄经练就的苍劲书风也并未见于粉本。[115]考虑到不同艺术门类的要求，书手和画师会分开训练，尽管我们猜测其中也会有重叠的部分。显然，11世纪的文人理论家就提到了"书"和"画"两种技能的分离。他们设想了一种新的绘画创作，将书画两种艺术紧密相连。站在有效结合文字与绘画的角度看，他们是开创者，把绘画上的题款、题诗与绘画的内容和创作过程结合到一起。他们通常认为，写和画来源一致并使用相同工具，这样一来，绘画就被提升到了与书法一样的高度(详见第六章)。

其次，如果画师没有把壁画场景旁的榜题内容放在粉本中，则意味着最后构图时他们不负责或不参与榜题的书写。存在于敦煌壁画和绢画中的大量空白榜题框可以佐证这种假设。如果榜题的完成确实不难的话，榜题的书写应更具有系统性。[116]因而更有可能是这样

[112] 亚历山大发现在法国的手稿传统中出现了类似的分工，其中抄写者的身份定位通常比画家更清晰。参见[美]乔纳森·亚历山大《中世纪书稿彩绘人及其工作方式》，页4—34。

[113] P.3998和S.83(1)(图2.9a)和S.83(2)是《金光明经》的一套三幅画稿(现在分成两件藏品)，按数字和头衔表明人物顺序。按头衔做的标记如"梵释四天王""三万大千婆罗门""僧慎而耶药叉"，与出现在壁画榜题中的叙事文本悬殊。P.2868包含用颜笔绘制的十二个场景的缩略图。见第二章。

[114] 龟兹石窟中受损部分露出的底稿。马世长认为，壁画画师指导的某些标记已经显露——可能是指导运用某种颜色的速录记号。

[115] 在某些情况下，曼荼罗的制作本身被视为一种神圣的行为，更适合僧人制作而非其他社会人员。见第四章。

[116] 韦陀认为，底稿画师提前准备好作品，并空出所有榜题，直到赞助人下订单。参见[英]韦陀主编《西域美术：大英博物馆斯坦因搜集品》第一卷，页308。然而，这种解释存在几个问题。画师可能买不起昂贵的丝绢，在确定供养人之前，无法提前开工。笔者认为，画家先接受委托，再绘制。其他学者推测，商人和其他途经敦煌的行人，会购买画作并填写名字作为个人供养。然而，那些包含铭文的作品与地方贵族存在联系，从而消除了"行人作为赞助人"理论的相关性。

[117] [日]秋山光和《平安时代世俗画的研究》，页422—426。

的情形——榜题一般由其他专人书写，而且有时书写榜题这个任务不在整个工序中完成。秋山光和仔细考察了劳度叉斗圣的变文和第146窟的榜题的对应关系。有些短句是一致的，但榜题中增添了许多新内容。[117]另一些学者则认为，壁画上的榜题内容和那些没有图像的民间文学来源不同。如何解释同时存在这两种情形——有些榜题与变文一致，有些却不一致？本书认为，两种解释都有一定合理性。

　　故事的文本和绘画榜题存在部分对应关系，一种解释是它们的作者均来自寺院的相同部门。不能断定这两种文本和壁画由同一群人创作完成，更可能是变文书手和俗讲者编写了壁画榜题。笔者认为，应该不是画师编写了变文。[118]如果画师是变文书手，他们还要有改写文本的技能，这几乎不可能。榜题内容的创作者需要了解其他榜题、变文和讲演的相关知识。从劳度叉斗圣变榜题内容来看，榜题与变文的差异体现出书手对变文原本的改动，大体趋势是简化原文，还有诸多微小的调整。这里体现出对文本的理解、所受的训练及识字水平，只有专职抄写者、高级僧侣或是受过教育为积功德而抄经的俗人才可能具备。这些很可能并不属于画师的技能范围。实际誊写的过程中，写榜题和写变文要求类似的誊写能力，而绘画的笔触技巧体现在创作图像上。所以在9世纪至10世纪的敦煌地区，将"书"和"画"看作不同的独立技术门类是有道理的。这可能与金陵和中原地区稍有差别。同时期的荆浩（活跃于9世纪末10世纪初）、李成（919—967），及稍后的郭熙（1000后—1090）比敦煌地方画院的画师们学问水平要高得多。又一个世纪之后，文人画家在业余创作中将诗和水墨画结合了起

[118] 如前所述，从变文复本和讲经文的抄写笔记中发现的证据，证实这些文本乃僧侣表演和抄写，如P.2187（《破魔变文》）、P.2292（《维摩诘经讲经文》）和P.3107（《目连变文》）。寺庙的学郎有时抄写这些表演的文本（S.2614）。参见[美]石听泉《敦煌佛教叙事文本》，页51。

来，他们的社会地位和绘画技艺的练习都迥异于画坊中社会地位低下、仅仅是劳动力的画师。文人在画面上将文字和图像自然而然地结合在一起（而不是将文字强加在画面之上），这种方式几乎在百年之后才日臻成熟。

敦煌当地创作者文化水平不一，抄经也有差别。榜题书手可能不具备僧侣的"识字水平"，是僧侣在俗讲之后将变文记录下来（P.2187）。即区分画师和书手的实践时，不应该假设寺院中所有的抄经者都来自同一群体。

其他证据也印证了这种解释，即榜题书手不参与绘画。伯希和藏品中的一件文书（P.3304）表明，榜题作者只涉及文字工作。这一文书的内容至少涉及四种不同的绘画场景，包括地狱十王和西方极乐世界。[119]它们可能为榜题书手提供了参考。这些措辞专用于榜题，只有专门人士才会使用这样的简略方式写经，以便誊写者将这些文字添加到壁画上。另一件相似的文书包含了部分劳度叉斗圣变的榜题（S.4257.2）。[120]这两件文书均没有与榜题相关的画面草图，说明负责榜题的人没有参与绘画创作。两件文书呈现出熟练的措辞和书法技巧，与专业书手的特征相契合。进一步说明，这种文字架构只有专业人士才了解。[121]

上述材料表明了工种专业化，这是敦煌作坊生产的基础。画师粉本上所见的人物形象简略，笔触流畅，与文书上所见的简略书写类似。两者都将某些细节略去，这些细节对非专门人员是无用的。例如，劳度叉斗圣变的粉本没有关于画面顺序甚至场景总体布局的任何说明。所有现存劳度叉斗圣变粉本中，最长的一件（P.tib.1293 [2]）画有七个不同场景（正反两面），上面没

[119] 画卷中也出现了描写《药师佛经》十二位药叉大将和九横死的榜题。第90—136列为"降魔变"文本，是P.3304四段题记最长篇幅的一段。四十六行行文共60句，均以"时"结尾。每句都由右上角的留白或括号分隔。内容上，榜题涵盖了从精舍选址到斗法的整个故事内容。苏远鸣注意到，这件"降魔变"榜题绢画与第98窟和第55窟存在对应关系，可分别追溯至923—925年和962年。他判断这件绢画的时间是10世纪初之后。P.3304"降魔变"榜题文本及照片来自[法]苏远鸣《题跋汇集：P.3304抄本的背面》，页194—196，图版21—23；关于年代的讨论在页169—170。

[120] 李永宁、蔡伟堂《〈破魔变文〉与敦煌壁画中的"劳度叉斗圣变"》，页190—191。

[121] 苏远鸣指出P.3304的杂乱无章令几乎所有专家费解。见[法]苏远鸣《题跋汇集：P.3304抄本的背面》，页204。（假设这些各种内容的文本是已完成壁画榜题的复本，即使猜想是正确的，在敦煌，书面符号和视觉符号仍然是各自独立的。）

有对壁画终稿的场景顺序如何安排进行任何提示。粉本的第一段是东方天王，其实并不是斗圣变的内容。这样的天王形象通常出现在窟顶的四角（即窟顶四角凹进去的弧面），距劳度叉斗圣变壁画上方4.5米位置。对于熟悉石窟总体布局的画师来说，天王和劳度叉斗圣变的关系显而易见。其他六幅粉本没有以任何顺序出现在文书上（P.tib.1293[2]），尽管大多人物形象通常位于劳度叉斗圣变壁画的右侧。这种信息缺失不只是因为其与现代观者相隔千年；事实上在壁画终本中，这些场景也是分散的(图2.19)。如文书的第二段粉本(图2.14)是围绕在劳度叉宝座周边的五个场景，但其中顺序在粉本中没有任何提示。第三段粉本(图2.15)有七个身着长袍的外道，他们出现在劳度叉宝座下方较低的位置。第五段粉本有两个女外道及两个痛苦不堪的男外道头像，最终的壁画上两者被其他场景分隔开(图2.17)。对于技巧熟练的画师来说，这些粉本显然起了很大作用，但对门外汉来说则并不好懂。

在伯希和藏P.2868上可以见到其他"乱序"，上面标了表明场景次序的数字。这件粉本十分混乱，随意省略细节。只有训练有素、成竹在胸的画师才能看懂。最后，除了仪轨图之外，敦煌文书中所见的这两种先进缩略法（书写和图像上的）从未同时出现在同一文本中。

其他证据表明榜题书手是在寺院管理下单独训练的，这可以进一步明确画师和书手的区别到底在哪里。[122] 书手和画师一样，是独立的一个群体并受外界监督，如《开宝三年八月节度押衙知书手马文斌牒》（S.2973）就有提及。[123] 而且，榜题文字比抄经更加口语化，抄经技术需要在专业行会学习。抄写者有着不同的位阶称呼（笔授、

[122] [美]梅维恒《唐代变文：佛教对中国俗讲和戏剧产生的贡献之研究》，页110—115；[法]石内德《敦煌文献中的戏经抄本》。

[123] 对判官及其查看石窟的讨论，见第一章。

抄手、经生、书手、写经生），区别于绘画者的不同名称（画匠、画人、画师、画生），还有别于其他人，如工匠、泥匠博士。[124] 抄录者和绘画者可能相互分享技艺——实践中也有例证，但在专业领域中，他们有各自不同的身份和作用。这是后世中国美学理论对职业画匠偏见很大的来源之一。也就是说，职业画家与文章写作不甚相关，而且游离于书法家的文化活动之外。这就解释了张彦远为何费了巨大力气重新强调绘画和书法有同样的地位。他强调绘画和草书的联系（本书第六章讨论的主题）。书与画产生联系，不仅彰显出画者有读写能力、与经典的联系，还可以赋予其稳定的社会地位。

我们可以确定，敦煌至少有给不同手艺人的四种手册。其中三种包含与劳度叉斗圣变相关的材料，这些材料帮助我们区分四种职业的作用，这些职业在传播这个故事的过程中进行了专业的记录、完成了不同的任务。它们分别是：（1）注解，收集以供榜题书手使用（P.3304、S.4527.2）；（2）记录，在僧人讲师或俗讲者表演前后完成（P.2187）；（3）粉本，供画师绘制壁画（P.tib.1293 [1-3]）、绢画、刺孔稿本及其他图像等。榜题的注解、表演者的文书、画师的草稿，每个种类的内容都不同。这揭示了每一类使用者都必须拥有特定技能。虽然榜题撰写和为变文表演做注记的技术存在相似之处，但与粉本技术相比则迥然不同。中古中国的寺院里，书手和画师是分开训练的。如果认为书手是寺院中人，就不应对画师做同样揣测。

第四类手册内含儒家礼仪。其中虽然没有劳度叉斗圣变的材料，但提供了专业人士的存在证据，他们负责讲授传统仪式。这些文书由一些草稿组成，有因当

[124] [美] 胡素馨《敦煌的粉本和壁画之间的关系》。P.2133 上有抄手的落款，"正月日食堂后面书抄清密"，页920；"笔受"一词见于《宋高僧传》，T.2061：15.19。

地政府赠药品写的致谢信，有打马球之前需行之礼，有结婚手续，以及如何感谢葬仪来宾随份子的相关记载。这件书仪（P.3716，成书于930年六月十四）由伎术院礼生张儒通所写，伎术院隶属于当地政府，说明官员们支持佛事的同时也继续维持儒家礼教。作者的身份表明，仪式管理者属于"院"这个机构，一如画家自10世纪30年代归属于各自之"院"（画院）。因此，我们不仅能根据文本和粉本内容的专门部分识别各种领域，而且也从另一方面确认了创作者职衔，凸显出朝廷体制的部门分工。

敦煌材料中甚至存在第五种"专业手册"，进一步阐释了图像在佛事表演和戏剧中的作用。太史文认为，两件含有《十王经》单独图像的文书（S.80和S.3961）可能是主持仪轨之专人所用，他会在亡者过世的最初四十九天内，每隔七天到访死者家庭并做法事，之后是百日、周年及三年祭祀。[125] 人们相信，这些日子里亡者会来到地狱十王中的某位王面前：地狱十王判定亡者是否可以往生西方极乐。其中一卷含有地狱恐怖情形的白话描述，另一卷则无一字。另外两件《地狱十王图》文书（P.2003和P.2870）画有图像，或文图交替出现，或图在字上方，严格按照经文顺序呈现。这些文书可能也用于祭亡仪式上，仪式会雇用持这类文书的人来主持。有时候，祭祀主持者自己描摹或绘制图像，而不假专业画师之手。这些文书可能与前文提及的表演经卷P.4524作用类似，因为图像可能是给观众看的。总之，有必要对敦煌所有类型的粉本或文本材料进行区分。本研究旨在区分藏经洞经卷的不同类型，以显示粉本之极高专业水准。

[125] S.80和S.3961见［英］韦陀主编《西域美术：大英博物馆斯坦因搜集品》第二卷图版63、64，文书见图版339。以及［美］太史文《炼狱的发展》，页124。关于敦煌和地狱十王经的完整研究，见［美］太史文《〈十王经〉与中古中国佛教"炼狱"观念之形成》，页20—30。

这引得我们重新思考文本与绘画之间的关系；如何将画师的工作和与其他参与者(礼生和书手)区分开来？不同群体使用不同材料，比如画师的粉本和俗讲的笔记，虽然都包含故事核心，但图像显然与文本不同。图像有自己的作用，而不仅仅是文本插图。如果只是插图，粉本应更讲求叙事顺序。佛教研究中一个显见但又值得深思的问题是，佛陀所说的佛经，其权威性是否使学者过度依赖文本。画师在创作劳度叉斗圣变图像时，使用了所有能找到的工具来传达故事的各种元素。他们捕捉人物的动作姿势和面部表情。采用夸张手法将劳度叉化出的大树不断放大，直到舍利弗化现的大风将其吹倒。文本虽然也可以传达这些内容，但表现方式不同。如讲唱者不会展示树的巨大尺寸，但是描述了参天大树是如何变成的。绘画中的所有对象都是歪斜的，顺着风力向着同一个方向；或外道们因烈焰炽热而退缩，大火焚烧了他们的典籍(彩图32)。文本也可以通过解释对外道的影响来描述这些瞬间，但显然不能直观展示大风的效果。敦煌的文化生活滋养了这一故事的文本和图像版本。对故事的整体性理解，孕育了交互环境中的差异性。壁画假定每位观众都已经从民间的俗讲中了解了这些故事。然而，不能将文本和图像机械挂钩，否则就会误读。不同的艺术形式从故事中吸收了不同的元素。虽然变文和变相几乎同时从俗讲之中发展出来，但依然应该将其看成各自独立的艺术门类。

前文已回顾了观念意识和文化背景。如果佛经及变文都不是劳度叉斗圣变壁画的源泉，那么还有什么可以解释这一壁画主题逾百廿载的一致性？画师使用什么办法去保持作品内容的连贯性？包含该主题人物组合的粉本手册为图像的连贯性提供了合理解释。从这个意义上说，粉本手册成为了解壁画的"文本"。与变文文本向后世读者传达了故事内容一样，粉本使得作坊画师可以跨越时间相互交流。这些复制稿本是画家创作的核心。[126]

[126] 艺术家通过口头文化与书面世界保持平行关系的论点，可以用于其他中世纪的文化传统，如印度的笈多时期，当时鹿野苑作坊有众多高产的佛像雕塑家。参见[美]乔安娜·威廉姆斯《从鹿野苑笈多石碑看佛陀的生平》。

如前所述，画家创作有别于书手，需要满足不同的要求和原则；例如，既定图像能否有效地传达出故事或想法，抑或构图布局是否令人兴奋和觉得有趣。理解艺术生产中粉本所承担的角色，有助于厘清制作的整体情况。

总而言之，什么使得粉本如此特殊？首先，粉本上的信息仅对装饰石窟的画师或专业人员有用。粉本上全是内行人才能理解的符号，仅对壁画画师存在意义。其次，它们类似生产过程中的笔记，全部都未完成。相反，粉本则透露了制作过程的细节：什么是重要的，如何运笔（因为这些底稿线并没有上色），画师如何构思空间和图像单元，在终稿前练习了哪些类型的图像等。

不管这些劳度叉斗圣变粉本诞生的时间及它们与俗讲的关系究竟如何，它们都与862年至980年间完成的15个洞窟以及相同题材的变文之间存在明确联系。敦煌的材料使我们得以探讨技术范围、劳动分工、书与画，还有画师、寺院及书手的关系，乃至中古中国公共文化中的俗讲。第六章将继续讨论书面文献的地位和其对画师实践的影响。9世纪的画论家对壁画创作的论述为研究艺术生产提供了一条途径。第六章的主题将从绘制内容中的表演转向作为表演的画师活动。

第六章 —— 唐代的起稿、表演与自发性

## 作为审美对象的起稿过程

9世纪，画师下笔伊始会在纸上起单色粉本，以便规划全局。与纸上画稿相对应，在正式绘制的绢帛或洞窟墙壁上，也会用单色线条做一些草稿标记。除极少数情况外，这些绢帛或墙上的前期底稿后续会被丰富的颜料所覆盖，形成完整画面。[1] 不过从文献记载来看，8世纪、9世纪画论家很关注这些底稿绘制的过程，倾向于作品未完成的状态。我们也要把目光投向这些阶段，却为探讨绘画如何欣赏，以及画史记载与实物材料之间的分歧。本章继续关注画师的创作活动，将焦点转向画论家如何理解壁画制作中画师的表现。一如前文，起稿过程将是我们讨论的重心。

9世纪的画论家特别关注起稿，因为可以借此管窥艺术创作的过程，一探起稿时相对放松的手法与对自然的描摹。在观众和画论家的想象中，这一阶段单色粉本的起稿、即兴、挥毫以及画面中所描绘出的动作，四者之间形成了新的关系。在评论绘画时，它们相互依存。本章要讨论起稿如何在晚唐成为评论的焦点，以及文人墨客如何在粉本的影响下觉察到了绘画发展的新方向。我们关注的是当时文献对壁画的描述：文人如何评论壁画家？在这批特别的敦煌粉本创作时，评论壁画的关键因素是什么？最后，晚唐的鉴赏家如何看待行会和壁画制作中的协作？一如前文，品评书法的审美标准也用于绘画。本章将重新省视书法以及其他相关门类的鉴赏标准。

张彦远的《历代名画记》成书于会昌五年至大中元年（845—847），其中记载了一则逸事，反映出唐人对

[1] 石守谦讨论过"描"画和"成"画的区别，"成"意味着"赋彩"。参见石守谦《风格与世变：中国绘画史论集》，页23。

绘画的兴趣集中于起稿、挥毫、即兴和所描绘的动作之间。该书和另外一本画史——朱景玄的《唐朝名画录》（约成书于会昌二年，842）——简述了数百位画家的生平；当时最负盛名的画家吴道子（活跃于710—760）即于此时登上历史舞台。吴道子是长安的宫廷画师，奉命入蜀写生，记下嘉陵江的景色，回宫绘制山水。这处风光为唐玄宗所喜爱，计划绘成图像以装饰宫殿。吴道子回朝复命时没有携回任何记录山水特征的画稿或草图。待被唐玄宗问及时，他对答曰："臣无粉本，并记在心。"更有意思的是，吴道子受命与另一位画家李思训（651—716）同殿绘制，他只用一天便完成，而李思训则耗费数月，并且参考大量的粉本，运用各种工具才得以完成。这则逸事自奉旨创作开始讲起：

> 明皇天宝中忽思蜀道嘉陵江水，遂假吴生驿驷，令往写貌。及回日，帝问其状。奏曰："臣无粉本，并记在心。"后宣令于大同殿图之，嘉陵江三百余里山水，一日而毕。时有李思训将军，山水擅名，帝亦宣于大同殿图，累月方毕。[2]

这则故事关键在不使用粉本，强调起稿的表现。吴道子抛弃绘制壁画底稿时参考粉本的一般步骤，而仅凭对山水的印象作画。它直白地批评了以李思训为代表的壁画绘制常规方法，后者需要漫长而艰辛的准备制作。粉本——乃至敦煌那些专门创作、品质参差不一的画稿——都变成了多余之物。

在9世纪的画论语境中，借助粉本作画被认为过于容易，因而朱景玄有意将吴道子置于李思训之上。他和

[2] 朱景玄《唐朝名画录》，页75。参见［美］苏珀《〈唐朝名画录〉：朱景玄笔下唐代的知名画家》。此事纯属臆造，因为该事件发生在天宝年间（742—756），而李思训早在716年去世。

张彦远对吴道子的评论中，这种看法都很鲜明。朱景玄把吴道子列于"神品上一人"[3]。张彦远则将吴道子单独列入"逸品"[4]。对吴道子卓尔不群的品评，和故事中他摒弃粉本和工具有直接关系。虽然在故事里粉本实物成了累赘，但起稿这一动作，却跃升为单独的审美对象，成为讨论焦点。速度和看上去质朴受到推崇，继而成为典范；漫长艰苦的壁画制作被即时呈现的描摹所取代。与壁画制作中传统的多层晕染截然不同，内敛的、隐晦的笔法成为绘制壁画的新趋势。

张彦远强调徒手起稿技法的精湛，还进一步说明，为了契合既定有限的空间需要注重传移模写。通过"臣无粉本，并记在心"这一故事，我们或可一窥唐代画论的核心，即理想的画家是凭借直觉而非习得的技术作画。吴道子绘画风格的有关讨论中，最突出的艺术特征是起稿过程。对于唐代画论家而言，创造力最核心的表现在于起稿阶段。理论上，如果绘制时没有借用工具和其他技术，那么创作的起始阶段就为纯粹的表达提供了集中展示的机会。书中强调画家徒手作画的神奇之处为诸多观众所目睹，似乎是在确认和强调艺术创作的过程，进而透露出一种新的认识，即艺术创作中人的身体需要主动地契合自然。

在其他传记故事中，唐代画论家也颇为关注这些起稿的瞬间阶段，使之成为独立的旨趣。唐代画论强调迅速运笔勾画特征，对一般的绘画程式和工具颇为轻视。交织其间的还有所谓的自发性，即在没有现成粉本及其他工具技术介入的情况下创作，师法自然而逼真传神。相比勾描轮廓或制作粉本所需的时间而言，画家在前期构思中能否和纯粹的自然建立联系才更为关键。

[3] 《唐朝名画录》分别记载了三位画院画家。朱景玄很少提及画院画家，并将他们排在前列，与职业画家区分开来。"一人"意味着此等级仅有一位画家。

[4] 赋予吴道子的头衔还有"后无来者……画圣"。

[5] 张彦远《历代名画记》卷二,"论顾陆张吴用笔";英译文参见[美]卜寿珊、[加]时学颜合编《早期中国绘画文献》,页62。他们将"疏"和"密"分别译为"dense"和"sparse"。

[6] "疏",诸桥7: 22002的现代变体。

[7] 关于张彦远书法观点的研究,参见[美]倪雅梅《法书要录》:九世纪中国书法纲要》。

[8] "心有疏密,手有巧拙。书之好丑,在心与手,可强为之哉!"赵壹《非草书》,收录于《法书要录》,载卢辅圣主编《中国书画全书》,第一册,页31。

[9] 《法书要录》正文之前有张彦远自序,载卢辅圣主编《中国书画全书》,第一册,页30。亦见[美]倪雅梅《法书要录》:九世纪中国书法纲要》。

这种关系使得漫长且乏味的准备过程不再是必需。至于文献中对粉本的描写与考古证据的相悖之处,则为诠释上述论证带来了新的话题。这类对绘画的高度理想型描述,孕于哲学与宗教的关切之中,其固定准则流转于以下三个领域:代表文人学士的书法、有关冥想的禅、道教对动作与姿势的关注。我们先来看看书法,弄清张彦远从文人的笔墨世界借用或反省了什么。

在其著作中,张彦远透露出对笔法丰富多变的欣赏。他以两种笔法的对比来突出这一点,"若知画有疏密二体,方可议乎画"[5]。两位早期画家顾恺之和陆探微(活跃于5世纪60年代至6世纪早期)用的是"密",笔势稳定,连绵不断;第三位张僧繇则擅长"点、曳、斫"笔法;吴道子是四人中唯一的唐代画家,点画之间留有空间。后两位"离披点画,时见缺落",故张彦远认为他们的作品属于"疏"。[6]"疏"和"密"其实并非美学评论的新名词,但这是它们第一次明确出现在画论中。

"疏"与"密"最早可以追溯到赵壹(2世纪末)的《非草书》。[7]该书明确将疏的线条与正面笔法联系起来。"心有疏密,手有巧拙。书之好丑在心与手,可强为之哉!"[8]三组对立并列的第一个字是对应的,第二个字亦然——"疏"在意义上等同"巧"和"好";"密"则对应"拙"和"丑"。张彦远不但著有《历代名画记》,还编著了《法书要录》。[9]其中便收录了赵壹的《非草书》,证明他必定深知"疏"和"密"的含义。由此我们推断他笔下的"疏""密"可能直接借用于赵壹的文本。因彼时绘画本身尚未引起文人的广泛关注,故张彦远借鉴对书法的理解研究绘画。他明确地表达过对书法的青睐,并声称绘画源于书法。

书法中的"密"被认为僵硬而重复。7世纪卫夫人所撰的《笔阵图》亦见于《法书要录》，其中记载："若平直相似，状如算子，上下方整，前后齐平，此不是书。"[10] 张彦远笔下的疏密同样是对松动自由与细密稳定两种笔法的区分。在另一章节中，他宣称作"真"画不用界笔、直尺等工具，用之则会使图画变得呆板。张彦远并没有明确指出底稿、定稿与疏密之间的关联，我们在这里举出逸笔草草的敦煌画稿和严谨周密的壁画以助理解。在讨论疏密两种风格时，张彦远并未区分二者的用途，但对应二者最贴切的例子，莫过于画稿与线条精确的定稿，因为这类定稿中几乎不见"疏"。一幅线条变化粗细不一的8世纪金刚力士的幡画，似乎是敦煌唯一采用了"疏"之笔法的作品(彩图21)。[11] 接下来从禅宗和画论所涉及的讨论来分析，这种一快、一慢以对比动作的二元结构，是9世纪讨论不同认知方式时的流行方法。

起稿时不假外物，亦见于吴道子观裴旻舞剑作画的故事中。[12] 裴将军的剑舞气力磅礴，"腾凌何壮哉"[13]。而吴道子的反应亦有万钧之势。这则故事最早见于王维（701—761）的诗中，裴将军以金帛为礼，请吴道子在洛阳天宫寺作一幅壁画。但吴道子奉还金帛，愿将军以一曲剑舞代之。裴将军持剑起舞，又掷剑入云，如电光下射，吴道子受其所感，挥毫疾走，下笔有神。朱景玄云："舞毕奋笔俄顷而成，有若神助，尤为冠绝。"[14]

张彦远显然对这种运笔比其他视觉效果更感兴趣。他重线条胜于色彩，甚至主张仅用墨晕来形成色调，或以空间来交代色彩和构图，正所谓"山不待空青而翠，凤不待五色而綷。是故运墨而五色具"[15]。

艾惟廉认为，这是推崇水墨画的论述在历史上首

[10] 《王右军题卫夫人笔阵图后》，《法书要录》，载卢辅圣主编《中国书画全书》第一册，页32下。英译文见 [美] 班宗华《卫夫人的〈笔阵图〉》，页21。

[11] 敦煌壁画作为唐代白描画的新趋势而被广泛引用——第103窟维摩诘经变，初时并非现在的白描样貌。该画线条勾勒，再简单赋彩。

[12] 在唐代其他文献中，自发性被用来描述绘画实践。张璪（8世纪中后期）创泼墨法，"若流电激空，惊飙戾天"。见符载《观张员外画松石序》，载俞剑华编著《中国画论类编》，页20。

[13] 张彦远《历代名画记》卷九，页109。

[14] "舞毕奋笔俄顷而成，有若神助，尤为冠绝。"见朱景玄《唐朝名画录》，页75。英译文见 [美] 卜寿珊、[加] 时学颜合编《早期中国绘画文献》，页64；[美] 艾惟廉《唐代及唐以前绘画文献》上篇，载《莱顿汉学》第8期第2卷，页185。

[15] 张彦远《历代名画记》卷二，"论顾陆张吴用笔"，载于安澜《画史丛书》第一册，页23；英译文见 [美] 艾惟廉《唐代及唐以前绘画文献》上篇，载《莱顿汉学》第8期第2卷，页185。（出自《历代名画记》"论画工用楷写"，非"论顾陆张吴用笔"——译者注。）

次出现。据此运用变化不一的线条便可描绘出对象的外廓，亦即以廓线来表达物体的质感和形状。虽然水墨画彼时尚处于起步阶段，但在张彦远和其他鉴赏家看来，借着起伏不定的笔描来塑造立体效果，及利用墨色浓淡暗示"色彩"，无疑为绘画鉴赏提供了新的可能性。在此，通常与起稿相关的一些特质将被独立审视，而不再涉及绘画过程中的实际功能。

从诗人、鉴赏家和画论家对绘画充满激情的论述中，我们可以看到一些唐代新兴本土风格的特征。比如，画家的创作灵活多变，有能力在描绘所见对象的过程中展现情感、动态和风尚，避免僵硬呆滞。一则吴道子画龙的记载可以证之。吴道子"画内殿五龙，其鳞甲飞动，每天欲雨，即生烟雾"[16]。文献里对这些动态着墨甚多，显然作者对绘画的痴迷主要来自画面中物体所呈现的动感。朱景玄用"飞动"一词来描绘龙的动作，强调其形态动作可触可及，借此突出逼真传神，能够让人混淆幻视与现实，如同真的看到龙在海中呼风唤雨。在这个例子中，作品本身被赋予动态，画论家见到之后甚至能唤起最本质的体验，艺术在此利用了自然。而这不过是唐代画论家记载的有关画面生动的诸多逸事之一。

在叙事场景环绕中心尊像的构图中，画家有更多自由去调整构图、动作和内容。这些场景充满着动感，并常常反映出对日常活动的关注。这种水墨技法，在第二章所述与壁画有关的粉本中表现得最为明显。这些尚未完成的粉本应该仅供作坊内部使用，而不对外销售。从这些非正式的粉本中，我们可以察知唐代画家的确如文献记载一样，作画快速生动。

[16] "画内殿五龙，其鳞甲飞动，每天欲雨，即生烟雾。"载朱景玄《唐朝名画录》，页75。英译文参考[美]苏珀《〈唐朝名画录〉：朱景玄笔下唐代的知名画家》，页209。

**图 6.1**　角骶／残损经文背面画稿。局部，背面／P. 2002／墨色纸本／861－921／整卷尺寸 23.1～23.4 厘米 × 446.0 厘米／法国国家图书馆藏

　　由此，我们或许更能体会令9世纪画论家感兴趣的是什么。这些画稿以日常生活为题，形成一种崭新的主观描述方式。敦煌一幅描绘摔跤的小稿（图6.1），正好呈现出对姿势和动作的兴趣。[17]它成稿于861年或921年（P. 2002），是画师绘画用的粉本，摔跤手是其中几组随机人物之一。虽然对运动的表现可以追溯到汉代，但这幅唐代画稿对动作描绘如此倾注心力，使人物尤为逼真立体。画师着眼于人物如何在相互缠绕之余，仍然能够保持各自的身姿，完美定格了特定的动感瞬间。[18]这种构图和形式上的沉着老练同样见于其他绘画，是唐代的典型特征。

　　画师对情绪的高度敏感可见于另一件粉本，其上一个外道正饱受煎熬（图2.17的左上方）。这一细节来自某一大型壁画的草稿，体现出画师即兴捕捉面部表情的技巧。外道羸弱的双臂紧抱着头，令人颇感凄凉。唐代画师懂得如何描绘动作，使姿势自然可信，空间安排合理。在《劳度叉斗圣变》中，两个外道撑着鼓架（图2.16），画师可以轻松将其动作合理地呈现于空间之中。鼓架底座

[17] 这件卷轴上的草签落款，也许有助于断代，对应861或921年（假设出自晚唐五代）。榜题为"辛巳年五月六夕金亥千旬/?/施"，旁边是不相关的两匹马与一些人（未画完）。

[18] 汉墓出土了百戏说唱俑、俳优俑，参见［美］林露斯等《中国故事：四川汉墓画像砖与考古文物》，页14－15、131－135、143－145。

图 6.2　风神 / 残损经文背面画稿。局部，背面 /P. 2002 / 墨色纸本 /861—921 / 整卷尺寸 23.1～23.4 厘米 × 446.0 厘米 / 法国国家图书馆藏

起了动作定位的作用，两位人物安排在底座的对角，人物间充满蓄势待发的张力。其中一名鼓手拽着棒槌，手向内回扣，肘部自然外推，处理得尤为出色。

　　伯希和敦煌藏品中另一件粉本的细节，显示出唐代画师处理线条时的高明。画家描绘一个被风卷起来的人物时 (图6.2)，借其弯曲成三角形的双腿，赋予了人物跳跃腾空的效果。[19] 与之相应，他交叉的手臂呈三角形，但稍向侧偏，以带着身体扭转。环形飘带显示了旋风的速度，被强风扯直的头发正与之剧烈对抗。画师的每笔描绘都发挥了关键的作用。画面中旋转的感觉主要由上方两条呈弧形的飘带来传达。紧实的小腿线条，不单表明人物侧身时所需的力量，还具体地展现了画师的创作过程，即画师下笔如何苍劲有力。通过这些力透纸背、起伏有致的运笔，画中人物所具有的力量与画师下笔的力度可谓不分伯仲。

[19] 此形象可能是风神。

## 写实主义与准备过程

虽能举出一些唐代画论家所推崇的特质，但这并不能彻底地解释他们对这一阶段绘画姿势何以如此关注，也不能解释他们何以用逼真传神来形容地狱、龙和山水等图像。张彦远和朱景玄都坚称，吴道子绘制底稿时毋须依靠其他唐代画家常用的任何标记、界笔、直尺等工具。张彦远赞美吴道子与众不同："或问余曰：吴生何以不用界笔直尺，而能弯弧挺刃，植柱构梁？"[20]

张彦远对读者提出了这个问题，而他给出了什么解释呢？他追问的核心在于画家如何能不假外物而臻于至善。其答案是身外之神力："守其神，专其一。合造化之功，假吴生之笔，向所谓意存笔先，画尽意在也。"在绘制蜀地山水的故事里，对画家技艺超群的解释是"神人假手"；同样，在剑舞故事中，吴道子拒收裴将军厚礼，改以剑舞助挥毫，结果下笔也是"有若神助"。说明吴道子作画不依赖工具，也不为财物所诱。[21]其感官直觉和即兴表达，与画家是否可以模仿自然无关。重点在于吴道子与自然节拍和舞蹈韵律的共鸣，而至于直接模仿自然表象，则反倒是次要的。因此，虽然自我、率真与自然有关，但它们不源自对自然的直接模仿。

历代敦煌石窟的开凿记载中，也可以看到一些关于艺术创作赖于法术的传说。例如，莫高窟第156窟的开凿，敦煌文书P.2762的作者认为"其山自坼""飞沙时起"，换言之即自然伟力令山崖开出这一石窟。以这种方式强调艺术形成中的奇妙，使自然成为唯一的创造者。人为的努力在绘画中不受称颂，这是晚唐鉴画界不断重复的论调之一。一方面，画论家强调被表现图像应

[20] "弯弧挺刃，植柱构梁，不假界笔直尺，虬须云鬓，数尺飞动。"载张彦远《历代名画记》卷二，页22；英译文参见［美］卜寿珊《心画：中国文人画五百年》，页61。

"其圆光立笔挥扫，势若风旋，人皆谓之神助"，载朱景玄《唐朝名画录》，页75—76，英译文见［美］卜寿珊、［加］时学颜合编《早期中国绘画文献》，页64。

[21] 这个故事在宋代郭若虚所撰的《图画见闻志》中被着重渲染。

[22] 张彦远笔下的"自然"——"真画",如画论中的其他时刻,有着深厚文化和特殊情景。荷兰风景画和人物画中,精准的笔触、光源和光照对于呈现客体特性是至关重要的。相比之下,中国画中的影子和光源几乎可以忽略不计。另外一个例子,写实主义和空间观念如何在14世纪晚期至15世纪的意大利文艺复兴时期被重视,精准计算和焦点透视法是如何被作为二维空间呈现立体的工具。中国山水画不采用焦点透视,而以散点透视增加真实感。在中国这种真实感的处理方法源自实践,如中国艺术对裸体的虚化并不意味着画家和观者对身体不感兴趣,而是通过衣服纹理及其他肢体平衡和健硕的符号语来表达"身体"。画家在画面上钤印,采用书法形式呈现自我。相对而言,在意大利文艺复兴后期,自然主义和解剖学有助于健硕身体的呈现。参见[美]司徒安、[美]白露合编《中国的身体、题材与权力》前言及韩庄的博士论文(页42—77);[美]巫鸿、[美]蒋人合主编《中国视觉文化中的身体与脸》;以及[德]雷德侯《万物:中国艺术中的模件化和规模化生产》。

[23] "吴……往往于佛寺画壁,纵以怪石崩滩,若可扪酌。"载张彦远《历代名画记》卷一,"山水树石",页16,英译文见[美]卜寿珊、[加]时学颜合编《早期中国绘画文献》,页66。韦无忝(8世纪)的逸事:"前辈或状其怒则张口,状其喜则垂头,未有展一笔以辨其情性,奋一毛而知其名字,古所未能也,唯韦公能之。"载《唐朝名画录》"妙品上八人",英译文见[美]卜寿珊、[加]时学颜合编《绘画上的题跋》,页58。

[24] 见上文关于吴道子的诸多介绍。

[25] 张彦远《历代名画记》卷二,英译文见[美]卜寿珊、[加]时学颜合编《早期中国绘画文献》,页62。

具备自然、随意的特质;然而另一方面,他们却认为人的经验或行为并不能创造这等成就。不可言说的自然力量支配了画作的构思起稿,而画师本人之手则消失于唐代的榜题铭文和画史传记之中。

唐代文化意义上的写实主义是指,在绘画过程尤其在起稿阶段,须通过简约笔触来表现自然。[22]一般认为当时最具写实风格的是人物画,例如,朱景玄在著作中就提到,应以笔法暗喻形状,而不是具体勾描细节,对观者来说前种方式更耐人寻味。这种说法可能有违他书中推崇传神逼真的其他论点,但他确曾表述过,形状的隐喻比琐碎的细节"更加真实"。这有助于理解他对吴道子的山水可触、龙生烟雾的赞赏,"极其妙也""俄顷而成",形与质相辅而行,为观者营造了一个视觉可见、物质可感的空间。[23]

## 唐代创造性和认识论的新方向

灵感源于另一世界,吴道子自身则消隐在与自然的共鸣中。一如他的老师"书颠"张旭(活动于700—750),吴道子在创作时也继承了那种忘我表现。[24]张彦远将吴道子的创作归功于自然的介入,认为"真"或曰写实是绘画的源头,所以说道:"守其神,专其一,合造化之功,假吴生之笔,向所谓意存笔先……夫用界笔直尺,界笔是死画也。守其神,专其一,是真画也。"[25]

尽管神假其手，但吴道子并不自绝于外界。他在忘我沉醉的同时，又能清醒意识到周遭环境。这可能是中国艺术传统中关于天才的理论至关重要的一点。中古时期的中国，技巧高超但弃情遗世的画家并不享有盛名，因为画家的成功与否，正取决于他是否能与自然力量的走势、氛围和范式圆融一体。中国画史上，凡是远离自然的画家都不会被当作天才。天才虽不必与凡夫密切交往，但必须师法自然；因此，即兴创作并不一定单纯讲求速度，却一定是发乎本心。天才画家遵循自然法则，以一种更宏大的节奏来回应世界。这种思维和语言突出反映在道家传统。以下我们将探讨一个错综复杂的大众信仰系统，它与秘术、炼丹，以及同时期文人讨论其他问题的思辨风格有关。

一如所料，"神助""人莫得知""英灵不穷""神假天造"这些用于解释艺术现象的术语，并非源于佛教，而是出自道家。[26] 张彦远和朱景玄都将吴道子天才般的妙手丹青，归功于自然力量，这显然并非来自画家的自主行为。如朱景玄所云："吴道玄者，天付劲毫，幼抱神奥"。[27]

作为中国创作理念的奠基理论之一，道家相信自然界有独立于人世的要素循环。理解和适应这些自然力量，达到天人合一，才是适当的。[28] 这种被道家称为"感应"的思想形成于东周晚期，首先在公元前3世纪《庄子》中有所阐述，之后在与五行有关的著作中得到进一步发挥。

为什么这些艺术创作的传奇逸事会出现在唐代呢？可以借道家和术士的宇宙观来理解写实，这些文献的出现显然在唐代之前。9世纪张彦远和朱景玄开始写作最

[26] 画家多假神人天手，鬼斧神工。唐代诗人杜甫（712—770）《丹青引赠曹将军霸》记载曹霸传神绘制御马玉花骢图。参见 [英]霍克思《杜诗入门》，页136—137、144。关于从哲学和美学的角度看佛道关系，见 [美]卜寿珊《宗炳的〈画山水序〉及庐山的"佛教山水"》，载 [美]卜寿珊、[美]孟克文合著《中国艺术理论》，页132—164。

[27] "吴道玄者，天付劲毫，幼抱神奥。"载张彦远《历代名画记》卷一，英译文见 [美]卜寿珊、[加]时学颜合编《早期中国绘画文献》，页66；张彦远在卷九推崇吴道子，英译文见 [美]艾惟廉《唐代及唐以前绘画文献》下篇，载《莱顿汉学》第12期第2卷，页234。

[28] 栗山茂久从生理学上将个人气与风、精神和身体联系起来，牵一发而动全身。参见其《风的想象及身体的中国概念》，载 [美]司徒安、[美]白露合编《中国的身体、题材与权力》，页24、36—38。

[29] 韩拙宣和三年 (1121) 所著
《山水纯全集》, 内含十篇, 每
篇叙述一个主题。尽管他将
"气""韵"分开, "一日气, 气
者随形运笔, 取象无惑。二
日韵, 韵者隐雾立形, 备仪不
俗。"英译文参见 [美] 罗伯
特・前田《两宋绘画上的题
跋及 11—12 世纪山水画风
格》, 页 48。邓椿于乾道三年
(1167) 所作《画继》, 是张彦
远《历代名画记》的延续, 邓
椿认为谢赫六法难以兼全,
只有唐吴道子、宋李伯时始
能兼。英译文参见同书,
页 81、90。

[30] 有关道家和道教二者的区别
已有相关研究。最近一次专
题研讨会和展览论文集厘清
了这些问题。参见 [美] 利特
尔、[美] 艾德玄编《道教与中
国艺术》。历史上, 《庄子》(一
般认为最初是关于治国的学
说) 不同于老子的阴阳学或黄
老之学 ("黄老"指的是黄帝和
老子)。参见 [英] 葛瑞汉《论
道者: 中国古代哲学论辩》, 页
170—172。虽然公认在 2 世
纪发生了某些大事, 即道教的
建立, "思想"和"教派"的相
关区别存在某些争论。本质
上, 这种区分在后来的时代不
再有意义, 当时思想和实践的
要素已融合。见 [法] 贺碧来
《道教: 一种宗教的壮大》, 页
3; [美] 梅杰《汉代早期思想
中的天与地:〈淮南子〉第三、
四、五章》, 页 10。

[31] [英] 李约瑟《中国科学技术
史》, 页 443; [法] 贺碧来《道
教: 一种宗教的壮大》, 页
184—190 多处。

早的画史时, 参考了一些道家和原始科学的理论。而从跨学科角度观察不同的知识体系对艺术的影响, 可以丰富我们对艺术的理解。道家思想渗透美学理论至少可以回溯到公元前 3 世纪, 成为后者的哲学基础。虽然道家不曾解释鉴画, 但 9 世纪的画论家提出了一些道家论点, 二者间的分歧与渊源尚待厘清。

5 世纪初谢赫提出的绘画六法是最早的画论之一, 其中物象与画家之间进行交流的道家观念非常明显。第一法, "气韵生动", 反映出事物成功再现与理解所绘对象的"气"有密切关系。相比余下五法, 对第一法的解释一直存在着重大争议。这要部分归因于模棱两可的语法结构; 究竟第三和第四字 (生和动) 是开首两字 (气和韵) 的原因抑或结果, 并没有完满解答。毋庸置疑的是, 在早期画论中, 气与写实相辅相成, 气是自然的呼吸之源 (或本初气息), 人需要修炼自我以适应自然, 体悟生机, 感悟绘画对象的动态。因此, 无论如何解读收录于张彦远《历代名画记》卷一的"谢赫六法"之第一法, 画家都需要明确掌握好对象的本质特征或气韵, 以期实现逼真传神。[29]

早期的道家思想和唐代注疏, 着墨于求道者如何养身以使其气道 (自然之道) 一致。2 世纪左右, 道家发展成为大众宗教。[30]下文里的长生不老之术就是道教修行的一部分。追求长生不老关系到调理身体, 这直接推动了科学和炼丹术的发展。吴道子和张彦远身处的时代, 道教刚经历了第二次鼎盛期, 各种伪科学的延年益寿之方正在大行其道。[31]假如还要质疑当时道教的魅力, 只需留意唐武宗 (840—846 年在位) 就能疑窦尽释。崇奉道教的唐武宗在 843 年至 845 年间发起了灭佛运动, 并最

终因服食不老仙丹而中毒身亡。[32]他的继任者宣宗（846—859年在位）死因相似。武宗之咎由自取，正好与张彦远著书同时。

8世纪至10世纪，道士张万福（约711）和杜光庭（850—933）整理了斋醮科仪，首次将道教经典系统化。[33]张彦远使用的词显示出他非常熟悉当时流行的道教文本和思想，对道术、养身和"自然支配人间"这个当时已比较成熟的观念，都有相当的了解。至于他是否主动将一系列道教观念引入画论，我们则不得而知。可以肯定张彦远认为，是自然掌控着画家起稿的手，才能达到传神逼真的效果。这个观念似乎在9世纪广为流传。例证之一是9世纪末或10世纪初田同秀所著的《关尹子》，其中反映出当时道法自然的观念深入人心，而且操纵神力的道教方术相当流行：

> 方术之在天下多矣，或尚晦，或尚明，或尚强，或尚弱。执之皆事，不执之皆道。……得道之浑者，物莫能溺，身冥矣，可以席蛟鲸。……知气由心生，以此吸神，可以成炉冶。[34]

这种模糊的宇宙概念以科学解释的方式出现，认为通过法术来征服自然注定是徒劳无功的。田氏实则在暗示道教文本艰涩难懂。根据中国最古老炼丹术文献《参同契》的说法，文本不清不楚的原因之一是为了技术保密。[35]

[32] [英]巴雷特《唐代道教：中国历史上黄金时期的宗教与帝国》，页87、91—92。关于武宗灭佛，见[英]杜希德《唐代财政》，页69、82。

[33] [法]贺碧来《道教：一种宗教的壮大》，页190。

[34] 英译文参考[英]李约瑟《中国科学技术史》，页449。

[35] 东汉魏伯阳《周易参同契》讨论炼丹术。"优劣有步骤，功德不相殊。制作有所踵，推度审分铢。"仇兆鳌《古本周易参同契集注》（台北：正大印书馆，1974），英译本参考吴鲁强、[美]坦尼·L.戴维斯《中国古代炼金术论》，页243。五代北宋时期，陈抟（？—989）对《周易参同契》有深入研究，954年被诏往后周朝廷，之后在976年至984年期间至宋朝觐见，以炼丹师身份辅佐宋代第二代皇帝。之后，理学家朱熹（1130—1200）受陈抟影响，撰写了《参同契考异》（1197），卷末署款"邹䜣"。清代也有大量文章涉及这些话题。

[36] 要在道家思想和绘画理论之间建立关联，尚待商榷。一些学者认为道家与艺术的联系是显而易见的，有些学者却不以为然。在 20 世纪 60 年代，美国新一代艺术史家抛开早期的关注较少的书，如施蕴珍《绘画之道》(纽约：万神殿图书，1956) 认为中国画是含糊不清的历史方式作画。特别是罗樾拒绝对绘画作品做历史或宗教解释。1961 年，在阿比·洛克菲勒 (Abby Aldrich Rockefeller) 的任职演讲上，看似讲的是佛教艺术，罗樾认为"佛教"源自"艺术"，引自 [美] 孔华润《东亚艺术与美国文化：从国际视角研究》，页 172；亦见 [美] 谢柏柯《西方中国画研究：领域现状》，页 860—864 多处。相反，学者们转向儒家思想研究，基本上在这一时期将儒家作为道德尺码而非宗教。对业余文人画家及其自我表现理论的研究成为这一领域的主流。见 [美] 高居翰《绘画理论中的儒学因素》。自那时起，研究领域发生了重大变化。尽管道教流行观念有其消极层面，但颇具创造力的炼金术和发明构想值得一看。

[37] 英译本参考 [英] 李约瑟《中国科学技术史》，页 448。梅杰翻译了公元前 3 世纪、公元前 4 世纪摘录早期中国重要的"循环的自创宇宙"杂家作品——《淮南子》。见其《汉代早期思想中的天与地：〈淮南子〉第三、四、五章》，页 1—3 多处。葛瑞汉整理了道教相关文献，参见其《阴阳与关联思维的本质》。

[38] [英] 李约瑟《中国科学技术史》，页 45—46。

这一时期流行的其他几个文本——特别是那些关于炼丹术和利用自然流转之力进行修炼的文本——和张彦远的画论有相应之处。[36] 这些概念与张彦远记载的各种传记逸事有直接关联。

8 世纪的作家李筌在《阴符经》中，呈现了唐朝独特的自然观：

> 自然之道静，故天地万物生。天地之道浸，故阴阳胜。
>
> 阴阳相推，而变化顺矣。
>
> 是故圣人知自然之道不可违，因而制之至静之道，律历所不能契。爰有奇器，是生万象，八卦甲子，神机鬼藏。[37]

像这种关于宇宙的伪科学解释，对美学理论产生了相当大的影响。与艺术天才相关的逸闻故事，无论是裴旻舞剑启发吴道子作画，抑或是吴道子绘制蜀地山水，都包含着一种自然观，要与人力以外的神秘节奏保持一致。自然处于生生不息又恒常不变的运行之中(即阴阳)。根据这个说法，画家之所以能绘就妙笔丹青，是因为善用自然之力。张彦远形容，画家进入出神的状态，静默沉思，然后突然奋发蹈厉，仿佛被神力所控。他和其他唐代画论家都遵奉道教思想，相信言行并不一定代表个人意志。[38] 张彦远描写画家的能力是"英灵不穷"，因为来源于自然，故而无所谓始终。因为自然恒常但神秘难测，"人莫得知"。唐代画论家认为，正是这些直接触及自然的瞬间，才是绘画中最具活力的时刻。起稿则是当中的关键所在，对唐代画论家、诗人甚或画家都至为重要，因为它直接关联了画家本人以外的力量。亦因此，故而需要尽量减少其中的人为印记，如反复雕琢的线条或过度机械的精准。一幅画如果要受到纯粹自然提供的真实、本质的力量支配，应当来自用淡墨在干净画面上勾勒图像的起稿阶段。这或许是中国传统绘画中最大的讽刺，鉴画者其实并不重视粉本这种画师与自然接触的真切记录，却对有关粉本起稿阶段的文字描述津津乐道。

另一则关于唐代画家张璪的故事，也许是这种对绘制动作无限钟爱的绝佳写照。张璪在绘画时与自然和画笔斗法。符载（？—813）记录了当时的场面：

> 员外居中，箕坐鼓气，神机始发。其骇人也，若流电激空，惊飚戾天。摧挫斡掣，㧑霍瞥列。毫飞墨喷，捽掌如裂，离合惝恍，忽生怪状。
>
> 观夫张公之艺非画也，真道也。……意冥玄化……与神为徒。[39]

"玄化"指艺术创作中的身心相连，其与《关尹子》对炼丹术中的技术解释颇为相似。引文中张璪描绘物相时"毫飞墨喷"、扣人心弦，这个动作是在宴会中诸多宾客的注视下进行的，无异于一场创作表演。实践中不乏"内观"的元素，即不借观想而进入沉思冥想，以摒弃杂念、与道合一。贺碧来（Isabelle Robinet）认为，人们之所以关注自我修养中与自然有关的功夫，是因为唐代流行一种新的神秘主义。[40]如符载所言，画家的内观是与自身以外的力量相一致的。其描述中与画家并肩

[39] [唐]符载《观张员外画松石序》，英译文见[美]卜寿珊、[加]时学颜合编《早期中国绘画文献》，页85。符载是位诗人并有官职。

[40] 贺碧来认为对于佛教徒的挑战和竞争，道教徒发展了这种技术。道教徒的回应在《内观经》中。[法]贺碧来《道教：一种宗教的壮大》页202—203中有涉及。宋人"内观"的表现即"内丹"，见该书页215。

[41] P.2762. 英译本见 [英] 韦陀
《敦煌：鸣沙山石窟》第二卷，
页 327。

[42] 葛瑞汉将"神"译作"daemon-
ic"，沿用歌德对这一术语的使
用。葛瑞汉也谈到鲁道夫·奥
托认为"numinous"指的是"非
人的力量和智慧"。参见 [英]
葛瑞汉译《庄子·内七篇和外
篇选》，页 35 注 72。在之后 11
世纪至 13 世纪，关于道家学
者的研究见 [美] 卜寿珊、[加]
时学颜合编《早期中国绘画文
献》，页 48、191—196。

[43] [英] 李约瑟《中国科学技术
史》，页 443—452。

[44] "枯肠得酒芒角出，肝肺槎牙
生竹石。森然欲作不可回，吐
向君家雪色壁。"苏轼《集注
分类东坡先生诗》，英译文见
[美] 卜寿珊《心画：中国文人
画五百年》，页 35—36；文本
见页 189。

同行的是天与空，而非人间力量。类似解释亦见于 865 年的敦煌文书 P.2762 手卷，该卷赞颂归义军节度使张淮深，他为纪念叔父张议潮（799—872）修建了莫高窟第 156 窟。作者如前强调石窟开凿过程中的鬼斧神工，并借用了道教的理念框架来解释这项佛教事业："堑凿才施，其山自坼。未经数日，裂坼转开。再祷焚香，飞沙时起。于初夜（犯）分，炊尔崩腾（頺尔岗腾），惊骇一川，发声雷振，豁开青壁，崖如削成。此则十力化造，八部冥资，感而遂通，助成积善。"[41]

这类关于造化介入艺术过程的流行观念，至北宋时黯然失色。11 世纪，创造力已由神鬼附身转向画家自身。[42] 其时道教哲学有所转向，而艺术理论再次紧随其后。11 世纪至 12 世纪的人们认为，如果方法得宜，人有可能掌控自然。这与唐代的观点有别，后者认为，在自然面前人力无论如何高超都徒劳无功。[43] 北宋的艺术理论，强调创作要在私人空间里进行，这和唐代故事中的公开表演大为不同。以苏轼画竹为例：以下这首画作自题诗在宣泄情绪之余，不失诙谐自谑。从寓意来看说的是运笔豪迈；字面意思则是暗言作画时"非主流"地祭出了呕吐和便溺：

> 枯肠得酒芒角出，
> 肝肺槎牙生竹石。
> 森然欲作不可回，
> 吐向君家雪色壁。[44]

苏轼称画笔完全在自己的掌握之中。画家才华横溢，灵感一挥而就。在他体内流转的酒精，仿佛喷到了空白的画面上。总之，创造力全在画家，而非什么不可名状的超自然力量。唐代，画家外在的自发性只能被抑制，根据当时颇有影响的道教《阴符经》，如何控制自发性恰是考验文化和修养的功夫所在。[45]待至宋代，"文"指有学问的人（文人）透过绘画来抒发个性。[46]一度属于自然领域的文化修养，现在则掌握在世俗人间的手中。宋代的自由与实践对应着唐代的制约。这意味着对自然主义或"真画"（相对于"死画"而言）的定义也随之改变。人通过主观方式操纵物质以表现世界。当人的权威抬头，自然在表现上的主导地位便消失了。

## 道家范式与美学理论中的《庄子》

如果唐代新美学与先前的神奇炼丹术在当时并行不悖，则张彦远显然像其他晚唐学者一样非常熟悉《庄子》。《庄子》是战国后期重要的道家经典，张彦远借用了其中的典故、词汇及艺术理念。[47]《庄子》探讨的是不受政治控制、天然纯粹的自由，侧重于自发的问题。它主张随机应变。第二十章中，庄子探讨了在自然局限和挑战中人力如何发挥作用。他用极为简单但意味深长的故事人物，给官员上了重要一课。[48]张彦远《历代名画记》的部分内容似是直接引述了《庄子》。画家张璪在宴会上表演绘制山水画，"若流电傲空"，这一故事的原型来自《庄子》（人物姓名和官衔上存在微小差异）。《庄子》版本的故事主角是一位"解衣盘礴"的画家：

[45] [英] 李约瑟《中国科学技术史》，页448。

[46] [美] 卜寿珊《心画：中国文人画五百年》；[美] 高居翰《绘画理论中的儒学因素》，页114—140。

[47] 《庄子》成书时间可能在公元前320年至前205年之间。葛瑞汉及其他学者认为至少五篇写于不同时间，在一百二十多年里经多人之手。郭象的《庄子注》深刻地影响了唐代对《庄子》的理解，《庄子注》分内篇、外篇和杂篇三部分。庄周（庄子）被认为生活在战国时期。

[48] 这些段落的英译见 [英] 葛瑞汉译《庄子·内七篇和外篇选》，页170—175。

[49] 引自《庄子·田子方》,《庄子集释》,页314。英译文见[美]卜寿珊、[加]时学颜合编《早期中国绘画文献》,页42。

[50] 此图在汉代也是作品的局部,尽管采用了新的样式。参见[美]司白乐《沉思古人:中国早期肖像画中的审美与社会问题》,页14。

[51] 荣启期常与七位魏晋名士形象一同被描绘,七名士世谓竹林七贤。荣启期是一位公元前6世纪的传奇人物,与七贤并无关联。[美]司白乐《沉思古人:中国早期肖像画中的审美与社会问题》,页3、63。关于陶渊明的"桃花源",见[美]伊佩霞主编《剑桥插图中国史》,页100—101。

[52] [英]葛瑞汉译《庄子·内七篇和外篇选》,页281。参见[英]葛瑞汉《论道者:中国古代哲学论辩》,页192。这里葛瑞汉引用了"其动若水。其静若镜。其应若响"。见《庄子·天下》,《庄子集释》,页473。

宋元君将画图,众史皆至,受揖而立,舐笔和墨,在外者半,有一史后至者,儃儃然不趋,受揖不立,因之舍。公使人视之,则解衣盘礴,臝。君曰:"可矣,是真画者也。"[49]

这段文字与《历代名画记》记载9世纪张璪的逸闻有密切的对应关系,可知张彦远或直接借用了《庄子》,或借鉴了当时风行的有关艺术家的类似故事,或者口头相传或者书面记载。我们也可以探究其图像来源。圣贤身着宽松长袍随意而坐,这在东周晚期(前4—前3世纪)的文学描述中司空见惯,到5世纪时已成为标准图像。[50]"竹林七贤"是5世纪时今南京地区南朝墓葬中的一种流行题材,七贤悠然而坐,旁设消遣器具(乐器和酒)。这些从庙堂退至乡野的士大夫,追求一种理想而轻松的存在,全身心亲近自然(图6.3a-b)。[51]墓葬内的浅浮雕画像砖上,在象征自然世界的布景(长着不同叶子的树)中,贤士坐在蒲团上,与自然紧密相连。在墓室设计者和委托人的心中,这种意象塑造了超脱于庙堂文化之外、与自然交融的文人形象,这一形象在当时的思想界占据了绝对核心地位。这种意象被认为是中国文化中不落流俗的应变之一;癫狂的书法家可能也属于这一群体。这些先贤作为文人文化理想的代表,明白真正的随性,以此对抗正统——虽然如上文所言,随性很快被吸纳进正统之中。

在《庄子》及另一部早期道家经典《列子》中记载了许多工匠的故事,这些人如同镜子,无论什么情况下都反照回去,做自己的选择,然后以阻力最小的方式工作。[52]在唐代法典中普通匠人如屠夫、乐师、捕蝉者、

图 6.3a 竹林七贤之向秀 / 南京西善桥墓砖画 / 南朝 / 高居翰摄 / 南京博物院藏

图 6.3b 竹林七贤之王戎 / 南京西善桥墓砖画 / 南朝 / 高居翰摄 / 南京博物院藏

[53] 关于劳动人民的道教节日，见 [英] 李约瑟《中国科学技术史》，页121。

船夫、泳者、铸剑师、泥瓦匠、车匠和驯兽师等，和画工一样都位于社会底层，手艺代代相传。尽管人们认为手艺不可交换外传，但通过对道专注细微的体察成就了非凡，并体现在他们的加工对象上。张彦远对伟大艺术家(如吴道子、张璪及其他人)的理想想像，可能与道教文本中褒扬手工艺品和工艺本身有关。[53]张彦远似乎借用了丰富的民间逸事、传说、流言和夹杂着日常生活神秘事件的传闻。对他而言，道家对工匠的评价是有力的范本，借此可以描绘从壁画中感知到的因为创作松弛自如而带来的不同。

《庄子》中著名的"庖丁解牛"，解释了这种举重若轻的概念。某种理论认为，即便一度认真学习真知，也最终会被眼花缭乱的表演影响而无人问津。这个故事发展了这个理论，认为表演无拘无束的原因在于细节此时已无足轻重，但没有任何努力是徒劳的。与吴道子的故事同理，终究是自然在创造作品。

[54] 引自《庄子》第三，"养生"。《庄子集注》，页55。英译文见 [英] 葛瑞汉译《庄子·内七篇和外篇选》，页63—74。庖丁的精确性类似木匠掌握的技巧，木匠可以刻画得惟妙惟肖。"郢人垩慢其鼻端，若蝇翼，使匠石斫之。匠石运斤成风，听而斫之，尽垩而鼻不伤，郢人立不失容。"《庄子·徐无鬼》。《庄子集注》(新编诸子集成) (台北：世界书局，1983)，页365。[英] 葛瑞汉《论道者：中国古代哲学论辩》，页175；英译文见 [英] 葛瑞汉译《庄子·内七篇和外篇选》，页124。

> 庖丁为文惠君解牛，手之所触，肩之所倚，足之所履，膝之所踦，砉然向然，奏刀騞然，莫不中音。……
>
> 臣之所好者，道也，进乎技矣。……依乎天理，批大郤，导大窾，因其固然，技经肯綮之未尝，而况大軱乎！良庖岁更刀，割也；族庖月更刀，折也。今臣之刀十九年矣，所解数千牛矣，而刀刃若新发于硎。……
>
> 虽然，每至于族，吾见其难为，怵然为戒，视为止，行为迟。动刀甚微，謋然已解，如土委地。[54]

庖丁和《庄子》中其他理想化的工匠一样都拥有绝技，但与生俱来的动作手感让他们将技术抛之脑后。这些故事推崇反对技术的思想观念，拒绝所有机巧、造作和矫饰。比如不靠技巧的木匠可以运用先天感觉、不借助界尺圆规做出或方或圆的东西。模型和工具最终成为障碍。正如李约瑟指出的，"界"从词源上包括了"束缚"或"阻碍"之意。[55] 有鉴于此，我们可以进一步理解为什么张彦远和朱景玄惊讶于吴道子不借外物来绘制作品，而所得却近乎本真。[56] 唐人沿袭了道家经典中关于理想工匠的讨论，将吴道子对外物的这些排斥视作一种进步、积极的思想，疏笔风格的讨论亦有类似情况。

张彦远借由《庄子》打开新视野，重新解释了绘画如何转向自然而远离日常琐碎。对他而言，未来的画家实际上是往昔伟大画工的追随者。这个论点是来自精致构建，还是天真复古尚有待商榷。尤其值得注意的是，张彦远似乎受到了玄学、炼丹术和民间文化的影响。要探讨什么是一般意义上道教的图像艺术和创作（如果有的话），我们需转向墓葬美术。

神话人物——伏羲和女娲（图6.4）随处可见，他们可能是所有工匠的鼻祖，其手执工具就是规和矩，某种程度上，他们是工匠和劳动者的保护神。在墓葬中，特别是在"丝绸之路"上的城镇，即现在甘肃省西部和新疆维吾尔自治区东部的墓葬中，出土了绘有伏羲女娲的幡画，人首蛇身，周围环绕着星相图。从工具和其他随葬品判断，他们是唯一出现在汉人工匠墓葬中的神——特别是从事丝绸贸易的工匠。[57] 绘制在丝绸和亚麻布上的伏羲女娲像，图6.4便是其中之一，曾经置于高昌

[55] [英] 李约瑟《中国科学技术史》，页125。

[56] 朱景玄《唐朝名画录》，页75—76；张彦远《历代名画记》卷二，页22。

[57] 543年至655年期间，吐蕃墓志铭有佛教文献却未见佛像。见 [美] 芮乐伟·韩森《佛教在华传播：从吐鲁番说开去》，页50—53。尽管墓葬中的贵重物多被洗劫过，但似乎佛像从未在墓中出现过，吐鲁番地区的民众仅在地面上保存神灵的图像。伏羲和女娲是例外，取决于它们的重要性。唐代长安的墓葬中同样不包含佛教图像。关于吐鲁番纺织品的贸易，参看 [加] 盛余韵《公元500—700年中国西南边境的织造技术革新》。

图 6.4 伏羲和女娲/绢本/阿斯塔纳古墓出土/吐鲁番/5—7 世纪/220.0 厘米×80.9～106.0 厘米/文物出版社

晚期和西州时期（5—9世纪）的阿斯塔纳和高昌故城墓葬的墓室后壁或顶部。[58]这两位天神手持规、矩，掌管画面上簇拥在周围的星辰。[59]规、矩也是画工的常用工具，象征着绘画、制图和文字的教化之力。民间传说伏羲从八卦的阳爻和阴爻的线条中得到灵感，继而发明了文字。意蕴变与不变的线条，被《易经》描述成预测自然力量的主要手段。[60]它们因为反映了人类和自然事物变化的趋势，而成为控制随机力量的关键。

墓葬中出现凸显规和矩的伏羲女娲图，和当时的绘画理论有关。宋代之前，这对夫妇象征着文明起源，在这一文明中自然是所有活动和变化的源泉。因此，唐代裴孝源的著作《贞观公私画录》极为强调伏羲女娲的地位，也就不足为奇了。裴孝源认为，绘画起源于道家，伏羲传承龙图，启发书吏们绘制出第一幅图像。[61]与张彦远、朱景玄等唐代艺评家一样，裴孝源受中国社会流传的多层次观念与知识的影响，这些观念和知识既可来自文字也可来自图像。[62]艺评家作为文人所享有较高社会地位，但并不妨碍他们视匠人为朴实、天真与道合一的执行者——道的观念在唐代已经普及开来。

对于当时的中国艺术及所有文明关键节点时期的艺术，我们都要诘问"什么是这一时期艺术生产中的媒介？"在唐代，答案显然包括粉本，如我们所知，壁画制作的认知过程中，粉本起着至关重要的作用。9世纪的中国，画师和自然之间是否存在"师承"促进这种能量的流动？张彦

[58] 这一题材的作品现存至少八件，当时肯定绘制了上百件。参见《新疆维吾尔自治区博物馆》（中国博物馆丛书）图145（阿斯塔纳唐墓出土，编号76）、《新疆出土文物》彩图115、116；《吐鲁番博物馆》彩图197；第五件是现存大英博物馆的唐代绢画，见穆舜英主编《中国新疆古代艺术》图221。另两件分别藏在故宫博物院和中国历史博物馆（今中国国家博物馆——译者注）。

[59] 最初伏羲和女娲之间并无关联，随着阴阳哲学和观念的传播，可能源自山东地区，公元前1世纪前后，他们以交尾形象出现。类似的还有西王母和东王公。见[美]巫鸿《武梁祠：中国古代画像艺术的思想性》，页12—14、116—117、157、161、357。伏羲女娲壁画在武梁祠至少出现三次，图像见[法]沙畹《华北考古调查图谱》第2卷，页70、123、134、156，图版LXXXIII；Major，[美]梅杰《汉代早期思想中的天与地：〈淮南子〉第三、四、五章》，页267。关于早期楚国（战国时期）道教图像，见[美]柯鹤立《楚国统治阶级的意识形态》，页67—76。

[60] [加]林理彰译《〈易经〉王弼注》，页66，页74注52。它们也与大洪水有关。参见[美]柯鹤立《楚地三神》，页2；《淮南子·览冥训》四部要本，6.6b-10a，英译文见[美]柯鹤立《楚地三神》，页9注18。

[61] 裴孝源序言，英译文见[美]卜寿珊、[加]时学颜合编《早期中国绘画文献》，页49—50。

[62] 梅杰认为，界定"道家"和"道教"二者的区别是虚假的。哲学层面的道家在汉代之前是一个历史术语；信仰层面的道家实际源自东汉末期之后的系列实践，道教被追随者演变成实践。参见其《汉代早期思想中的天与地：〈淮南子〉第三、四、五章》，页10。因此，这一宗教与冠以"道教"之名的信仰体系是一致的。

[63]《庄子·田子方》第二十一，《庄子集释》，页314。解衣盘礴的逸事英译文见 [英] 理雅各译《道德经》第39—40章，页13—14；以及 [美] 卜寿珊、[加] 时学颜合编《早期中国绘画文献》，页42。

[64] "好酒使气，每欲挥毫，必须酣饮"。见张彦远《历代名画记》卷九，页108。引文见 [美] 艾惟廉《唐代及唐以前绘画文献》，载《莱顿汉学》第12期第2卷，页108；英译文见第12期下第1卷，页238；英译文亦见 [美] 卜寿珊、[加] 时学颜合编《早期中国绘画文献》，页64，笔者选用后者。

[65] 好酒亦有负面联想。如11世纪的米芾评论狂草书法家张旭（吴道子的书法老师），"张颠（癫）俗子。变乱古法"。苏轼也谈到张旭喝酒。参考 [美] 石慢《酒与书：北宋个性的局限》，页215、211。显然彼时，酒和草书——吴道子的实践——是密切联系的。

[66] 关于苏轼诗词中的自发性和即兴发挥，见 [美] 傅君劢《胸有成竹：重思传统中国绘画的即时性》，葛瑞汉在《理性与自发性：事实与价值问题的新解决方案》页1—55中探讨了中西文化中的自发性。

[67] 自发性，即米芾之"天真"，有关米芾的"天真"的讨论见 [德] 雷德侯《米芾与中国书法的古典传统》，页56—58。

远认为，规矩让绘画死亡，但酒却可能是一个合理的中介，因为它压下了合乎逻辑的理性思考，诱生出创造的幻觉。《庄子》曾借用坠车酒鬼指出沉醉的益处。庄子认为，因为他的身体是放松的，故而坠车时虽会受伤但不至于死亡。酒鬼毫无知觉，没有主观意愿或意图；从该书的反理性主义立场来看，这是一种积极状态。[63] 吴道子传记也有类似的描述，他通过饮酒来达到无我，在恍惚状态作画，"好酒使气，每欲挥毫，必须酣饮"[64]。醉酒状态和来自剑舞的灵感，是描述吴道子作为合"道"的画家之叙事结构的一部分，书法艺术中也有类似的情况。唐代诗人歌颂醉酒后的文辞；到了北宋，四处可见诗人和艺术家们夸耀自己醉饮而些许狂乱的事迹。[65] 总之，酒精释放了表达的自发性，这是当时讨论的关于哲学、文学和宗教的核心问题。[66]

在中国思想史脉络中，获得认知与呈现知识是非常重要的问题。无论工匠自己会不会讨论不受约束的创作，对受过教育的精英而言这非常重要，在4世纪以来的书法传统中，他们已经熟稔于推崇不涉价值、无拘无束的表达。从那时起，有关隐士及其生活的理想，对道德和正统文化的摒弃，以及对致仕归隐的向往，也为发扬内在发挥了主导作用。[67]

## 唐代禅宗辩论和绘画理论

如果9世纪艺术史的措辞和叙事结构与道家和书法中有关自发性的讨论相一致，那么张彦远认为直觉高于努力的看法，则大都呼应了禅宗中对善巧方便的认识。有唐一代，没有哪家比禅宗更急切进地关注直抒胸臆的问题。张彦远和禅宗都关注的基本问题是身心如何处理信息。

　　自然和自发成为8世纪至9世纪禅宗论辩的核心。这其中的本质问题，如罗伯特·詹密罗（Robert Gimello）所述，是"终极的真实是否既远离世俗又与世俗相连，以至于人类只有借助某种媒介才能接近它？或者它如此切近，然而又如此不可捉摸，迥异于我们对它的幻想或期望，人类只能不经由任何介质、一下子达致它？"[68]如果将这一问题置于强调形似的唐代艺术中讨论，它与张彦远对疏密的阐述类似。换个说法就是，"难道逼真仅仅是通过逐渐用笔触获得形式上的相似特征？或者只有当画家（不借助其他工具）快速运笔以求形似，通过暗示其形而不直接表达，相似性才能得以表现？"

　　张彦远仍然主张形似——这是自然界定的写实主义，但不是受自然限制的模仿。但他认为，这种形似最好通过举重若轻的图像语言实现。佛教以开悟为目的，对禅宗"顿"的支持者而言，关键在于如何建立一种不受渐修、反复思考或层层累进的实践和领悟束缚的表达方式。[69]禅宗关于开悟的问题和张彦远《历代名画记》中的疏密"论争"之间，存在直接的对应关系。唐代的美学理论和禅宗论述对什么可以被心眼感知，都有着高度的觉察；两者的论述都不赞许对直接感知的干预。禅宗最终分为北宗"渐悟"和南宗"顿悟"。[70]绘画理论不同于其他文艺思想，并不受禅宗论辩的直接影响；尽管如此，两者在发展的早期阶段仍有惊人的相似之处。[71]如林理彰（Richard Lynn）所言，唐代文人很少明确使用禅宗方式来写作；但像杜甫那样的诗人对禅宗充满兴趣并活跃其中。[72]这和张彦远

[68] 引自［美］释见晔《会议简讯：顿/渐之极，中国思想的一股复古思潮》，页484；另见［美］佛雷《即时性的修辞》，页33。

[69] 当然，这种顿悟是启蒙的一种方式，因为前者不能通过任何形式化表现，也不能在任何层面上进行讨论。顿悟和渐悟是悟道的不同方式。参见［美］佛雷《即时性的修辞》，页36、40。

[70] 关于董其昌的南北宗论，参见［美］高居翰《在绘画史与绘画理论中重思董其昌的"南北宗论"》；［美］列文森《明代与清初社会的业余理想：绘画中的证据》，页22—24。南北宗是禅宗术语，分别指渐悟和顿悟；然而，"南"指的是印度南部，据说来自那里的达摩把佛教带入中国。见［美］佛雷《即时性的修辞》，页13。

[71] ［美］高居翰《明清绘画中作为思想观念的风格》，页140—141。亦见［美］谢柏柯《西方中国画研究：领域现状》，页863。

[72] ［加］林理彰《中国诗歌批评中的顿与渐》，页384。

[73] 关于"顿悟"的理解,石泰安不同于其他学者,在讨论记载禅宗最早辩论(780年的拉萨论争)的吐蕃文献时,石泰安发现"顿"比"sudden"更接近"同时性"。认知知觉上二者区别在于前者表示"立即发生"的理解(或启示),而不是"突然"。参见[法]石泰安《顿明还是俱知:论汉藏佛教术语》,页43—45注50。

[74] [美]马克瑞《"神会"与早期禅学中的顿悟说》,页229。我对释见晔的《顿与渐》不胜感激,此书讨论了宗教、诗歌和艺术中顿悟和渐悟的区分。

[75] [美]佛雷《即时性的修辞》,页43—45。

[76] 关于顿悟激进的阐释以及9世纪宗密《圆觉经》的注疏,见[美]杰弗里·布劳顿《西藏的早期禅宗》,载[美]詹密罗、[美]释见晔《禅宗与华严宗研究》(檀香山:夏威夷大学出版社,1983),页38—40;转引自[美]佛雷《即时性的修辞》,页60。

[77] [美]佛雷《即时性的修辞》,页40、54。

[78] 韦闻笛认为,传记是一种特权的顿悟方式,因为现有流派和范式被认为是不够的。参见其《〈历代法宝记〉中体现的中国佛教传播问题》页7—8多处。

[79] 同上,页37。

[80] [美]佛雷《即时性的修辞》,页39。

的情况有些相似,他和朱景玄都无意识地模仿了禅宗分为南、北二宗的情况。自宋代诗学开始注重南、北宗之后,绘画理论才明确开始用这种模式进行讨论。然而在张彦远和朱景玄的写作中,将吴道子随性自如、大胆挥洒的新民间风格与李思训严谨缜密的宫廷风格对立,反映了类似同时期佛教有关开悟之道的论辩体现出的关注和侧重。

超越日常修行的论辩,还有顿悟与渐修,都属于更广义的佛教哲学。[73]经过百余年对禅宗传统激烈的批评,目前的禅宗研究认为,顿、渐分歧只出现在9世纪。[74]然而禅宗学者们指出,这种宗教修行上的划分在哲学层面并不存在,因为真正的瞬间开悟无法被表现出来。[75]保唐宗创始人无住禅师主张顿悟修行的激进形式,否定所有寺院之外的生活及寺院之内的实践,其观点显然是站不住脚的。[76]同样,神会(684—758)对终极真理的解释也相对保守,他主张实际修行中并不存在激进的体验。[77]我们讨论的重点在于,艺术表达是否总是需要慎思而无关自发性。

禅宗的二元划分是一种表述,而非实践或精神体验。换言之这是一个风格的问题。如我们在书画中所见,自发性带有对名望和地位的诉求,后者既不随性,亦有限制。禅宗中对顿悟的争论,与佛教中对精英、权威和正统性长达数世纪的论辩相关。[78]如神会推举其师慧能(圆寂于713年)为禅宗六祖,并不认可神秀(606—706)的资格,宣称两人有关冥想和开悟的两种方法是对立的。[79]不搞排名其实是争取或者保持名次的上佳策略。[80]顿悟的观点需要作为对立的渐悟来界定和确认。这同样适用于吴道子以一日之功绘制山水的故事;显然这个故事是以李思训三月成画的创作为背景。绘画理论中的快慢并置，无疑反映了同时发生在寺庙和都城的禅宗高僧之论辩。

这种划分最好理解为二元互补，至少从公元前4世纪开始，就已经在解释、修辞策略和中国的五行中被采纳。对立统一的二元论是中国理论家擅长的修辞，带有早期思想的道家阴阳理论印记。[81] 相互关联的思想则贯穿中国历史，并在后来的小说和戏剧叙事结构中尤为明显。[82] 在这种模式中，未解决但互补的对立意味着彼此都存在，对立因素之间的张力成为观念解读的必需。反复出现的"两极"也是视觉叙事的显著特征，特别是在道教和佛教的壁画中，经常成对出现圣者、天人或鬼怪，第二、五章曾讨论过这一主题。[83]

禅宗中以对立两面为代表的宗教觉悟的理论支柱——顿悟和渐修——被用作宗派权力斗争的载体。从表面上看，绘画中两种极端笔法（疏体和密体）来自对笔法标准的关心和画家创作的预期。但张彦远所描述的两种画风冲突，也是社会阶层的问题。简率写意的绘画创作在文人精英群体中刚刚开始萌芽。多层颜色一丝不苟的工笔重彩，则与借此谋生的职业画家有关。禅宗和新绘画理念中的辩论都关注媒介、自发性和过程，以解决类似的认识论问题。如剑舞的故事——典型的疏体"体验"——本质上是对秩序的否定。疏体需要快速移动画笔，在线条之间留下点和空间，而不是像院体画家如李思训的密体一样，需要费力在画面上持续运笔。密体和禅宗的渐修开悟都倾向于有媒介辅助、循序渐进和连续的过程。

顿悟或"瞬时开悟"的本质是领悟在某个时刻毫无

[81] [法] 葛兰言《中国的思想》，页115—148；[英] 葛瑞汉《阴阳与关联思维的本质》，页10、30—31、70—73；[法] 戴密微《中国哲学辞藻》，转引自 [美] 佛雷《即时性的修辞》，页36—37；[美] 巫鸿《透明的石头：中古中国艺术中的反转情境和二元形象》。

[82] [美] 浦安迪《中国叙事批评理论刍议》，页335—338。

[83] 关于敦煌壁画，参见 [美] 胡素馨《壁画〈降魔变图卷〉中的叙事手法》；关于早期壁画和文献的互补，见 [美] 麦桂怡《食者与被食者：从戏剧和仪式的角度看驱魔和娱乐》及 [美] 柯鹤立《内外：周代的协商空间》。

征兆地出现，发生在一瞬间而非逐渐理解。类似唐代画家所实践的"迅捷运笔"。张彦远和朱景玄暗示，在美学上快速作画优于劳心费力地渲染，因为它用间接或含蓄、而非直接描绘的方式表现山水。

事实上，疏体之中暗含了两种艺术活动，即艺术创作及鉴赏。张璪如流电激空的绘画场景，与吴道子欣赏裴旻将军剑舞之后挥毫泼墨的状态一致。与起稿创作类似的现代例子，可以参考毕加索在工作室以霓虹灯为笔创作的照片。[84]他的画笔确实带电，类似张璪表现的"流电"。同样，张璪的创作状态也是"活泼泼的"，这出自禅宗中主张顿悟的无住禅师所著文稿，以形容在高度意识状态中精力充沛地修行。这一词语用来描述鱼跃龙门时持续而生机勃勃的状态。[85]

在禅修和创作实践中，身体是表达的载体及自然之力的出口。禅宗实践者主张身心即时契合。张彦远亦认为，艺术家应当标准相同，书画不可怯怯巍巍。张彦远用精神上的放松或即刻状态去描述作画（画家的行为）和绘画（艺术行为和画家创作的产物）。张璪的逸事亦让人联想起禅宗中一些精神状态和心理模式。击掌开启类似禅宗开悟的时刻。[86]"毫飞墨喷，捽掌如裂，离合惝恍，忽生怪状"，告诉我们绘画是"同时"完成的。以此替代原来类似渐悟的、分段分部完成作品的方法，后者就像李思训那样需要三个月时间完成一幅山水。通常情况下，壁画的绘制取决于工具的使用；拒绝工具表明创作无须借助中介。

吴道子画派不借助传统工具的绘画理想，与禅宗排斥宗教实践相对应。问题随之而来：什么中介力量进入了人类的表达？书籍、制度结构、传习方式、粉本草

[84] [美] 乔思·米利《毕加索的第三维》，页10—29。

[85] [日] 柳田圣山《〈历代法宝记〉与禅宗的顿悟》，页19。

[86] 文人将禅宗话语引入艺术评论不足为奇，如生活在南北朝时的非佛教徒宗炳（375—443），在著作中借用佛教术语。

稿等工具，还有附加的色彩，是对创造力和纯粹性的阻碍吗？显然在"激进"或"另类"（最终成为正统）的绘画和宗教实践中，答案是肯定的。他们认为，应该舍弃复杂的仪式、精致的道具和法术规则，用更自然的方法启发或提炼"无思"。因此，在道家思想、顿悟禅法和书法中被广为传颂的与自然和谐相处之"无为"，扩展到了绘画领域。

南禅在形成初期排斥佛教教义，支持口传心授，理想化地否定了传统仪式（佛经学习、日常念诵经文、祈愿等）对修行的助益；以顿悟的直觉作为禅定的补充。8世纪时，禅宗顿悟的成就者神会认为，认识终极真理的载具是自发的知识（自然智），而非书本知识。开悟的实现要通过日常活动，而非正式的寺院仪式。马祖道一禅师将神会的理论提升为"平常心是道"[87]。如禅宗学者柳田圣山所说，禅宗自然智的信仰有一种自由而强烈的魅力；修行者的想象可以跨越任何界限。[88]

张彦远阐述了类似的观点，他推崇绘制壁画时不借助画稿、界尺、圆规及其他标准工具的画家。唐代画论家推崇的理想化艺术创作是以吴道子为原型的，吴道子从不需要常见的辅助工具，而是用酒、舞蹈或音乐来激发创作灵感。在吴道子和张璪起稿作画时，他们倾听内心的声音，达到出神状态。这正是绘画与自然智或自发知识的相似之处。

出神状态的画家，就像演示精神法术的非凡之处的术师或能工巧匠。[89]他们也进入了超越自我意识的状态，做出了某种超自然的行为。是否应将吴道子归为这类画家？绘画大师能通过艺术创作，突破幻觉与现实、法术与技巧之间的界限。[90]没有迹象表明吴道子信仰禅宗。

[87] 佛教言"平常心是道"，是对道家"自然智"概念的精简。前者是9世纪时禅师马祖道一提出的，降低了神会禅师的影响。见［日］柳田圣山《〈历代法宝记〉与禅宗的顿悟》，页19；及其《中国禅宗语录》，页186—188。

[88] ［日］柳田圣山《〈历代法宝记〉与禅宗的顿悟》，页19。

[89] 关于魔术师和骗子，见［美］佛雷《即时性的修辞》，页96—129。

[90] 道子，或"跟随道的人"，对画家而言是一个不寻常的名字。"道"通常在僧侣或佛教信众的名字中出现，如普寂的弟子道璿（702—760）、禅宗的早期导师道信（580—651）。另一方面，"子"通常被用于圣人和导师的名字，如老子、孟子和孔子。吴道子可能因为他的卓识而获得了这个名字。此外，当我们考虑以他的别名"吴道玄"来替换时，其名字中的"道"的特征变得不那么突出。这第二个别名没有与"道子"相关的宗教内涵。

[91] [唐]朱景玄《唐朝名画录》，页 75；英译文见[美]苏珀《中国画早期文献中的一些专有名词》，页 209。

[92] 菲利普·扬波尔斯基译《六祖坛经》，页 127。

[93] 亦见 P.4098、S.212、S.158*（后者刊印在[英]韦陀主编《西域美术》第 2 卷图版 94），及 S.5646（同上，图版 93）。最后一幅是 9 世纪晚期的《地藏菩萨经》。这些新的经卷中的绘画以口语化语言简化了经典版本。

[94] 台北"中央研究院"已有关于密宗和吴道子的论文（未出版，尚不可用）。

尽管《历代名画记》和《唐朝名画录》谈论吴道子自发性创作和其他受道教哲学影响的方面，但吴道子也不像是虔诚的道教徒。能窥知吴道子信仰倾向的只有一些只言片语，据说他经常阅读并随身携带《金刚经》。[91]南宗开山祖师或禅宗六祖慧能禅师第一次听到《金刚经》即开悟。[92]众所周知，敦煌的画工并非僧人（在第一章和第五章已有解释）。但是在吴道子的例子中，佛经实际上成为他的"绘画工具"，取代了前述那些他不需要的普通工具。

问题在于，敦煌的画工们使用什么工具？在敦煌发现了一些流行的类似吴道子随身携带的《金刚经》的佛经小册子，时间可追溯至 9 世纪末 10 世纪初，这些经册方便个人携带，经书上有线绘的八大金刚插图，孔武有力、肌肉发达（图6.5a—b）。[93]姿势和动作类似幡画和敦煌粉本中的金刚力士（图4.10和彩图21）。这些人物衣带飘飘，类似吴道子画风，"其势圆转而衣服飘举"[94]。这些绘有飞旋人物的小幅单色画，呼应了朱景玄和张彦远著作中提及的绘画创作。《金刚经》插图展现了画家的风格天赋。因此虽然尚不清楚佛经内容在艺术创作中发挥了何种作用，但便携本佛经会在画师心中产生某些力量，进而激发画家那些引人入胜而跌宕起伏的创作行为。

9 世纪禅宗教义和美学的另一个交叉点是对不施技巧的赞赏。禅宗排斥书面文字，主张自在表达，与吴道子传记强调朴实无华的线描相似。"平常心是道"是对道的简化，如"运墨而五色具"强调的是"平淡"的艺术。张彦远有意排斥通过中亚进入中国的凹凸法和色彩韵律（张僧繇的风格即是典型）。唐代以后，凹凸法

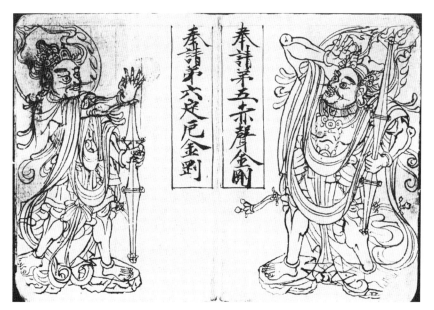

**图 6.5a** 《金刚经》手卷扉画中四尊金刚护法之二/P.4096.2–3/墨色纸本/10世纪/16.0厘米×11.5
厘米/法国国家图书馆藏

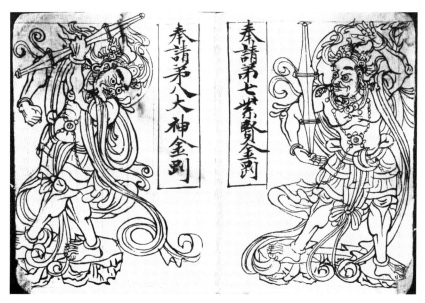

**图 6.5b** 《金刚经》手卷扉画中四尊金刚护法之二/P.4096.4–5/墨色纸本/10世纪/16.0厘米×11.5
厘米/法国国家图书馆藏

[95] [美]蔡涵墨《韩愈与唐代对统一的追求》，页84—85、129、148。最终，韩愈被贬。

[96] [美]马麟《青绿山水的起源及佛教壁画中的用色》，页153—154。其他学者将青绿色调与道教联系起来，见[美]谢柏柯《西方中国画研究：领域现状》，页869；[美]薛爱华《贯休仙境诗中的矿藏意象》；[美]韩庄《黄公望〈富春山居图〉：山水的维度》，页295。

[97] [美]马麟《青绿山水的起源及佛教壁画中的用色》，页153—154。

[98] 唐代古文运动是对社会上更大变革和社会力量的回应，追求质朴自由。尽管运动本身排斥异域模式，但是唐代佛教改变和丰富了中国文学、语言和社会。参见[美]梅维恒《敦煌通俗叙事文学作品》，页13—26。

几乎完全被抛弃。张彦远鄙夷色彩却称颂线条，可能与晚唐时期思想和文化上普遍排外有联系。这也与上文提及的宗派问题有关。设色工笔画很容易与画工联系在一起，单色水墨画则理所应当地与有学识的"业余"文人画家产生关联。8世纪至9世纪时，韩愈等理学家在朝堂上谴责佛教是外来异教，并成功煽起了排佛情绪。[95]张彦远不至于因佛教是外来的而排斥之，其实他比较称颂佛教的艺术成就。然而他确实更喜欢墨线构图和书法线条，后者在中国有技法渊源。他对水墨画的陈述和对吴道子画派的偏爱，可以被理解为某种本土美学的复兴。

李思训的美学倾向既不本土，亦非自发，他绚烂的青绿山水画中，体现了来自中亚的审美。李思训似乎特别青睐龟兹石窟和"丝绸之路"沿线地区壁画中那些色彩强烈的山水画。[96]这些鲜艳的色彩，特别是青绿色，充满了异域风情。直到5世纪，中国山水传统的红、黑二色才进入佛教绘画。[97]张彦远撰写《历代名画记》时，韩愈早已在文学领域展开"古文运动"。运动宗旨之一是追求表达简化和新意，认为这些是古代文学的特色。[98]另外还强调平淡（尽管所有的烦恼皆来自对平淡的要求）是理想的精神追求，以及绘画本土环境的新重点。在世俗都市轻松随意的氛围中，当众作画的逸事进一步颂扬了自发性。过去画坊创作绘画，寺院以供冥想，这意味着过去习得的正式表达、创作的环境都发生了变化。

# 结 论

唐代宗教哲学从三个方面与9世纪的绘画理论交叉，产生了新的美学。第一，禅宗论辩反映在张彦远《历代名画记》的绘画批评和朱景玄《唐朝名画录》对绘画创作的描述上。在宗教及艺术方面直接追求没有传统辅助的开悟成为理想，许多禅修方法的说辞与绘画创作可以互鉴；第二，道教范式也与艺术创作的诸多理念混合。有关绘画创作的文学作品称颂自由直接的表达，这种表达通常要借助剧烈的身体动作和忘我的精神状态来呈现；第三，书法的评价体系及评论家的关注点，为鉴赏绘画提供了标准，突出了随性自如和意涵深远。在此背景下，吴道子和其他壁画家传记故事的价值，更广泛反映了晚唐的传统和趋势。

无论创作瞬间还是开悟动作，9世纪在上述三个方面都追求身体状态的戏剧化的、随性自发，仅允许自然的限制。实际上绘画和粉本之间的联系并不直接。也就是说，没有仔细研究那些艺术批评家与鉴赏家如何致力阐述变化的记载，我们就不能将9世纪至10世纪的作品与哲学表达直接关联。有鉴于此，敦煌粉本提供了大量艺术创作的证据。画家快速作画时，粉本成为图像的视觉符号，转译出画家是如何整体构想大场面的。如果我们认为文本是另一种认知符号，并将文本与图像一起观察，显然唐代作家与画家对世界的感知，完全不同于他们的前辈，至少在描述和构想上有所差别。他们更注重生机勃勃的状态，不仅在摹写物象形态时，也在上色渲染中推崇这一点。艺术家本人的身姿、挥洒画笔的风格、身心的修养状态都成为观众注意的对象。在纷繁众多的艺术创作中,艺术感受和创作首次产生联系。而且佛教世界的舞台呈现也首次成为系统绘制的主题。

9世纪艺术史家常用传奇和法术解释一些审美趣味上的明显差异和变化。回顾自发性的论述,显然9世纪时介入艺术的最重要力量是神力主宰的自然。直到北宋晚期,视觉表现上的主观性才进入讨论。从唐代观点来看,自然力决定表现。自然力在粉本中被表达得淋漓尽致。评论家认为,同自然和谐共处的画家最能写实。最重要的交流即发生在起稿阶段,这一阶段构思并设计图像。唐代所定义的写实主义是3世纪、4世纪美学传统发展而来的高峰,与作品初始阶段的草稿和作画过程密切相关。与后世不同,唐代的写实性并不是画家个性的写照,也不是个人天赋的产物,而是来自画家自身以外的干预。

一位9世纪的艺术史家关切的问题是艺术由什么构成:过程还是成品。不管是在敦煌地区还是在大都市,评论家都对画工在作坊里的实践过程缺乏兴致。起稿在中古画坊中颇为重要,但它并不是作品完成前后的实际画稿。相反评论家主要是对绘画过程或行为感兴趣,其关注点在起稿的短暂瞬间。一旦解决了创造性的概念,张彦远和朱景玄就借用文学中的即兴和虚构,使得画家在绘制过程的表演提升到理论境界。但要再次重申,图像留存的不是个人风格,而是自然作为。

道家关于作品、表演和身体的观念是这些问题的核心;《唐朝名画录》中频频涉及自发和无为的观念,最早出于《庄子》。这表明哲学范式对分析9世纪艺术至关重要。事实证明,在壁画创作的最初阶段,画家笔触轻松随意,并非一丝不苟。粉本以缩略的形式反映了这个特别的过程。文献赞扬画家作画之初能快速绘制出大致的底稿；称赞起稿时的身姿、行动及迅捷。因此，理论和实践在一定程度上重叠，但并不完全匹配。寺庙壁画与零散的底稿并不相似，但文献很少探讨任何一件成品（除了罗列作品的名称）；研究者的兴趣反而集中在绘画的起稿阶段。这说明粉本成为独立于艺术作品的审美对象，未完成的作品拥有了吸引力；这一阶段的文字叙述充满了对自然影响的推崇。虽然大部分壁画作品都无法用这些充满创造性的、美妙虚幻的文辞来解释，但这些艺术传说和故事无疑是关于中古时期艺术修辞的重要特征。

壁画家几乎无处不在，装点的寺院遍及中国，其徒手作画的场景令评论家尤为关注。一如敦煌，此时的中国绘画中壁画占据了绝对的主体。无论是都城的文献记载还是敦煌的考古遗物中，壁画和绢画的比例都超过了7∶3。壁画也被用于装饰世俗空间，如宫殿、官府和衙门等。此外，相当大比例尚未纳入寺庙的绘画关联了其他物品。绘画被放在屏风上、作为家居陈设的装饰背景。壁画完成需要诸多步骤，在壁画制作到达顶峰的时期，粉本自然而然地成为生产和讨论的中心。纸质粉本是最初的草稿，墙面上的底稿则是起稿过程中的另一个步骤，画家在这两步基础上赋色并进一步绘制。绘画的多层过程大多在公共场合进行，视野开阔。与幡画和抄经活动不同，后两者需要靠近光源，在平面上近距离工作，而壁画则是在室内空间中完成的。壁画创作的各个阶段较为清晰。唐代壁画家笔力千钧，先勾勒出构图和轮廓，之后耗时数月，与其他人共同完成数百个人物和成千上万服装、建筑的画面细节 *(彩图33)*。在世俗建筑和寺庙内的壁画，也表现出壁画环境从多为墓葬到地面空间的转变。寺庙吸引了世俗的布施、支持和关注，是举行大型仪式的场所。唐代原本服务于地下墓葬或宫廷皇室的画师，转向更为包罗万象的场所，更多的人可以抵达进入这里。

这些发展可以解释为何起稿成为9世纪至10世纪的焦点，它首先作为生产过程中的工具，其次因其本身而受关注。除了作坊中的日常功能外，单色画开始在技巧和风格上受到推崇。壁画家即兴作画的技术，创作出灵活轻松但适应构图的画面，仍是作坊的功能之一——这不是现代意义上自由创作的环境。然而与即兴起稿这一问题相关的是，这一时期对创造和革新有着激烈的哲学辩论。在唐末宋初的一段时间内，作坊和鉴赏家有共同的价值取向，在不同方向上完全匹配在一起。然而很明显，作坊对空间图案有统一规划，但受评论家推崇的却是画家的即兴，这两种秩序其实都是幻觉，这不吝是种讽刺。秩序与即兴都是作坊画家和评论家各自构建。佛教壁画的图像学和用来实现的过程是严谨图解，但实际上壁画绘制又存在某种特定的、自我适应的精神。评论家强调即兴表达、强调自然通过艺术家来创作。然而我们已经看到，艺术家要压抑即兴和实践中的自发性，以服务主题的一致性。明白了这一点，就可以理解作坊画工在艺术生产中积极参与的一面，他们的工作使得中古佛教艺术的叙事表达更为生动。

# 附录一　15个带《劳度叉斗圣变》壁画洞窟的平面图和立面图，862—980

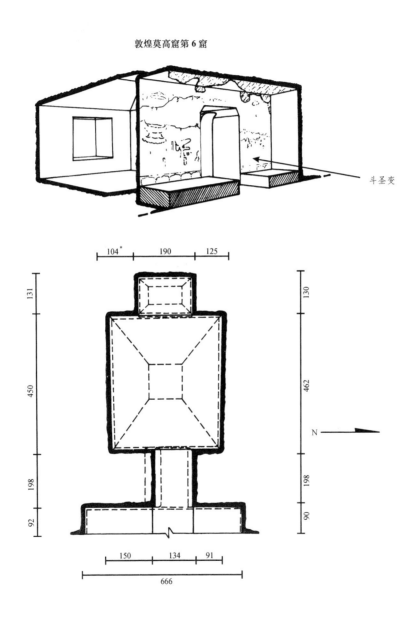

敦煌莫高窟第 6 窟

斗圣变

\*　附录一中数字单位为"英寸"，1英寸＝2.54厘米

敦煌莫高窟第 9 窟

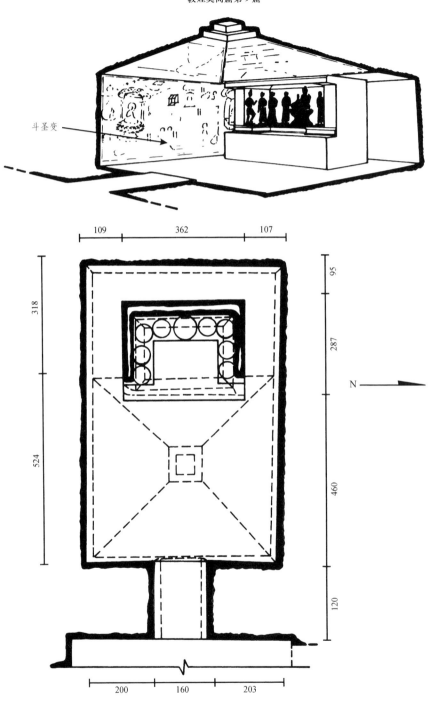

斗圣变

# 敦煌莫高窟第 25 窟

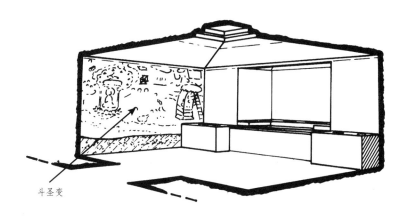

斗圣变

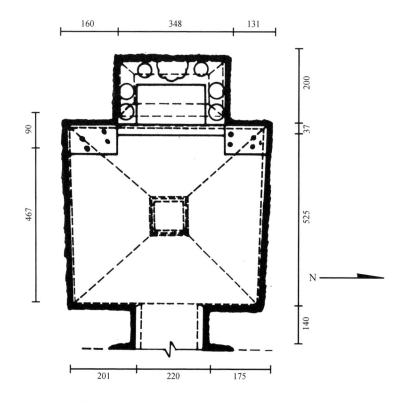

敦煌莫高窟第 53 窟

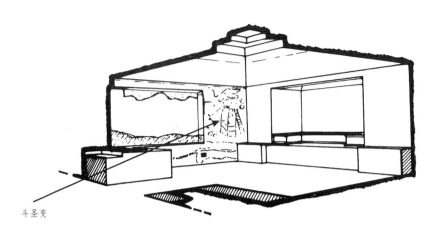

斗圣变

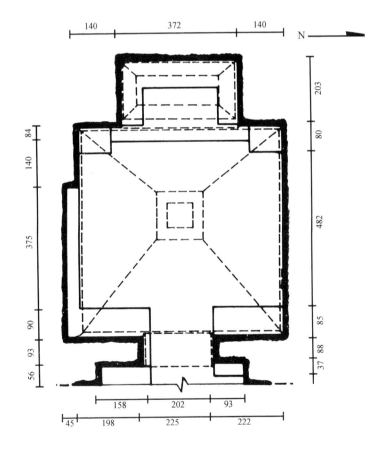

敦煌莫高窟第 55 窟

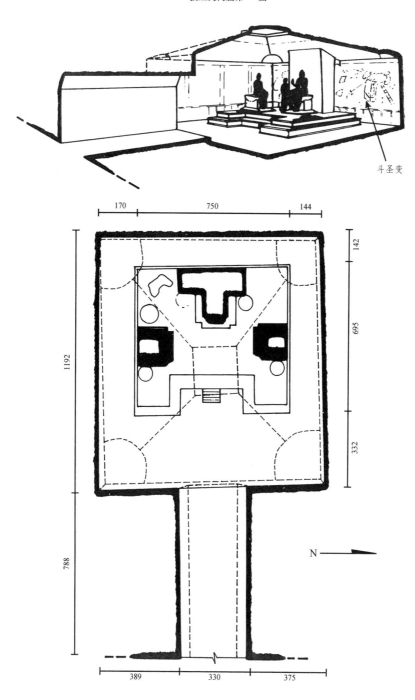

斗圣变

N

敦煌莫高窟第 72 窟

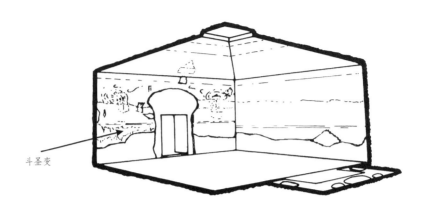

斗圣变

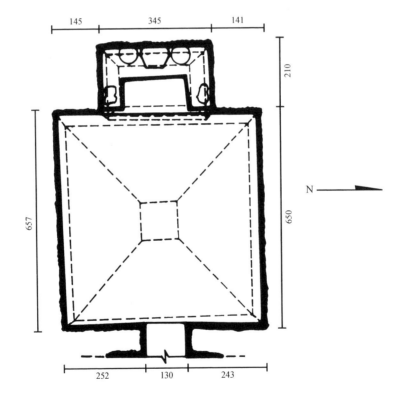

敦煌莫高窟第 **85** 窟

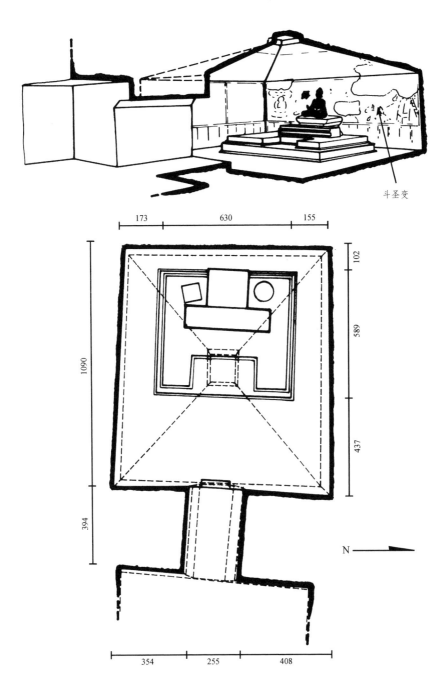

斗圣变

敦煌莫高窟第 98 窟

斗圣变

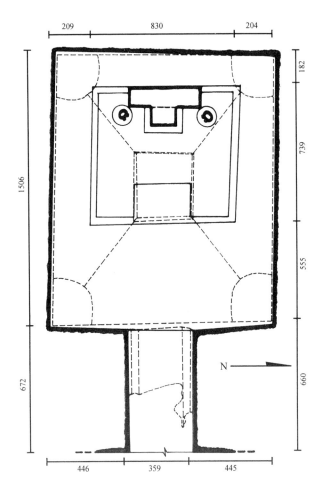

敦煌莫高窟第 108 窟

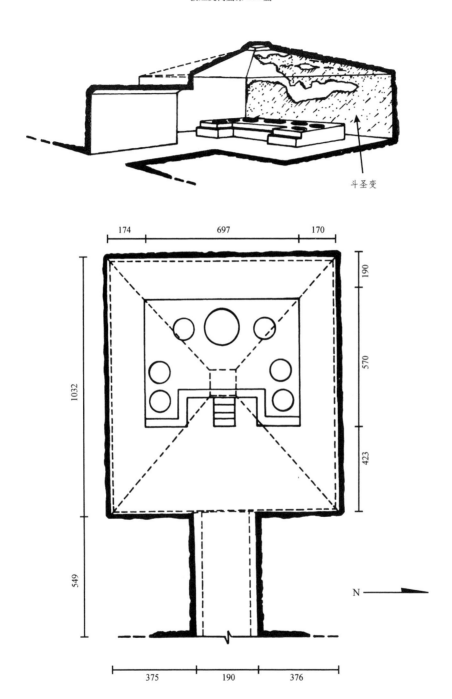

斗圣变

敦煌莫高窟第 146 窟

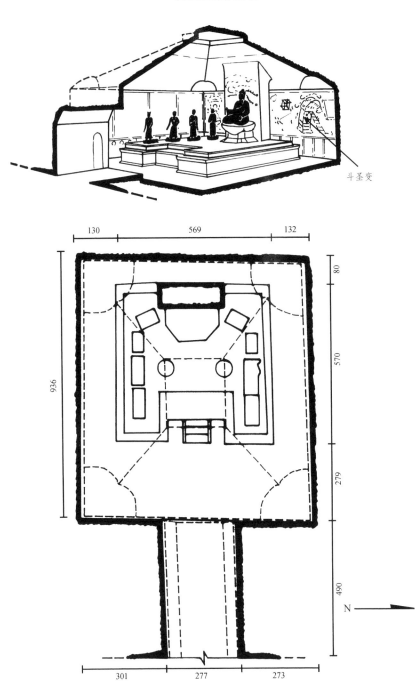

斗圣变

## 敦煌莫高窟第 196 窟

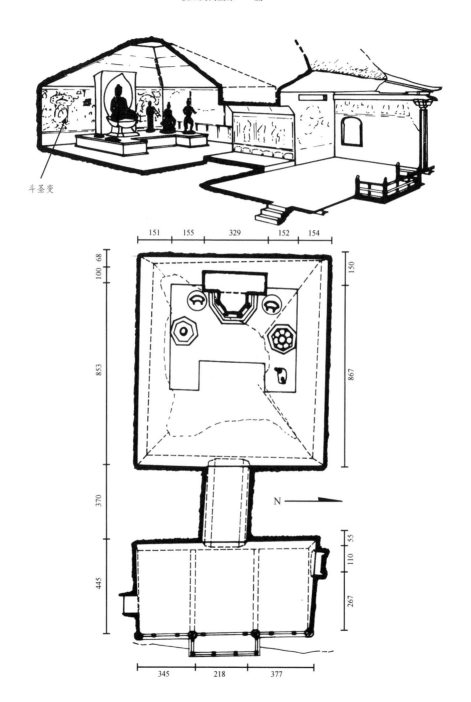

斗圣变

敦煌莫高窟第 454 窟

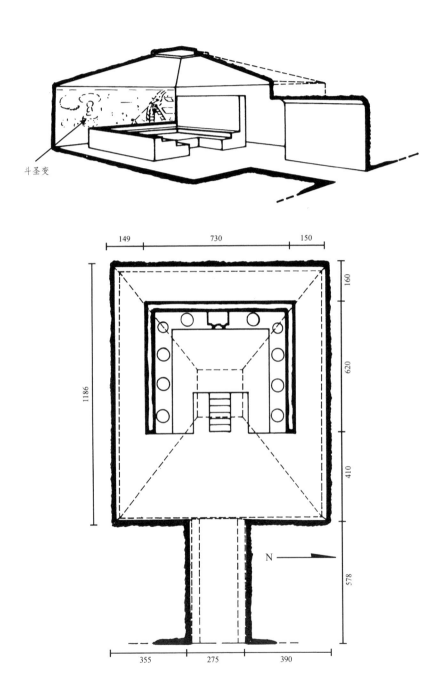

斗圣变

## 榆林窟第 16 窟

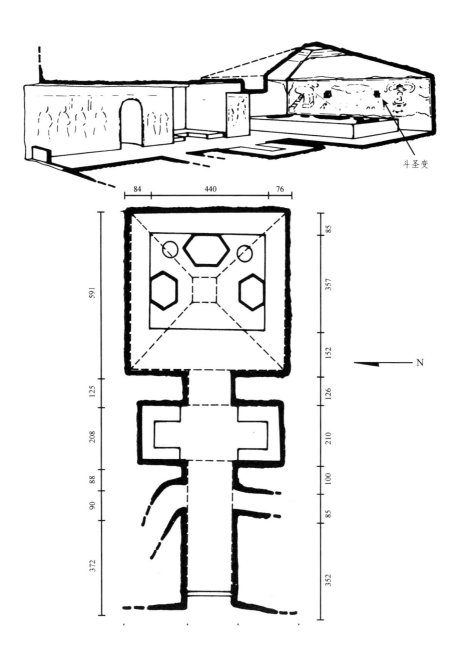

斗圣变

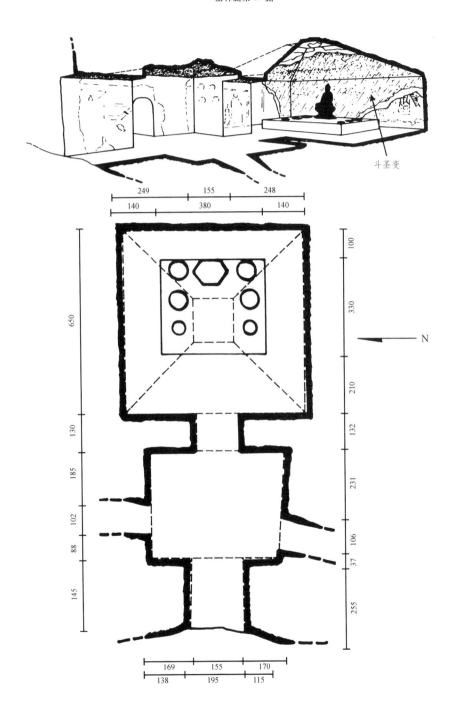

斗圣变

榆林窟第 32 窟

斗圣变

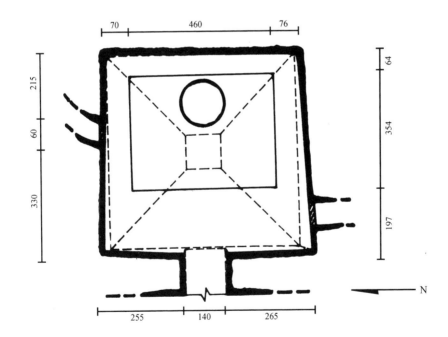

# 附录二　石窟中常用图像的分布情况，862—980

| | 劳度叉斗圣变 | 维摩诘经变 | 阿弥陀净土变 | 金光明经变 |
|---|---|---|---|---|
| 莫高窟第85窟 | 西壁 | 东壁 | 南，2 | —— |
| 莫高窟第9窟 | 南 | 北 | —— | —— |
| 莫高窟第196窟 | 西 | —— | 南，2 | 南，1 |
| 莫高窟第72窟 | 东 | —— | —— | 损坏严重 |
| 莫高窟第146窟 | 西 | 东 | 南，2 | |
| 莫高窟第98窟 | 西 | 东 | 南，2 | 窟顶损坏 |
| 榆林窟第19窟 | 东 | —— | 南，1 | |
| 榆林窟第16窟 | 东 | —— | 北，1 | |
| 莫高窟第108窟 | 西 | 东 | —— | |
| 莫高窟第454窟 | 西 | 东 | 南，3 | |
| 莫高窟第53窟 | 南 | 北 | 损坏 | |
| 莫高窟第55窟 | 西 | —— | 南，2 | |
| 莫高窟第25窟 | 南 | 北 | —— | |
| 莫高窟第6窟 | 南，前室 | 东，内 | 南，1 | |
| 榆林第32窟 | 南 | 北 | —— | |

注：方位后面的数字是指从西侧开始在墙上的位置。

| 药师经变 | 法华经变 | 弥勒经变 | 华严经变 | 报恩经变 | 天请问经变 |
|---|---|---|---|---|---|
| 北，2 | 窟顶，4 | 窟顶，1 | 窟顶，2 | 南，3 | —— |
| —— | —— | 窟顶，4 | 窟顶，1，2，4 | | —— |
| 北，2 | 南，3 | 北，3 | 北，1 | —— | 南，1 |
| 损坏严重 | | 北，2 | | | |
| 北，2 | 南，3 | 南，1 | 北，3 | 南，4 | 北，1 |
| 北，2 | 南，3 | 南，1 | 北，3 | 南，4 | 北，1 |
| 北，1 | —— | —— | —— | 北，2 | 南，2 |
| 南 | —— | —— | —— | —— | 北，2 |
| 北，2 | 南，2 | 南，1 | 北，3 | 南，4 | 北，4 |
| 北，3 | 窟顶1，4 | 窟顶，3 | 窟顶，2 | 南，2 | 南，1 |
| 损坏 | —— | 窟顶，1 | 窟顶，2，4 | —— | 窟顶，3 |
| 北，3 | —— | 南，1 | —— | 南，3 | 北，4 |
| 小石窟，墙面空间有限 | | | | | |
| 北，1 | 南，2 | —— | 北，2 | —— | —— |
| —— | —— | —— | —— | —— | —— |

# 附录三

**表A　《劳度叉斗圣变》壁画和粉本的尺寸（单位：米）**

| 壁画 | 壁长 | 壁高 | 画高 |
|---|---|---|---|
| 莫高窟第85窟 | 9.58 | 5.55 | 2.99 |
| 莫高窟第9窟 | 8.42 | 3.72 | 3.57 |
| 莫高窟第196窟 | 9.40 | 5.30 | 3.66 |
| 莫高窟第146窟 | 8.31 | 5.09 | 2.90 |
| 莫高窟第98窟 | 12.43 | 6.50 | 3.73 |
| 榆林窟第19窟 | 6.52 | 3.58 | 3.55 |
| 榆林窟第16窟 | 6.00 | 3.20 | 3.20 |
| 莫高窟第55窟 | 10.64 | 5.73 | 3.47 |
| 莫高窟第25窟 | 5.57 | 4.05 | 2.96* |
| 莫高窟第6窟# | 6.66 | 2.99 | 2.38 |
| 莫高窟第454窟 | 10.20 | 5.03 | 2.99 |
| 莫高窟第53窟 | 6.52 | 4.72 | 2.74 |
| 榆林窟第32窟 | 6.05 | 2.93 | 2.93 |
| 画稿 | 长 | 高 | 时间 |
| P. tib. 1293（1） | 0.36 | 0.57 | 约893—920 |
| P. tib. 1293（2） | 1.76 | 0.29～0.35 | 约893—920 |
| | *5卷，每卷长0.35 | | |
| P. tib. 1293（3） | 0.29 | 0.43 | 约893—920 |

\# 构图分布在2～3面墙上：从前室（西墙）门的两侧延伸到南壁。据推测，它还延伸到前室的北墙，但北墙已被破坏，在加固洞窟立面时用混凝土重建。

\* 壁画底部已损坏，构图尺寸是估算的结果（莫高窟第108窟和第72窟损坏严重，未列入）。

## 表B 《劳度叉斗圣变》中劳度叉与舍利弗的尺寸（单位：米）

| | 劳度叉宝座，高 | 劳度叉宝座，宽 | 舍利弗宝座，高 | 舍利弗宝座，宽 |
|---|---|---|---|---|
| 莫高窟第85窟 | 0.76+[a] | 0.76 | 2.10 | 0.80 |
| 莫高窟第9窟 | 2.90 | 0.73 | 2.15 | 0.53 |
| 莫高窟第196窟 | 2.44[b] | 0.95 | 2.75 | 0.99 |
| 莫高窟第146窟 | 2.05 | 0.65 | 2.42 | 0.80 |
| 莫高窟第55窟 | 1.93 | 0.77 | 2.55 | 0.55 |
| 莫高窟第25窟 | 1.59 | 0.73 | 1.82 | 0.64 |
| 莫高窟第454窟 | 1.48 | 0.57 | 1.78 | 0.57 |
| 榆林窟第16窟 | 1.53 | 0.57 | 1.73 | 0.56[b] |
| P. tib. 1293（1） | 0.36[bc] | 0.11[b] | 无 | 无 |

注：劳度叉宝座的高度不包括装饰顶部的飘带和幔帐，它们通常会到达构图的上缘，与舍利弗更稳固的宝座高度相匹配，并经常超过其高度。

a 劳度叉有损坏；这是现有部分的尺寸。

b 数字四舍五入，精确到厘米。

c 部分损坏。

## 表C 《劳度叉斗圣变》中劳度叉宝座周围的附属人物高度

| | 劳度叉宝座 | 劳度叉宝座、宽 | 左侧爬杆者 | 敲座基者 | 抓头者/倒立者 纵/横 | 左边摇晃者 | 绳索飞人 | 左侧打手势的官员 |
|---|---|---|---|---|---|---|---|---|
| 莫高窟第85窟 | 0.76**+ | 0.76 | 0.70 | 0.46 | 0.35/0.69 | 无 | 未知 | 无 |
| 莫高窟第9窟 | 2.90 | 0.73 | 0.68 | 0.34 | 损坏 | 0.19 | 0.40 | 无 |
| 莫高窟第196窟 | 2.44[a] | 0.95 | 1.33[b] | 0.56[c] | 0.51/0.81[d] | 0.35[e] | 0.52[f] | 无 |
| 莫高窟第146窟 | 2.05 | 0.65 | 0.95 | 0.43 | 0.43/0.59 | 无 | 0.32 | 0.37[g] |
| 莫高窟第55窟 | 1.93 | 0.77 | 0.92 | 未知 | 无 | 0.51 | 未知 | 0.32 |
| 莫高窟第25窟 | 1.59 | 0.73 | 0.65 | 0.40 | 无? | 0.29 | 0.32 | 无 |
| 莫高窟第454窟 | 1.48 | 0.57 | 0.77 | 0.53 | 损坏 | 无 | 0.31 | 0.34 |
| 榆林窟第16窟 | 1.53 | 0.57 | 0.77 | 0.46 | 0.35/? | 0.27 | 0.26 | 0.38 |
| P.1293（1） | 0.36 | 0.11 | 0.17 | 0.11 | 倒立者：0.08/0.09<br>抓头者：0.10/0.14 | 0.07* | 0.08 | 0.13 |

** 莫高窟第85窟的劳度叉已损坏；此为现存部分尺寸。数字四舍五入，精确到厘米。

\* 部分损坏。

a 对应彩图7。

b 对应彩图27c。

c 对应彩图27b。

d 对应彩图25，左下角。

e 对应彩图25，左上角；同见莫高窟第46窟，彩图8。

f 对应彩图27a。

g 对应彩图10，劳度叉宝座左边，中段。

# 附录四 几组近似的幡画

**1）地藏菩萨**

S.125

S.118

**2）东方持国天王**

EO 1172 c

EO 1172 a

**3）菩萨，双手合十**

a）袈裟：

EO 1414

EO 1399（P.120）

b）菩萨衣：

MG 17769

EO 1399（P.112）

TA 159

**4）金刚手菩萨**

a）同一组：

S.123

EO 1172 b

b）相似：

MG 17774 a

**5）菩萨，镜像**

S.136

S.125 *

S.122

**6）菩萨，戴玉环 / 玉饰**

EO 1399（P.144）

EO 1399（P.119）

**7）莲花手菩萨**

S.177

S.177 *

画稿：P.4082

**8）拿琉璃碗的菩萨**

S.113

S.120

S.104

画稿：P.3050

**9）毗沙门天王**

S.45

画稿：P.5018（1）

**10）观音菩萨**

S.14

画稿：S.9137

# 参考文献

**原始材料：财书、祝文、考绩、变文、政书和绘画**

### 北京国家图书馆

国家图书馆（散文1589）

### 法国国家图书馆，伯希和

P 120；P 2002；P 2003；P 2012；P 2032；P 2049；P 2133；P 2168；P 2185；P 2187；
P 2292；P 2613；P 2629；P 2641；P 2718；P 2762；P 2824；P 2868；P 2870；P 2913；P 2991；
P 2993；P 3050；P 3067；P 3107；P 3234；P 3302；P 3304；P 3432；P 3565；P 3608；P 3638；
P 3716；P 3720；P 3939；P 3964；P 3998；P 4004；P 4044；P 4049；P 4082；P 4096；P 4098；
P 4514.16（2）；P 4515；P 4517（1-9）；P 4518（11）；P 4518（33）；P 4518（34）；P 4518（36）；
P 4518（38）；P 4524；P 4638；P 4640；P 4908；P 4979；P 5018（1）；P. tib. 1293（1-3）

### 大英图书馆，斯坦因

S 1519；S 1947；S 2687；S 2949；S 2973；S 3147；S 3540；S 3929；S 3961；S 4037；S 4211；
S 4257.2；S 4373；S 4632；S 4706；S 5511；S 5656；S 5973；S 6348；S 8210；S 9137；P.2

### 大英博物馆，斯坦因绘画号

44（1-5)；72；73（1)；76；77；83*；83（1)；83（2)；163, 172；173；174；245；249；259；
260

### 大谷光瑞收藏

大谷文书3774（吐峪沟）
新疆维吾尔自治区博物馆
新疆文物考古研究所、吐鲁番博物馆

## 古代文献

[南宋]邓椿:《画继》(1167年序),载于安澜编:《画史丛书》第一册。

[唐]符载:《观张员外画松石序》,载俞剑华编著:《中国画论类编》第一册。

[北宋]郭若虚:《图画见闻志》(约1080—1085年成书),黄苗子点校,上海:人民美术出版社,1963年。

[北宋]韩拙(活跃于约1095—1125年):《山水纯全集》序(1121年),载于安澜编:《画论丛刊》。亦见于黄宾虹、邓实主编《美术丛书》。

[北宋]黄休复:《益州名画录》(约成书于1005—1006年),载于安澜编:《画史丛书》第四册。

[五代]荆浩(活跃于907—923年):《笔法记》,[日]宗像清彦编译,瑞士 Artibus Asiae 出版社,1974年。

[北宋]刘道醇:《圣朝名画评》(1059年),查尔斯·拉赫曼译,载《宋代著名画家评述》,《通报》(T'oung Pao)第十六卷,Brill 出版社,1989年。

[元]汤垕:《画鉴》(约成书于1320—1330年),载黄宾虹、邓实主编:《美术丛书》。

[元]夏文彦:《图绘宝鉴》(1365年),载于安澜编:《画史丛书》第二册。

[北宋]《宣和画谱》(1120年序),载于安澜编:《画史丛书》第二册。

[南宋]张世南:《游宦纪闻》(约1208—1233年),载《知不足斋丛书》第七册。

[唐]张彦远:《历代名画记》(约845—847年),载于安澜编:《画史丛书》第一册。

[南宋]赵希鹄:《洞天清录(集)》(约1242年),载黄宾虹、邓实主编:《美术丛书》。

[唐]朱景玄:《唐朝名画录》(约842年),载于安澜编:《画品丛书》。

[唐]李林甫:《唐六典》(14卷本),北京:中华书局,1992年。

## 佛教与道教文本

《大乘顶王经》,T478。

《大目乾连冥间救母变文并图》,T2858。

《大唐西域记》,《室罗伐悉底国条》,T2087。

《父母恩重经》,T2887。

《观无量寿经》,T365。

《华严经》,T278,T279。

《金刚般若波罗蜜经》,T235。

《净土盂兰盆经》,T685。

《金光明最胜王经》,T665。

《劳度叉斗圣变》，载《贤愚经》，T202。

《龙龛手镜》，北京：中华书局1985年版。

《弥勒下生成佛经》，T454。

潘重规：《龙龛手鉴新编》，北京：中华书局1988年版。

[梁] 僧祐：《出三藏记集》（约成书于506—512年），T2145。

《宋高僧传》，T2061。

《维摩诘经》，T474，T475。

《贤愚经》，T202。

《须达起精舍》，载《贤愚经》，T202；《根本说一切有部毗奈耶破僧事》，T1450：7；《众许摩诃帝经》，T191：12。

[清] 工布查布：《佛说造像量度经解》（1742—1743年），T1419。

## 现代编纂文献

《敦煌洞窟：魏、唐、宋的佛教造像与绘画》（6卷本），巴黎：盖特纳出版社，1914—1924年（伯希和探险队在中亚I）。

国家文物局古文献研究室、新疆维吾尔自治区博物馆、武汉大学历史系编：《吐鲁番出土文书》（10卷本），北京：文物出版社，1981—1990年。

黄宾虹、邓实编：《美术丛书》，上海：1947年；（再版）台北：艺文印书馆，1975年。

刘文典编：《庄子补正》，上海：商务印书馆，1947年；（再版）昆明：云南人民出版社，1980年。

卢辅圣主编：《中国书画全书》，上海：上海书画出版社，1993年。

[北宋] 苏东坡撰、[南宋] 王十明集注：《集注分类东坡先生诗》，载张元济等编：《四部丛刊》，上海：涵芬楼，1919—1936年。

[日] 高楠顺次郎、渡边海旭编：《大正新修大藏经》（84卷本），东京：一切经刊行会，1912—1925年。

唐耕耦、陆宏基编：《敦煌社会经济文献真迹释录》，北京：全国图书馆文献缩微复制中心，1986—1990年。

于安澜编：《画论丛刊》，上海：人民美术出版社，1962年。

于安澜编：《画史丛书》，上海：上海人民美术出版社，1963年；（再版）日本福岛：国书刊行会，1972年。

于安澜编：《画品丛书》，上海：上海人民美术出版社，1982年。

[明] 钟人杰、张遂辰辑：《唐宋丛书》，载《百部丛书集成》（20卷本），台北：艺文印书馆，1965年。

《庄子集释》，载《新编诸子集成》，台北：世界书局，1983年。

## 敦煌参考书目与复制品

法国国家图书馆编：《法国国家图书馆藏敦煌西域文献》(8卷本)，上海：上海古籍出版社，1994年。

敦煌文物研究所整理：《敦煌莫高窟内容总录》，北京：文物出版社，1982年。

敦煌文物研究所编著：《中国石窟·敦煌莫高窟》(5卷本)，北京：文物出版社，1982—1987年。

敦煌文物研究所编：《敦煌莫高窟·供养人题记》，北京：文物出版社，1986年。

敦煌文物研究所编：《中国石窟·安西榆林窟》，北京：文物出版社，1997年。

[英]翟林奈(Lionel Giles)：《大英博物馆藏敦煌中文手稿著录》，大英博物馆东方印刷手稿部。伦敦：大英博物馆委托，1957年。

季羡林主编：《敦煌学大辞典》，上海：上海辞书出版社，1998年。

[俄]孟列夫(L. N. Menshikov)等编：《俄藏敦煌文献》(13卷本)，上海：上海古籍出版社，1992—1999年。

[法]苏远鸣(Michel Soymié)等合编：《法国国家图书馆藏伯希和汉学基金：敦煌汉文手稿著录》(第一、三、四、五卷)，法国远东学院丛书，1970—1975年。

[英]亚瑟·威利(Arthur Waley)：《斯坦因爵士发现敦煌绘画著录》，伦敦：大英博物馆，1931年。

中国社会科学院历史研究所编：《英藏敦煌文献·汉文佛经以外部分》(15卷本)，成都：四川人民出版社，1990—1994年。

## 专著与论文

[日]阿部贤次：《莫高窟254窟：早期中国佛教艺术的案例研究》，博士论文，加州大学伯克利分校，1989年。

[美]艾惟廉(William Acker)：《唐代及唐以前绘画文献》(上下篇)，载《莱顿汉学》第8期(1954)、第12期(上下)(1974)。莱顿：博睿出版社，1954年、1974年。

[美]韦闻笛(Wendi L. Adamek)：《〈历代法宝记〉中体现的中国佛教传播问题》，博士论文，斯坦福大学，1997年。

[日]秋山光和：《弥勒下生经变白描粉本(S259 V)与敦煌壁画的制作》，载《西域文化研究》1963年第6期：53—74页。

[日]秋山光和：《平安时代世俗画的研究》第三卷，东京：吉川弘文馆，1967年。

[日]秋山光和：《劳度叉斗圣变白描粉本与敦煌壁画》，载《文化交流施设研究纪要》1978

年第2/3期，东京：东京大学文学院，1—28页。

[美]乔纳森·亚历山大：《中世纪手抄本绘者及其工作方式》，康涅狄格纽黑文：耶鲁大学出版社，1992年。

[美]斯韦莱娜·阿尔珀斯：《描述的艺术：17世纪荷兰绘画》，芝加哥：芝加哥大学出版社，1983年。

[美]斯韦莱娜·阿尔珀斯：《伦勃朗的企业：工作室和艺术市场》，芝加哥：芝加哥大学出版社，1983年。

[美]斯韦莱娜·阿尔珀斯：《难以预料的蒂耶波洛》，载[英]约翰·奥尼恩斯主编：《观看与洞察：贡布里希85岁诞辰论文集》，伦敦：菲登出版社，326—340页。

[美]斯韦莱娜·阿尔珀斯、[美]迈克尔·巴克森德尔：《蒂耶波洛的图画智力》，康涅狄格纽黑文：耶鲁大学出版社，1994年。

[日]青山定雄：《唐宋时代的交通与地形地图的研究》，东京：吉川弘文馆，1969年。

[法]雅克·巴考、[英] F. W. 托马斯、[法]夏尔·图桑编：《敦煌藏西藏文献》，巴黎：盖特纳出版社，1940年。

白化文：《什么是变文？》，[美]梅维恒（Victor H. Mair）译，载《哈佛亚洲研究》第44期第2卷（1984年12月）：493—514页。

白化文：《变文和榜题》，载中国敦煌吐鲁番学会语言文学分会编纂、周绍良等主编：《敦煌语言文学研究》，北京：北京大学出版社，1988年，113—149页。

[英]哈罗德·W. 贝利：《中亚佛教的叙事》，载《东方学会》第23期（1972年9月）：63—77页。

[美]徐小虎（Joan Stanley-Baker）：《中国画中的作伪》，载《东方艺术》第32卷第1期（1986年春）：54—66页。

[俄] M. M. 巴赫京著、[美]迈克尔·霍尔奎斯特、[美]瓦迪姆·李阿普诺夫编：《艺术与回应：早年哲学文集》，[美]瓦迪姆·李阿普诺夫译，奥斯丁：得克萨斯大学出版社，1990年。

[俄] M. M. 巴赫京：《走向行动的哲学》，[美]瓦迪姆·李阿普诺夫译注，奥斯丁：得克萨斯大学出版社，1993年。

[美]班宗华（Richard Barnhart）：《卫夫人的〈笔阵图〉》，载《全美中国艺术史学会档案》第18期（1964年）：13—25页。

[美]班宗华：《李公麟的〈孝经图〉》，博士论文，普林斯顿大学，1967年。

[美]班宗华：《中国人物画的残存、复兴与经典传统》，载《中国绘画国际研讨会论文集》，台北：台北故宫博物院，1972年，143—218页。

[美] 班宗华、[美] 韩文彬 (Robert E. Harrist)、朱惠良：《李公麟的〈孝经〉》，纽约：大都会艺术博物馆，1993年。

[英] 巴雷特 (T. H. Barrett)：《唐代道教：中国历史上黄金时期的宗教与帝国》，伦敦：Wellsweep出版社，1996年。

[英] 迈克尔·巴克桑达尔：《乔托和演说家：对意大利绘画和图像合成的人文观察，1350—1450》，牛津：克拉伦登出版社，1971年。

[英] 迈克尔·巴克森德尔：《德国文艺复兴时期的椴木雕刻家》，新泽西普林斯顿：普林斯顿大学出版社，1986年。

[英] 迈克尔·巴克桑达尔：《15世纪意大利的绘画与经验：图像风格的社会史入门》，牛津：牛津大学出版社，1972年、1974年、1983年、1988年。

[英] 萨缪埃尔·毕尔：《玄奘的一生》，伦敦：保罗特兰奇特吕布纳出版社，1911年。

[美] 白桂思 (Christopher I. Beckwith)：《吐蕃在中亚——中古早期吐蕃、突厥、大食、唐朝争夺史》，新泽西普林斯顿：普林斯顿大学出版社，1987年。

[美] 白居悌 (Judith A. Berling)：《将佛陀带到人间：论佛教〈语录〉文体的出现》，载《宗教史》第27卷第1期 (1987年)：56—88页。

[美] 毕嘉珍 (Maggie Bickford)：《墨梅：一种文人画题材的形成》，英国剑桥：剑桥大学出版社，1998年。

[美] 宾板桥 (Woodbridge Bingham)：《唐朝的建国》，巴尔的摩：韦弗利出版社，1941年。

[美] 包弼德 (Peter K. Bol)：《斯文：唐宋思想的转型》，加州斯坦福：斯坦福大学出版社，1992年。

[美] 白馥兰 (Francesca Bray)：《稻米经济：亚洲社会中的技术与发展》，纽约：布莱克维尔出版社，1986年。

[美] 卜寿珊 (Susan Bush)：《心画：中国文人画五百年》(哈佛燕京学社书系第27部)，马萨诸塞剑桥：哈佛大学出版社，1971年。

[美] 卜寿珊、[美] 孟克文 (Christian Murck) 著：《中国艺术理论》，新泽西普林斯顿：普林斯顿大学出版社，1983年。

[美] 卜寿珊、[加] 时学颜 (Shih Hsio-yen) 合编：《中国早期绘画文献》，马萨诸塞剑桥：哈佛大学出版社，1985年。

[美] 罗伯特·巴斯维尔编：《中国佛教疑伪经》，火奴鲁鲁：夏威夷大学出版社，1990年。

[美] 罗伯特·巴斯维尔、[美] 詹密罗 (Robert Gimello) 编：《解脱之道：道谛及其在

佛教思想里的转型》（黑田纪念馆东亚佛教研究第7卷），火奴鲁鲁：夏威夷大学出版社，
1992年。

[美] 高居翰（James Cahill）：《绘画理论中的儒学因素》，载 [美] 芮沃寿（Arthur Wright）、
[英] 杜希德（Denis Crispin Twitchett）主编《儒教信念》，加州斯坦福：斯坦福大学出版社，
1960年，114—140页。

[美] 高居翰：《"六法"及其解读》，载《东方学》1961年第4期：372—381页。

[美] 高居翰：《明清绘画中作为思想观念的风格》，载 [美] 马思乐（Maurice Meisner）、
[美] 罗兹·墨菲合编论文集：《莫扎特式的史学家：列文森》，伯克利：加州大学出版社，
1976年，137—156页。

[美] 高居翰：《中国古画索引》，伯克利：加州大学出版社，1980年。

[美] 高居翰：《在绘画史与绘画理论中重思董其昌的"南北宗论"》，载 [美] 释见晔
（Peter Gregory）主编：《顿与渐：中国思想里的觉悟之路》，429—446页。

[美] 高居翰：《画家生涯：传统中国画家的生活与工作》，纽约：哥伦比亚大学出版社
1994年。

[美] 高居翰：《皇家画院》，载 [美] 方闻、[美] 屈志仁（James Watt）编：《怀抱古昔：台
北故宫博物院中华瑰宝展》，纽约：大都会艺术博物馆，1996年，158—198页。

[美] 卡门·卡佩尔：《再议圣彼得大教堂米开朗琪罗绘耶稣受难像粉本》，载《大师绘
画》第25卷（1987年夏）：131—142页。

[美] 卡门·卡佩尔：《拉斐尔作品〈圣体辨〉的另一个粉本》，载《大师绘画》第30卷（1990
年春）：9—30页。

[美] 贾德（Thomas Francis Carter）：《中国印刷术的发明及其西传》第二版，[美] 富路
特（Luther Carrington Goodrich）修订，纽约：罗纳德书局，1955年。

[法] 米歇尔·德·塞托：《日常生活实践》，[英] 斯蒂芬·兰德尔译，伯克利：加州大
学出版社。

常莎娜主编：《敦煌历代服饰图案》，香港：万里书店，1986年。

晁华山：《寻觅淹没千年的东方摩尼寺》，载《中国文化》1993年第8期：1—20页。

[法] 沙畹（Édouard Chavannes）：《华北考古调查图谱》13卷。巴黎：法国国家出版社，
1913年。

[南非] 大卫·彻戴斯特：《逆光的语词：信条的感知与冲突》，载《宗教学刊》第65卷第
1期（1985年1月）：46—62页。

[法] 郭恩（Monique Cohen）、[法] 蒙曦（Nathalie Monnet）：《中国印象》，巴黎：法国
国家图书馆，1992年。

[美]孔华润（Warren I. Cohen）：《东亚艺术与美国文化：从国际关系视角研究》，纽约：哥伦比亚大学出版社，1992年。

[美]柯鹤立（Constance A. Cook）：《楚地三神》，载《中国宗教研究》第22期（1994年秋）：1—22页。

[美]柯鹤立：《内外：周代的协商空间》，亚洲学会年会宣读论文，1997年3月17日于芝加哥。

[美]柯鹤立：《楚国统治阶级的意识形态》，载柯鹤立、[美]梅杰编：《探索楚文化：古代中国的图像与现实》，火奴鲁鲁：夏威夷大学出版社，1999年。

[美]惠特尼·戴维斯：《复制品：考古、艺术史与精神分析》，大学园：宾夕法尼亚州立大学出版社，1996年。

[法]戴密微（Paul Demiéville）：《吐蕃僧诤记》（法国汉学高等研究院书系第7卷），巴黎：法国国家出版社，1952年。

[法]戴密微编：《大正大藏经总索引》，法兰西文学院。巴黎：阿德里安·麦松纳沃书局，1978年。

[法]戴密微：《佛教研究选集》，莱顿：布里尔出版社，1993年。

[法]雅克·德里达：《给定的时间：伪造货币》，芝加哥：芝加哥大学，1992年。

[美]杜志豪（Kenneth J. DeWoskin）：《知音：中国早期的音乐和艺术概念》，密歇根中国研究第4期，安娜堡：密歇根大学中国研究中心，1982年。

[美]杜志豪：《论叙述革命》，载《中国文学：论文、文章、评论》第5卷第1期（1983年7月）：29—45页。

[美]杜志豪：《贤之传承：给凡人讲述贤》，载《道教资料》第2卷第1期（1990年11月）：70—86页。

冻国栋：《吐鲁番出土文书所见唐代前期的工匠》，载唐长孺主编《敦煌吐鲁番文书初探》（二编），武汉：武汉大学出版社，1990年。

[法]戴仁（Jean-Pierre Drège）：《中国手稿目录》（《法国汉学研究所文库》161卷）。巴黎：法国远东学院，1991年。

[法]戴仁：《大随求菩萨真言初见》，载《远东手册》II（1999—2000），25—44页。

[法]戴仁主编：《敦煌绘画论集：伯希和与斯坦因收集品中的纸本白画与绘画研究》（考古回忆录24卷），巴黎：法国远东学院，1999年。

《敦煌文物展览特刊》：《文物参考资料》1951年，第2编第3卷。

[美]伊佩霞（Patricia Ebrey）：《中华帝国早期的贵族家庭》，英国剑桥：剑桥大学出版社，1978年。

[美] 伊佩霞：《内闱：宋代的婚姻和妇女生活》，伯克利：加州大学出版社，1993年。

[美] 伊佩霞主编：《剑桥插图中国史》，英国剑桥：剑桥大学出版社，1996年。

曾幼荷（Betty Ecke）：《再议谢赫六法之"传移模写"》，载台北故宫博物院：《中国书画国际研讨会论文集》，1972年，313—350页。

[日] 海老根聪郎：《元代白描画之诸相》，载《水墨美术大系》，东京：讲谈社，1975年，51—62页。

欧阳桢：《口语：变文中的口头叙事》，博士论文，印第安纳大学，1971年。

欧阳桢：《敦煌变文中的历史语境》，载《东西方文学》第5卷第3期（1971年）：339—357页。

[美] 佛雷（Bernard Faure）：《作为文本与宗教范式的菩提达摩》，载《宗教史》第25卷第3期（1986年2月）：187—198页。

[美] 佛雷：《中国宗教传统中的空间与方位》，载《宗教史》第26卷第4期（1987年）：337—356页。

[美] 佛雷：《即时性的修辞》，新泽西普林斯顿：普林斯顿大学出版社，1992年。

[美] 冯玛丽（Mary Fong）：《门神秦叔宝、尉迟恭流行造像中的吴道子遗泽》，载《亚洲艺术档案》第42期（1989年）：6—24页。

[美] 方闻：《超越再现：8—14世纪的中国绘画与书法》，纽约：大都会艺术博物馆，1992年。

[美] 方闻主编：《中国伟大的青铜时代》，纽约：大都会艺术博物馆，1980年。

[美] 方闻、[美] 屈志仁编：《怀抱古昔：台北故宫博物院中华瑰宝展》，纽约：大都会艺术博物馆，1996年。

[荷] 扬·方丹、曼尼·希克曼：《禅画与书法》，波士顿美术博物馆，1970年。

[法] 米歇尔·福柯：《知识考古学》，[美] A. M. 谢利登·史密斯译，纽约：万神殿书局，1972年。

[美] 胡素馨（Sarah E. Fraser）：《8—10世纪中国唐代画家生涯》，博士论文，加州大学伯克利分校，1996年。

[美] 胡素馨：《生产机制：刺孔在寺院建造中的使用》，载《东方艺术》第37卷第9期（1996年11—12月）"敦煌特刊"：69—79页。

[美] 胡素馨：《评〈末法〉，载《中国研究书评》第3卷第1期（1996年春季号）：288—293页。

[美] 胡素馨：《壁画〈降魔变图卷〉中的叙事手法》，美国亚洲学会年会宣读论文，1997年3月17日，美国芝加哥。

[美] 胡素馨:《5—9世纪的吐鲁番艺术家》,载《耶鲁大学第三次丝绸之路研讨会论文集II》,1998年7月10—12日,77—143页。

[美] 胡素馨:《敦煌的粉本和壁画之间的关系》,载《唐研究》第3期(1997年12月):437—443页。

[美] 胡素馨:《敦煌画师、写字人及其他艺术家的手工与绘画》,载 [法] 戴仁主编:《敦煌绘画论集:伯希和与斯坦因收集品中的纸本白画与绘画研究》(考古回忆录24卷),巴黎:法国远东学院1999年,55—104页。

[美] 胡素馨:《再议吐鲁番地区的考古发现》,载《敦煌吐鲁番研究》第4期(1999年):375—418页。

[美] 胡素馨:《创造的方式:敦煌艺术家的速写和复制技巧》,载《亚洲艺术》第59卷第3、4期(2000年):189—224页。

[美] 胡素馨:《5—9世纪的吐鲁番艺术家》,载《敦煌吐鲁番研究》第6期(2000年春季):375—418页。

[美] 胡素馨:《考古学技术》,载《敦煌国际研讨会论文集》,2000年7月29日。

傅申、[美] 司美茵(Jan Stuart)著:《血战古人:张大千的绘画艺术》,华盛顿:史密森尼学会,1991年。

[日] 藤枝晃:《敦煌的僧尼籍》,载《东方学报》第29期(1959年3月):285—338页。

[日] 藤枝晃:《吐蕃统治时期的敦煌》,载《东方学报》第31期(1961年3月):199—292页。

[美] 傅君劢(Michael Fuller):《胸有成竹:重思传统中国绘画的即时性》,载《哈佛亚洲研究》第53卷第1期(1993年):5—24页。

[法] 谢和耐(Jacques Gernet):《中国5—10世纪的寺院经济》,[法] 傅飞岚(Franciscus Verellen)译,纽约:哥伦比亚大学出版社,1995年。

[美] 詹姆斯·吉布森:《作为感知系统的认识》,波士顿:霍顿米夫林出版公司,1966年。

[法] 吉雅思(Jacques Giès)、[法] 郭恩编:《西域佛土》,巴黎:国家博物馆联盟,1995年。

[法] 吉雅思、[法] 苏远鸣、[法] 戴仁等编:《西域美术:吉美国立亚洲艺术博物馆之伯希和收藏》两卷本。东京:讲谈社,1994年。英译本由 [英] 艾罗·弗里森翻译,伦敦:塞林迪亚出版社,1996年。

[英] 翟林奈:《斯坦因收藏中的汉文纪年写本》,载《亚非学院通讯》第7卷第4期(1933—1935年):809—836页;第8卷第1期(1935—1937年):1—26页;第9卷第1期(1937—1939年):1—22页;第10卷第1期(1939—1942年):317—344页;第11卷第1期(1943—1946年):148—173页。

[奥地利] 厄内斯特·格鲁布、[美] 爱琳诺·西姆斯编:《"中国与伊朗:四部伊斯坦布

尔影像集中的绘画"学术讨论会论文集》，1980年6月23—26日。亚洲艺术与建筑文集第10卷，伦敦：伦敦大学与大维德中国艺术基金会，1985年。

[英]葛瑞汉（Augus C. Graham）：《理性与自发性：事实与价值问题的新解决方案》，伦敦：科真出版社，1985年。

[英]葛瑞汉：《阴阳与关联思维的本质》，载《非定期论文与专著辑刊》第6期，新加坡：东亚哲学研究所，1986年。

[英]葛瑞汉：《论道者：中国古代哲学论辩》，芝加哥：开庭书局，1989年。

[英]葛瑞汉译：《庄子·内七篇和外篇选》，伦敦：乔治·艾伦与爱文出版社，1981年。

[美]托马斯·爱德华·格雷厄姆：《从敦煌"变文"选看中古中国民间佛教的重塑》，博士论文，爱荷华大学，1975年。

[法]葛兰言（Marcel Granet）：《中国的思想》，载《辑刊》第1卷第25章之二。巴黎：文艺复兴书局，1934年、1975年。

[美]葛然诺（Phyllis Granoff）、[日]筱原亨一编：《僧人与术士：亚洲的宗教传记》，安大略奥克维尔：马赛克出版社，1988年。

[英]巴兹尔·格雷：《敦煌佛教壁画》，伦敦：费伯出版社，1959年。

[美]释见晔：《会议简讯：顿／渐之极，中国思想的一股复古思潮》，载《中国哲学杂志》第9卷第4期（1982年12月）：471—486页。

[美]释见晔主编：《顿与渐：中国思想的觉悟之路》（东亚佛教研究第5卷），火奴鲁鲁：夏威夷大学出版社，1987年。

故宫博物院编：《宋人白画图》，北京：文物出版社，1958年。

[法]韩百诗（Louis Hambis）、[法]樊隆德（Nicole Vandier-Nicolas）编：《伯希和考查丛书之十五：吉美博物馆所藏敦煌经幡与绘画》第14—15卷，巴黎：梅森内夫出版社，1974年。

[美]芮乐伟·韩森（Valerie Hansen）：《佛教在华传播：从吐鲁番说开去》，载《亚洲专刊》第三辑第 II 卷第2期（1998年）：37—66页。

郝春文：《唐后期五代宋初敦煌僧尼的社会生活》，北京：中国社会科学出版社，1998年。

[美]蔡涵墨（Charles Hartman）：《韩愈与唐代对统一的追求》，新泽西普林斯顿：普林斯顿出版社，1986年。

[美]郝若贝（Robert M. Hartwell）：《750—1550年期间中国的人口、政治和社会变迁》，载《哈佛亚洲研究》第42卷第2期（1982年12月）：365—442页。

[英]霍克思（David Hawkes）：《杜诗入门》，香港：香港中文大学翻译研究中心，1987年。

[美]韩庄（John Hay）：《黄公望〈富春山居图〉：山水的维度》，博士论文，普林斯顿大

学，1978年。

[日] 东山健吾：《以〈本生经〉为例的表现形式》，载敦煌研究院编：《1990年敦煌学国际研讨会论文集》，沈阳：辽宁美术出版社，1995年，110—111页。

[美] 何重华（Judy C. Ho）：《敦煌第249窟：维摩诘经的再现》，博士论文，耶鲁大学，1985年。

[美] 何重华：《古代典范的永存》，《亚洲艺术档案》第41期（1988年）：33—46页。

[美] 何惠鉴：《泼墨真意及其音乐起源》，未发表论文。

[美] 何惠鉴等：《八代遗珍：纳尔逊–阿特金斯博物馆、克利夫兰艺术博物馆藏中国古代绘画》，克利夫兰：克利夫兰艺术博物馆，1980年。

[英] 彼得·霍普柯克：《丝绸之路上的外国魔鬼》，阿默斯特：马萨诸塞大学，1980年。

[日] 堀敏一：《敦煌社会的转型：从中国社会整体发展观察》，《讲座敦煌》卷三《敦煌的社会》，1980年，149—196页。

[日] 堀敏一：《晚唐敦煌的社会变迁》，有关中国唐代的观点，载《亚洲学报》第55期（1988年）：48—74页。

[捷克] 何德佳（Věna Hrdličková）：《汉地佛经的早期转型及其在说唱艺术发展中的地位》，载《东方档案》第26卷第26期（1958年）：114—144页。

[美] 徐澄淇（Ginger Cheng-Chi Hsu）：《18世纪扬州画家的润格和生计》两卷，博士论文，加州大学伯克利分校，2001年。

[美] 徐澄淇：《一斛珠：18世纪扬州的商业画》，加州斯坦福：斯坦福大学出版社，2001年。

黄苗子：《武宗元和朝元仙仗图》，载《中国画》第2期（1982年）：56—62页。

黄文弼：《吐鲁番考古集》，载《考古学特刊》第3期（1954年4月）：54—58页。

[美] 贺凯（Charles O. Hucker）：《中国古代官名辞典》，加州斯坦福：斯坦福大学出版社，1985年。

[美] 乔·汉弗里：《美猴王：天宫遗泽》，牙买加展览图录，纽约：圣约翰大学，1980年。

[英] 格林·W. 亨弗瑞斯、[英] 薇琪·布鲁斯：《视觉认知：计算、实验、神经心理学视角》，伦敦：劳伦斯·埃尔巴姆联合出版，1989年。

[美] 苏珊·L. 亨廷顿：《古代印度艺术：佛教、印度教、耆那教》，纽约：韦瑟希尔出版社，1985年。

霍熙亮：《安西榆林窟第32窟的梵纲经变》，载《敦煌研究》第3期（1987年）：24—34页。

[日] 池田温：《唐代户籍及有关文件》，载 [美] 芮沃寿、[英] 杜希德（Denis C. Twitchett）主编《唐史论文选集》，307—342页。

[日]池田温：《中国古代籍帐研究》，东京：东京大学出版社，1979年。

[日]池田温：《敦煌、吐鲁番文献中的粟特商人》，法国《亚洲学报》第296期（1981年）：77—79页。

[美]张珠玉（Scarlett Jang）：《宋代画院架构》，加州大学伯克利分校"宋元画学术工坊"，1982年，未发表论文影印版。

[美]张珠玉：《中国宫廷画主题中的官职问题》2卷，博士论文，加州大学伯克利分校，1989。

饶宗颐：《敦煌白画》，法译本见[法]李克曼（Pierre Ryckmans）《敦煌的单色画》，法国远东学院丛书，考古回忆录13卷，3册版。巴黎：法国远东学院，1978年。

暨远志：《唐代茶文化的阶段性》，载《敦煌研究》第2期（1991年）：99—107页。

姜伯勤：《敦煌的"画行"与"画院"》，载敦煌文物研究所编：《1983年全国敦煌学术讨论会文集（石窟·艺术编下册）》，兰州：甘肃人民出版社，1987年，172—191页。

姜伯勤：《唐五代敦煌寺户制度》，北京：中华书局，1987年。

姜伯勤：《敦煌音声人略论》，载《敦煌研究》第4期（1988年）：1—9页。

姜伯勤：《敦煌艺术宗教与礼乐文明：敦煌心史散论》，北京：中国社会科学出版社，1996年。

姜亮夫：《莫高窟年表》，上海：上海古籍出版社，1985年。

蒋礼鸿：《敦煌变文字义通释》，上海：上海古籍出版社，1981年。

金维诺：《祇园记图考》《祇园记图与变文》，1958年。载于《中国美术史论集》，北京：人民美术出版社，1981年，379—396页。

金维诺：《隋唐五代绘画》，载《中国美术全集·绘画编》第二卷，北京：人民美术出版社，1984年。

[美]姜士彬（David Johnson）：《伍子胥变文及其史源》，上篇载《哈佛亚洲研究》第40卷第1期（1980年6月）：93—119、143—151页；下篇载第40卷第2期（1980年12月）：498—505页。

[美]姜士彬：《中国文化中的剧本表演：分析民间文学的一种方法》，载台北《汉学研究》第8卷第1期（1990年）。

[美]姜士彬：《宝传中的目连：〈目连宝传〉中的表演情境与宗教意涵》，载姜士彬主编《中国民间宗教中的仪轨与经文》（"中国民间文化研究项目"系列之三），伯克利：加州大学伯克利分校"中国民间文化研究项目"，1995年，55—103页。

[美]朱安耐（Annette Juliano）、[美]乐仲迪（Judith Lerner）：《中国西北的丝路珍宝》，纽约：亚博兰斯出版社，2001年。

[日] 金冈照光：《敦煌的文学与文献》，载《讲座敦煌》卷十一，东京：东京大学出版社，1990年。

[美] 柯嘉豪（John Kieschnick）：《高僧：中古中国僧传中的佛教理想》（黑田纪念馆东亚佛教研究第10卷），火奴鲁鲁：夏威夷大学出版社，1997年。

[美] 金伯格（Deborah E. Klimburg-Salter）主编：《金刚道与丝绸之路：跨喜马拉雅商道上的密教艺术》，洛杉矶：加州大学洛杉矶分校艺术委员会，1982年。

孔寿山编注：《唐朝题画诗注》，成都：四川美术出版社，1988年。

[美] 卡罗·克拉莫主编：《民族考古学：将民族学应用于考古》，纽约：哥伦比亚大学出版社，1979年。

[奥地利] 恩斯特·克里斯、[奥地利] 奥托·库尔兹：《艺术家形象中的传奇、神化与魔力：一项历史实验》，康涅狄格纽黑文：耶鲁大学出版社，1979年。修订翻译自德文作品《艺术家的传奇：一项历史实验》，维也纳：克里斯塔尔出版社，1934年。

[美] 柯睿（Paul W. Kroll）：《年号纪年与地方政府的基本材料》，载《唐代研究》第5期（1987年）：95—104页。

[美] 乔尔·库佩斯：《表演中的权力：印尼松巴岛宗教仪式讲演中文本权威性的创造》，费城：宾夕法尼亚大学出版社，1990年。

[法] 郭丽英：《5—10世纪中国佛教的忏罪与悔悟》（法国远东学院丛书·专著第107卷），巴黎：法国远东学院，1994年。

[美] 黎惠伦（Whalen Lai）、[美] 刘易斯·兰卡斯特：《汉藏两地的早期禅学》（伯克利佛教研究系列），加州伯克利：亚洲人文出版社，1983年。

[美] 梁庄爱伦（Ellen Johnston Laing）：《晚近中国墓葬装饰的形制与疑点》，载《东方研究丛刊》第16卷第1—2期（1978年）：3—19页。

[法] 拉露（Marcelle Lalou）：《法国国家图书馆藏伯希和敦煌藏文写本目录》第三卷，巴黎：法国国家图书馆，1961年。

[美] 罗覃（Thomas Lawton）：《中国古代人物画》第二卷（弗利尔美术馆50周年馆庆特展），华盛顿：史密森尼学会，1973年。

[德] 雷德侯（Lothar Ledderose）：《米芾与中国书法的古典传统》，普林斯顿：普林斯顿大学出版社，1973年。

[德] 雷德侯：《地藏十王》，载《铃木敬先生还历记念暨中国绘画史论集》，东京：吉川弘文馆，1981年，33—42页。

[德] 雷德侯：《万物：中国艺术中的模件化和规模化生产》，普林斯顿：普林斯顿大学出版社，2000年。

[美] 李雪曼 (Sherman Lee)：《日本艺术对现实的反思》，克利夫兰：克利夫兰艺术博物馆，1983年。

[英] 理雅各 (James Legge) 译：《诗经》重印本，台北：文化图书公司，1977年。

[英] 理雅各译：《道德经》第39—40卷，载 [英] 缪勒 (F. Max Müller) 主编《中国典籍》，牛津：牛津大学出版部印刷所，1891年。

[美] 列文森：《明代与清初社会的业余理想：绘画中的证据》，载《儒教中国及其现代命运：思想继承性问题》，伯克利：加州大学出版社，1958年，15—43页。

[法] 西尔万·莱维：《中亚的〈贤愚经〉》，载法国《亚洲学报》第207卷第2期（1925年10—12月）：205—232页。

[美] 李铸晋、[美] 屈志仁编：《中国书斋：晚明文人的艺术生活》，纽约：泰晤士和汉德森出版社与亚洲协会，1987年合作出版。

李永宁、蔡伟堂：《〈破魔变文〉与敦煌壁画中的"劳度叉斗圣变"》，载敦煌文物研究所编：《1983年全国敦煌学术讨论会文集 (石窟·艺术编上册)》，兰州：甘肃人民出版社，1985年，167—233页。

李永宁、蔡伟堂：《敦煌壁画中的〈弥勒经变〉》，载《敦煌石窟研究国际讨论会文集》，沈阳：辽宁美术出版社，1990年，247—272页。

[美] 林露斯 (Lucy Lim) 等：《中国故事：四川汉墓画像砖与考古文物》，旧金山：中国文化中心，1987年。

林元白：《房山石经初分过目记》，载《现代佛学》第9期（1957年）：2—13页。

刘凌沧编著：《唐代人物画》，北京：中国古典艺术出版社，1958年。

[美] 史蒂芬·利特尔、[美] 艾德玄 (Shawn Eichman) 编：《道教与中国艺术》，伯克利：加州大学出版社，2000年。

[美] 罗樾 (Max Loehr)：《中国10世纪所刻〈御制秘藏诠〉之木刻风景画》，马萨诸塞剑桥：哈佛大学出版社，1968年。

[英] 鲁惟一 (Michael Loewe) 主编：《中国古代典籍导读》，古代中国研究协会。伯克利：加州大学伯克利分校亚洲研究所，1993年。

[美] 唐纳德·洛佩兹主编：《佛教修行》，普林斯顿宗教阅读书系，新泽西普林斯顿：普林斯顿大学出版社，1995年。

罗寄梅：《安西榆林窟的壁画》（"中国东亚学术研究计划"第三部），1963年，1—42页。

罗振玉：《敦煌零拾》，上虞罗氏印行，1924年。重印：台北文化出版公司，1970年。

[加] 林理彰 (Richard J. Lynn) 译：《〈易经〉王弼注》，纽约：哥伦比亚大学，1994年。

马德：《敦煌莫高窟史研究》，兰州：甘肃教育出版社，1996年。

潘玉闪、马世长：《莫高窟窟前殿堂遗址》，敦煌文物研究所编辑。北京：文物出版社，1985年。

[美] 马麟（Colin Mackenzie）：《青绿山水的起源及佛教壁画中的用色》，载敦煌研究院编：《1994年敦煌学国际学术研讨会论文提要》，中国敦煌（1994年），153—154页。

[美] 罗伯特·前田（Robert Maeda）：《十二世纪绘画的题跋》（密歇根中国研究论文集第8卷），安娜堡：密歇根大学，1973年。

[美] 罗伯特·前田：《两宋绘画上的题跋及11—12世纪山水画风格》，纽约：嘉兰出版社，1978年。

[美] 梅维恒（Victor H. Mair）：《学仕郎与俗语叙述故事的抄写：敦煌写本目录》，载《中文集粹》第10期（1981年）：5—96页。

[美] 梅维恒：《中国文学上的叙事革命：本体论的先决条件》，载《中国文学：论文、文章、评论》第5卷第1期（1983年7月）：1—27页。

[美] 梅维恒：《敦煌通俗叙事文学作品》，剑桥中国历史、文学、制度研究。英国剑桥：剑桥大学出版社，1983年。

[美] 梅维恒：《玄奘图像的起源》，载《唐代研究》第4期（1986年）：29—41页。

[美] 梅维恒：《有关变相的记录》，载《通报》第72期（1986年）：3—39页。

[美] 梅维恒：《绘画与表演：中国的看图说话及其印度起源》，火奴鲁鲁：夏威夷大学出版社，1988年。

[美] 梅维恒：《唐代变文：佛教对中国俗讲和戏剧产生的贡献之研究》，麻省剑桥：哈佛大学东亚研究委员会，1989年。

[美] 梅维恒：《舍利弗与外道六师斗法：一件变文图卷的口头与视觉侧面，P.4524》，载《亚洲专刊》III第8卷第2期（1995年）：1—52页。

[美] 梅杰（John S. Major）：《汉代早期思想中的天与地：〈淮南子〉第三、四、五章》，奥尔巴尼：纽约州立大学出版社，1993年。

[美] 马尔智（Benjamin March）：《中国绘画术语》，巴尔的摩：韦弗利出版社，1935年。

[德] F. R. 马丁编：《道子墨宝》，慕尼黑：布鲁赫曼书局，1913年。

[法] 马伯乐（Henri Maspero）、[法] 白乐日（Étienne Balazs）：《古代中国的历史和制度》，吉美博物馆志，研究书系第73卷。巴黎：法国大学出版社，1967年。

[日] 松本荣一：《关于敦煌出土开元年间的绘画》，载《国华》第511期（1933年）：153—157页。

[日] 松本荣一：《敦煌绘画研究》二卷本，东京：东方文化学院，1937年。

[日] 松本荣一：《模制佛像》，载《美术研究》第156期（1950年）：1—15页。

[法]马塞尔·莫斯(Marcel Mauss):《礼物:旧社会中交换的形式与功能》,W. D.霍斯译,纽约:诺顿出版社,1950年。

[美]倪雅梅(Amy McNair):《〈法书要录〉:九世纪中国书法纲要》,载《唐代研究》第5期(1987年):69—86页。

[美]马克瑞(John R. McRae):《北宗禅与早期禅宗的形成》(东亚佛教研究第3卷),火奴鲁鲁:夏威夷大学出版社,1986年。

[美]马克瑞:《"神会"与早期禅学中的顿悟说》,载[美]释见晔主编:《顿与渐:中国思想的觉悟之路》,227—278页。

[美]马克瑞:《对话与早期禅宗的转型》,载[美]巴斯维尔、[美]詹密罗编:《解脱之道:道谛及其在佛教思想里的转型》,339—370页。

[美]乔恩·米利(Gjor Mili):《毕加索的第三维》,纽约:特里顿出版社,1970年。

[法]伯希和探险队编《吉美博物馆馆藏伯希和探险队榜题与壁画》(考古文献第11卷),巴黎:法兰西学院,1981—1992年:1—6页。

[瑞典]哥斯塔·蒙泰尔(Gösta Montell):《唐代概述》,载《民族》第15期(1950年):101—107页。

穆舜英主编:《中国新疆古代艺术》,乌鲁木齐:新疆美术摄影出版社,1994年。

[日]宗像清彦:《唐代水墨风景画的兴起》,博士论文,普林斯顿大学,1965年。密歇根安娜堡:大学微缩胶片65—13—156。

[日]宗像清彦编译:《荆浩〈笔法记〉》,载《亚洲艺术增刊》,日内瓦阿斯科纳:亚洲艺术出版社,1974年。

[美]孟久丽(Julia K. Murray):《鬼子母的表现手法及中国画"揭钵"之主题》,载《亚洲艺术》第43卷第4期(1982年):253—284页。

[美]麦桂怡(Karin E. Myhre):《食者与被食者:从戏剧和仪式的角度看驱魔和娱乐》,1997年亚洲学会年会宣读论文,1997年3月17日,芝加哥。

中国历史博物馆编:《山东青州龙兴寺出土佛教石刻造像精品》,青州市博物馆。北京:北京华观艺术品有限公司,1999年。

[美]那体慧(Jan Nattier):《未来某时:佛教末法预言研究》,加州伯克利:亚洲人文出版社,1991年。

[英]李约瑟(Joseph Needham):《中国科学技术史》第二卷《科学思想史》,英国剑桥:剑桥大学出版社,1969年。

聂崇正:《清代的宫廷绘画和画家》,载故宫博物院编:《清代宫廷绘画》,北京:文物出版社,1996年,1—27页。

[美] 倪豪士（William H. Nienhauser, Jr.）主编：《印第安纳中国古典文学指南》，布隆明顿：印第安纳大学出版社，1986年。

宁强：《敦煌佛教艺术》，高雄：高雄复文图书出版社，1992年。

宁夏回族自治区文物管理委员会、北京大学考古系：《须弥山石窟内容总录》，北京：文物出版社，1997年。

[俄] 谢尔盖·奥登堡：《喀拉邦佛像材料（西藏唐卡图谱）》，圣彼得堡，1914年。

[美] 沃尔特·翁（Walter Ong）：《口语文化与书面文化：语词的技术化》，纽约：劳特里奇，1988年。

故宫博物院编：《清代宫廷绘画》，北京：文物出版社，1996年。

[法] 伯希和（Paul Eugene Pelliot）：《中国印刷术之起源》，伯希和遗著第四卷，巴黎：梅森内夫出版社，1953年。

[法] 伯希和：《中国艺术中的两个技术名词："脱沙"和"隐起"》，载《通报》第23期（1924年）：260—266页。

[法] 伯希和：《论六朝与唐代的部分画家》，载《通报》第22期（1923年）：215—291页。

彭金章、王建军，敦煌研究院编：《敦煌莫高窟北区石窟》两卷本，北京：文物出版社，2000年。

[美] 毕德森（Charles A. Peterson）：《中晚唐的宫廷与道州》，载 [英] 杜希德主编：《剑桥中国史》第三卷《隋唐，589—906年》（第一部分），英国剑桥：剑桥大学出版社，1979—1987年，464—560页。

[美] 浦安迪（Andrew H. Plaks）：《中国叙事批评理论刍议》，载其主编《中国叙事文学批评与理论汇编》，新泽西普林斯顿：普林斯顿大学出版社，1977年。

[美] 包华石（Martin J. Powers）：《早期中国艺术与批评的气与势》，载台北故宫博物院编：《1991年中国艺术文物讨论会文集》卷二《绘画与书法》，台北：台北故宫博物院，1992年，90—931页。

[加] 蒲立本（Edwin G. Pulleyblank）：《安禄山叛乱的背景》，伦敦：牛津大学出版社，1955年初版，1966年重印。

[加] 蒲立本：《安禄山叛乱及晚唐的起源》，载 [美] 约翰·佩里、[美] 巴德维尔·史密斯主编：《唐代社会研究论文集：社会、政治和经济力量的相互影响》，莱顿：布里尔出版社，1976年，33—60页。

[美] 赖世和（Edwin Reischauer）：《圆仁〈入唐求法巡礼行记〉》两卷本，纽约：罗纳德书局，1955年。

[法] 贺碧来（Isabelle Robinet）：《道教：一种宗教的壮大》，[美] 菲利斯·布鲁克斯译，

加州斯坦福：斯坦福大学出版社，1997年。

荣新江：《关于沙州归义军都僧统年代的几个问题》，载《敦煌研究》第4期（1989年）：15—67页。

荣新江：《通颊考》，威廉·缪勒译，载《华裔学志》第39期（1990—1991年）：247—299页。

荣新江：《金山国史辨证》，载《中华文史论丛》第50辑（1992年）：73—86页。

荣新江：《沙州归义军历任节度使称号研究》。修订版发表于《敦煌学》第19期（1992年10月）：15—67页。

荣新江：《归义军史研究：唐宋时代敦煌历史考索》，上海：上海古籍出版社，1996年。

荣新江：《敦煌藏经洞的性质及其封闭原因》，载《敦煌吐鲁番研究》第二卷（1996年）：23—48页。

荣新江：《大英博物馆藏敦煌汉文残片之历史意义》，载《大英图书馆馆刊》第24卷第1期（1998年春）：78—89页。

荣新江：《敦煌藏经洞的性质及其封闭原因》，载《远东亚洲丛刊》第11期（1999—2000年）：247—275页。

[法]戴何都（Robert des Rotours）：《新唐书选举志译注》两卷重印本，旧金山：1974年。

[美]大卫·鲁埃格：《佛之性灵及从比较角度看"渐"：论印藏佛教的传习》，非洲及远东学院。新德里：遗产出版社，1992年。

[美]薛爱华（Edward H. Schafer）：《贯休仙境诗中的矿藏意象》，载《亚洲专刊》第10期（1963年）：73—102页。

[美]薛爱华：《撒马尔罕的金桃：唐代舶来品研究》，伯克利：加州大学出版社，1963年。

[美]薛爱华：《长安最后的岁月》，载《远东学报》第10卷第2期（1983年）：133—179页。

[美]薛爱华：《论唐代文化》，载《华裔学志》第21期（1962年）：194—221页；24期（1965年）：130—154页。

[法]石内德（Richard Schneider）：《敦煌文献中的残经抄本》，载[法]戴仁编：《从敦煌到日本，苏远鸣的中国与佛教研究》（高等研究院II，东方高等研究之31），日内瓦：德罗兹书店，1996年。

[法]阿兰·D. 施里福特主编：《逻辑与礼物：慷慨的道德》，纽约：劳德里奇出版社，1997年。

[法]隋丽玫（Marie-Rose Séguy）：《法国国家图书馆藏敦煌木刻版画》，载[法]苏远鸣主编《敦煌研究集萃》第一卷（东方高等研究第10卷），日内瓦：德罗兹书店，1979年，119—134页。

[印]桑卡尔·森古普塔主编：《孟加拉绘画》，加尔各答：印度出版公司，1973年。

[美]夏富（Robert Sharf）：《〈宝藏论〉及18世纪中国佛教的汉化》，博士论文，密歇根大学，1991年。

[加]盛余韵（Angela Sheng）：《公元500—700年中国西南边境的织造技术革新》，载《亚洲专刊》第三系，第11卷第2期（1998年）：117—160页。

陕西历史博物馆编：《唐墓壁画珍品选粹》，西安：陕西人民美术出版社，1991年。

施萍婷：《三界寺，道真，敦煌藏经》，载《1990年敦煌学术讨论会文集》，沈阳：敦煌研究学会，1995年，178—209页。

史苇湘：《关于敦煌莫高窟内容总录》，载敦煌文物研究所综汇《敦煌莫高窟内容总录》，北京：文物出版社，1982年。

石兴邦选编：《法门寺地宫珍宝》，西安：陕西人民美术出版社，1989年。

石守谦：《风格与世变：中国绘画史论集》，《美术考古综刊》4，台北：允晨文化，1996年。

[日]岛田秀次郎：《论画之逸品》，[美]高居翰译，载《东方艺术》，（上篇）第7卷第2期（1961年夏）：66—74页；（中篇）第8卷第3期（1962年秋）：130—137页；（下篇）第10卷第1期（1964年春）：19—26页。

[美]谢柏柯（Jerome Silbergeld）：《西方中国画研究：领域现状》，载《亚洲研究》第46卷第4期（1987年11月）：849—897页。

[美]罗伯特·索默斯：《唐代建构过程中的时间、空间与结构》，载《亚洲研究》第45卷第3期（1986年11月）：971—994页。

[英]苏慧廉（William Edward Soothill）、[美]何乐益（Lewis Hodous）编《佛学大词典》，高雄：佛光出版社，1991年重印本。

[美]苏珀（Alexander C. Soper）：《中国画早期文献中的一些专有名词》，载《哈佛亚洲研究》第11期（1948年）：163—173页。

[美]苏珀：《〈德隅斋画品〉》，载《美国东方学会会刊》第64期（1949年）：8—33页。

[美]苏珀：《早期佛教徒鉴画品味》，载《艺术公告》第32期（1950年）：147—151页。

[美]苏珀：《〈图画见闻志〉：11世纪的中国书画史》，华盛顿：美国学术团体协会1951年版，附原文。

[美]苏珀：《〈唐朝名画录〉：朱景玄笔下唐代的知名画家》，载《亚洲艺术》第21卷第3/4期（1958年）：204—230页。

[美]苏珀：《早期中国画与自身传统的联系》，载[美]孟克文主编：《艺术与传统：中国文化对过往的运用》，新泽西普林斯顿：普林斯顿大学出版社，1976年，21—47页。

[法]苏远鸣：《题跋汇集：P.3304抄本的背面》，载其主编《敦煌研究成果新编》第17卷，

东方高等研究第2卷，日内瓦：德罗兹出版社，1990年，169—204页。

[美] 司白乐（Audrey Spiro）：《沉思古人：中国早期肖像画中的审美与社会问题》，伯克利：加州大学出版社，1990年。

[美] 史达华（Alan Sponberg）主编：《弥勒：未来佛》，英国剑桥：剑桥大学出版社，1988年。

艾尔米塔什博物馆编：《消失的丝路帝国：黑水城佛教艺术（10—13世纪）》，米兰：提森–博内米萨基金会遴选，1993年。

[英] 斯坦因（Marc Aurel Stein）：《古代和田：中国新疆考古发掘详细报告》，牛津：克拉伦登出版社，1907年。

[英] 斯坦因：《沙漠契丹废址记》，伦敦：麦克米兰出版社，1912年。

[英] 斯坦因：《西域考古记》5卷本，伦敦：克拉伦登出版社，1921年。

[英] 斯坦因：《千佛：敦煌石窟寺的古代佛教壁画》，伦敦：夸瑞奇书局，1921年。

[英] 斯坦因：《亚洲腹地考古记》4卷本，牛津：克拉伦登出版社，1928年。

[法] 石泰安（Rolf Alfred Stein）：《顿明还是俱知：论汉藏佛教术语》，载 [美] 释见晔主编：《顿与渐：中国思想里的觉悟之路》，41—66页。

[美] 夏南悉（Nancy Steinhardt）：《中国皇城规划》，火奴鲁鲁：夏威夷大学出版社，1990年。

[美] 石听泉（Richard Strassberg）：《敦煌佛教叙事文本》，载《中文集粹》第8期（1978年）：39—99页。

[美] 石慢（Peter Sturman）：《米芾：风格与北宋的书法艺术》，康涅狄格纽黑文：耶鲁大学出版社，1997年。

[美] 石慢：《酒与书：北宋个性的局限》，载 [美] 刘怡玮（Cary Y. Liu）等编：《中国书法的特色与内容》会议文集，新泽西普林斯顿：普林斯顿大学出版社，1999年，第200—231页。

宿白：《南宋的雕版印刷》，载《文物》1962年第1期：1—18页。

宿白：《隋唐长安城和洛阳城》，载《考古》1978年第6期：409—426页。

宿白：《唐五代时期雕版印刷手工业的发展》，载《文物》1981年第5期：65—68页。

[日] 高楠顺次郎：《汉藏两版智愚故事》，载《皇家亚洲文会会刊》（1901年）：447—460页。

[马来西亚] 谭中主编：《段文杰眼中的敦煌艺术》，英迪拉·甘地国家艺术中心，新德里：阿比纳夫出版社，1994年。

[美] 太史文（Stephen F. Teiser）：《死而复生：中古中国的地狱意象》，载《哈佛亚洲研

究》第48卷第2期（1988年12月）：433—464页。

[美] 太史文：《炼狱的发展》，载 [美] 伊佩霞、[美] 释见晔主编：《唐宋中国的宗教与社会》，火奴鲁鲁：夏威夷大学出版社，1993年，115—35页。

[美] 太史文：《〈十王经〉与中古中国佛教"炼狱"观念之形成》，火奴鲁鲁：夏威夷大学出版社，1994年。

[荷兰] J. R. 特·莫伦、[荷兰] 吴艾兰（Ellen Uitzinger）主编：《紫禁城：中国宫廷文化，1644—1911》，鹿特丹：博伊曼斯·范伯宁恩美术馆，1990年。

[印度] 肯塔娜·唐加维鲁：《特伦甘纳邦的〈往世书〉绘画：南印卷轴画传统研究》，博士论文：加州大学伯克利分校，1998年。

[美] 罗伯特·A. 瑟曼（Robert A. Thurman）：《维摩诘圣教：大乘经书》，大学园：宾夕法尼亚州立大学出版社，1976年。

[法] 茨维坦·托多洛夫（Tzvetan Todorov）：《奇想：文学范式的结构研究》，[美] 理查·霍华德（Richard Howard）翻译，克利夫兰：凯斯西储大学出版社，1973年。

[日] 砺波护：《唐代官制与贵族制的变迁》，美国学术团体协会唐史研讨会宣读论文，影印本，麻省剑桥，1969年。

[法] 童丕（Éric Trombert）：《葡萄美酒在中国：异族传统的成败》，载《亚洲学报》第289卷第2期（2001年）：285—327页。

吐鲁番博物馆编：《吐鲁番博物馆》，乌鲁木齐：新疆美术摄影出版社，1992年。

[英] 杜希德：《8世纪早期唐代政制》，载《亚非学院通讯》第18卷第2期（1956年）：322—330页。

[英] 杜希德（Denis Crispin Twitchett）：《中国唐代的阶层混合》，载《亚洲专刊》第5卷第2期（1956年）：123—146页。

[英] 杜希德：《中国的传记写作》，载 [英] 威廉·比斯利、[加] 蒲立本主编《中日史学家》，牛津：牛津大学出版社，1961年，第95—115页。

[英] 杜希德：《唐宋中国的土地所有权与社会秩序》，伦敦：伦敦大学亚非学院，1961年。

[英] 杜希德：《晚唐的地方自治与中央财政》，载《亚洲专刊》第11卷第2期（1965年）：211—223页。

[英] 杜希德主编：《7—10世纪中国社会史：敦煌文献及其应用》，载《过去与现在》第35期（1966年）：28—53页。

[英] 杜希德：《唐代财政》第二版，英国剑桥：剑桥大学出版社，1970年。

[英] 杜希德：《从敦煌文书看唐代统治阶层的成分》，载 [美] 芮沃寿、[英] 杜希德主

编：《唐代概论》，47—85页。

[英] 杜希德：《唐代地方自治形式》，载 [美] 佩里、[美] 史密斯主编：《唐代社会研究论文集：社会、政治和经济力量的相互影响》，莱顿：布里尔出版社，1976年，第90—109页。

[英] 杜希德：《中古中国的印刷与出版》，伦敦：英国印刷学会，1981年。

[英] 杜希德：《唐代官修史籍考》，纽约：剑桥大学出版社，1992年。

[美] 戴尔·厄普顿（Dell Upton）：《美国建筑》，牛津：牛津大学出版社，1998年。

[美] 戴尔·厄普顿、[美] 约翰·M. 弗拉赫主编：《日常空间：美国本土建筑读本》，佐治亚雅典：佐治亚大学出版社，1986年。

[法] 樊隆德（Nicole Vandier）编：《舍利弗与外道六师：法国国家图书馆藏中文抄本4254复制件》，伯希和中亚探险，四开本，巴黎：法国国家出版社，1954年。

[法] 樊隆德：《中国之艺术与智慧：从文学审美解读画家、鉴藏家米芾（1051—1107）》，巴黎：法国大学出版社，1963年。

[美] 文以诚（Richard Vinograd）：《自我的界限：1600—1900年的中国肖像画》，纽约：剑桥大学出版社，1992年。

[美] 王靖献：《钟与鼓：诗经的套语及其创作方式》，伯克利：加州大学出版社，1974年。

[美] 汪悦进：《驯悍记：王羲之（303—361）与7世纪中国书法贵族化》，载 [美] 刘怡玮等编：《中国书法的特色与内容》会议文集，新泽西普林斯顿：普林斯顿大学出版社，1999年，132—173页。

王赓武：《五代时期北方中国的权力结构》，加州斯坦福：斯坦福大学出版社，1963年。

王庆藩主编：《新编诸子集成》卷三·《庄子集释》，台北：世界书局，1983年。

王仁波主编：《隋唐文化》，香港：香港中华书局，1990年。

王重民、王庆菽、向达等编：《敦煌变文集》，北京：人民文学出版社，1957年。

王重民主编：《敦煌遗书总目索引》，北京：商务印书馆，1962年。

[美] 华尔纳（Langdon Warner）：《佛教壁画：万佛峡9世纪洞窟研究》，马萨诸塞剑桥：哈佛大学出版社，1938年。

[英] 托马斯·瓦特斯（Thomas Watters）：《玄奘〈大唐西域记〉》（东方翻译基金第15卷），伦敦：皇家亚洲学会，1905年。

[美] 魏侯玮（Howard Wechsler）：《玉帛之奠：唐王朝正统化过程中的仪礼和象征》，康涅狄格纽黑文：耶鲁大学出版社，1985年。

[美] 魏盟夏（Marsha Weidner）主编：《末法时代：中国佛教图像（850—1850）》，火奴鲁鲁：夏威夷大学出版社，1994年。

[美] 安妮特·韦纳（Annette Weiner）：《不可让渡性：交换的困境》，伯克利：加州大学出版社，1992年。

[美] 斯坦利·威斯坦因（Stanley Weinstein）：《唐代佛教中的皇家供养》，载 [美] 芮沃寿、[英] 杜希德主编：《唐代概论》，265—306页。

[美] 斯坦利·威斯坦因：《唐代佛教》，英国剑桥：剑桥大学出版社，1987年。

《文物》编辑部编：《〈文物〉500期总目索引》，北京：文物出版社，1998年。

[英] 韦陀（Roderick Whitfield）：《敦煌：鸣沙山石窟》，伦敦：纺织与艺术出版社，1995年。

[英] 韦陀主编：《西域美术：大英博物馆斯坦因搜集品》三卷本，东京：讲谈社，1982—1985年。

[英] 韦陀、[英] 龙安妮（Anne Farrer）：《千佛洞》，伦敦：泰晤士和汉德森出版社，1990年。

[美] 乔安娜·威廉姆斯（Joanna G. Williams）：《从鹿野苑笈多石碑看佛陀的生平》，载《东方学》第10期（1975年）：171—192页。

[美] 乔安娜·威廉姆斯：《从5世纪到12世纪，去而复返》，载《学院艺术期刊》第49期（1990年）：363—369页。

[美] 魏伟森（Thomas Wilson）：《方式的谱系：儒家传统在帝制中国晚期的构建和运用》，加州斯坦福：斯坦福大学出版社，1995年。

[美] 王静芬（Dorothy Wong）：《重思敦煌第61窟〈五台山图〉》，载《亚洲艺术档案》第46期（1993年）：27—52页。

[美] 芮沃寿（Arthur Frederick Wright）、[英] 杜希德（Denis Crispin Twitchelt）主编：《儒教信念》，加州帕罗奥图：斯坦福大学，1962年。

[美] 芮沃寿、[英] 杜希德主编：《唐代概论》，康涅狄格纽黑文：耶鲁大学出版社，1973年。

吴承恩：《西游记》，余国藩译，芝加哥：芝加哥大学出版社，1977年。

吴承恩：《西游记》，[英] 亚瑟·韦利译，台北：皇家图书公司，1978年。

[美] 巫鸿：《中国早期艺术中的佛教元素》，载《亚洲艺术》第47卷第3、4期（1986年）：263—352页。

[美] 巫鸿：《武梁祠：中国古代画像艺术的思想性》，加州斯坦福：斯坦福大学出版社，1989年。

[美] 巫鸿：《什么是变相：兼谈敦煌叙事画与敦煌叙事文学之关系》，载《哈佛亚洲研究》第52卷第1期（1992年春）：111—192页。

[美] 巫鸿：《透明的石头：中古中国艺术中的反转情境和二元形象》，载《意象》第46期

（1994年春）：58—86页。

[美] 巫鸿：《重屏：中国绘画中的媒材与再现》，芝加哥：芝加哥大学出版社，1996年。

[美] 巫鸿、[美] 蒋人和（Katherine Mino）主编：《中国视觉文化中的身体与脸》，芝加哥：芝加哥大学出版社，2005年。

吴鲁强、[美] 坦尼·L. 戴维斯：《中国古代炼金术论》，载《伊西斯，科学史协会与国际科学史委员会》第18卷第2号，第53期（1932年）：210—289页。

向达主编：《唐代长安与西域文明》，北京：三联出版社，1957年。

向达：《唐代长安俗讲考》，载《燕京学报》第16期（1934年）：119—132页；重印版载向达主编：《唐代长安与西域文明》，294—336页。

向达：《长安西域人之华化》，载向达主编：《唐代长安与西域文明》，96—100页。

向达：《开元前后长安之胡化》，载向达主编：《唐代长安与西域文明》，41—55页。

向达：《莫高榆林二窟杂考》，载向达主编：《唐代长安与西域文明》，393—415页。

新疆维吾尔自治区博物馆编：《新疆出土文物》，北京：文物出版社，1975年。

新疆维吾尔自治区博物馆编：《新疆维吾尔自治区博物馆》，《中国博物馆丛书》第九卷，北京：文物出版社，1991年。

徐邦达：《从壁画副本小样说到两卷宋画——〈朝元仙仗图〉》，载《文物》第2期（1956年）：56—57页。

[日] 山部能宜：《吐峪沟禅观壁画研究——兼及汉文禅观文献的起源》，载《耶鲁大学第三届丝路研讨会论文集》第二卷，1998年7月10—12日，452—529页。

[日] 山本达郎等编：《敦煌吐鲁番社会经济史文书》第1、2卷，东京：东洋文库敦煌文献研究委员会，1978—1985年。

《六祖坛经》，[美] 菲利普·扬波尔斯基译，纽约：哥伦比亚大学出版社，1967年。

阎文儒：《吐鲁番的高昌古城》，载《文物》第7—8期（1962年）。重印版载新疆社会科学院考古研究所编：《新疆考古三十年》，乌鲁木齐：新疆人民出版社，1983年，136—141页。

[日] 柳田圣山：《〈历代法宝记〉与禅宗的顿悟》，[美] 毕勒菲（Carl Bielefeldt）译，载 [美] 黎惠伦（Whalen Lai）、[美] 刘易斯·兰卡斯特主编：《汉藏两地的早期禅学》，13—49页。

[日] 柳田圣山：《中国禅宗语录》，[美] 马克瑞译，载 [美] 黎惠伦（Whalen Lai）、[美] 刘易斯·兰卡斯特主编：《汉藏两地的早期禅学》，185—205页。

[日] 米泽嘉圃：《唐朝画院的源流》，载《国华》第554期（1937年）：3—9页。

[日] 米泽嘉圃：《白描画到水墨画的展开》，载《水墨美术大系》第一卷，东京：讲谈社，1975年，127—132页。

俞剑华编著《中国画论类编》，北京：人民美术出版社，1957年。

俞剑华、罗叔子等编：《顾恺之研究资料》，北京：人民美术出版社，1962年。

曾毅公：《北京石刻中所保存的重要史料》，载《文物》第9期（1959年）：16—20页。

张道一：《中国民间剪纸艺术》，北京：外文出版社，1989年。

章群：《唐代蕃将研究》，台北：联经出版社，1986年。

张泽咸：《唐代工商业》，北京：中国社会科学出版社，1995年。

赵朴：《房山石经题记汇编》，北京：书目文献出版社，1987年。

郑炳林：《敦煌碑铭赞辑释》，兰州：甘肃教育出版社，1992年。

郑炳林主编：《敦煌归义军史专题研究》，兰州：兰州大学出版社，1997年。

中国壁画全集编辑委员会编：《中国新疆壁画全集》第六卷，沈阳：辽宁美术出版社，1990年。

中国古代书画鉴定组编：《中国古代书画目录》第二卷，北京：文物出版社，1985年。

中国美术全集编委会编：《中国美术全集·绘画编》第十二卷《墓室壁画》，北京：文物出版社，1989年。

中国美术全集编委会编：《中国美术全集·绘画编》第十四、十五卷《敦煌壁画下》，上海：上海人民美术出版社，1993年。

周一良、赵和平：《唐五代书仪研究》，北京：中国社会科学出版社，1995年。

朱雷：《论麴氏高昌时期的"作人"》，载唐长孺主编：《敦煌吐鲁番文书初探》，武汉：武汉大学出版社，1983年，32—65页。

[美] 司徒安（Angela Zito）、[美] 白露（Tani E. Barlow）编：《中国的身体、题材与权力》，芝加哥：芝加哥大学出版社，1994年。